U0595819

广告标题
创作与赏析

高海友　宋华　龚学刚◎著

GUANGGAO BIAOTI
CHUANGZUO YU SHANGXI

北方妇女儿童出版社

长春

版权所有　侵权必究

图书在版编目（CIP）数据

广告标题创作与赏析 ／ 高海友，宋华，龚学刚著
．－－ 长春 ：北方妇女儿童出版社，2015.7
ISBN 978－7－5385－9297－9

Ⅰ．①广… Ⅱ．①高… ②宋… ③龚… Ⅲ．①广告－
写作 Ⅳ．①F713.8

中国版本图书馆CIP数据核字（2015）第115223号

出 版 人	刘　刚	
出版统筹	师晓晖	
策　　划	慢半拍·马百岗	
责任编辑	张晓峰　苏丽萍	
封面设计	蔡小波	
开　　本	700mm×1000mm　　1/16	
印　　张	19	
字　　数	355千字	
印　　刷	北京盛华达印刷有限公司	
版　　次	2015年7月第1版	
印　　次	2015年7月第1次印刷	
出　　版	北方妇女儿童出版社	
发　　行	北方妇女儿童出版社	
地　　址	长春市人民大街4646号	
	邮　编：130021	
电　　话	编辑部：0431－86037512	
	发行科：0431－85640624	
定　　价	58.00元	

| 目　录 |

第三章　故事广告标题

第四章　历史与名典广告标题

第五章 含有名称的广告标题

第六章 承诺广告标题

第七章 活动广告标题

第八章 劝导广告标题

第九章　修辞广告标题

第十二章　说理广告标题

广告，顾名思义就是广而告之，是出于宣传或者某种特定的需要，通过媒体等形式向公众传递信息的一种手段。

在当今经济飞速发展的社会中，人们的物质生活越来越丰富，广告开始扮演各种商品的重要推销者。不论你是打开电脑、电视，还是身处街头、机场或者公交车上，随时随地都可以看到形形色色的广告。可以说，人们生活在广告中，甚至是在广告中行走。大量广告在给人们提供了更多选择余地的同时，也加剧了广告之间的激烈竞争，广告的制作要求越来越严格。正因为严格，才催生出大量高质量的优秀广告。

一则优秀的广告必须具备一条优秀的广告标题。广告标题作为广告内容的总题目，起着提纲挈领的重要作用。如果广告标题在第一时间内无法吸引受众的眼球，那么，不论广告内容有多么精彩，受众都不会有耐心继续看下去。广告大师大卫·奥格威指出："阅读广告标题的人是阅读广告正文的五倍。如果你创作的标题不够吸引人，那么，你就浪费了广告主 80% 的费用。"而广告界也广为流传着一句话："广告标题之于广告就好比画龙点睛、编筐收口的那重要一环。"由此可见，广告标题在广告中的重要性已经成为所有广告人的共识。但是要想创作出一条好的广告标题却是何其之难。有一位著名广告人士曾说过一句话："有效的广告标题是用脚写出来的。"不明就里的人一看此话必然会觉得有些可笑。但只要仔细思索一番，你就会发现这是一句对广告标题创作过程最精妙的总结。

广告工作人员在接受一则广告的创作工作后，绝对不会闭门造车，而是先对广告主的产品进行深入的了解、详细的市场调查，研究同行的产品……用脚亲自将这些必经的流程一一跑完，然后才能坐下来根据所掌握的材料，开始冥思苦想　数易其稿，一则好的广告标题才算完成。而要想成为一名优秀的广告人员，首先应该做的是向同行中的前辈和优秀者学习，研究他们的作品内容，学习他们的创作思路，汲取其精华，仔细揣摩，并能长期坚持，最后才能有重大的收获。

　　基于这样的考虑，编者收集整理了大量的经典广告标题，编写成此书。本书分为"证言广告标题""新闻广告标题""故事广告标题"等共 17 章，并在每章中针对不同类型的广告标题设置了"创作技巧""创作赏析""同类范例"三大模块。在"创作技巧"中，总结了各类标题的创作技巧和禁忌；在"创作赏析"中，围绕广告标题，深入分析它的创作背景、内容，以便让读者能从多个角度品味广告标题的妙处；在"同类范例"中，列举了大量同类广告标题，希望丰富、经典的范例能给读者带来一些启发。

　　因编者水平有限，书中难免有疏漏不足之处，希望广大读者能够予以批评指正。

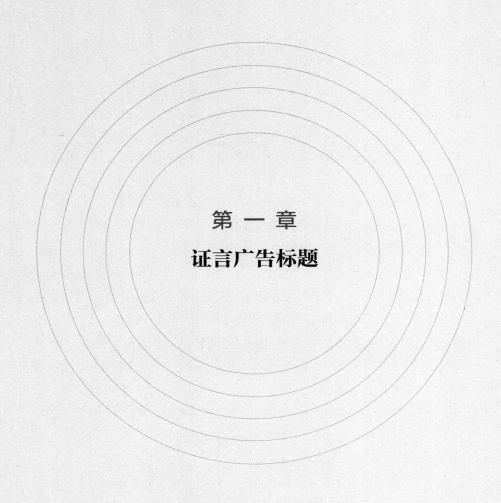

第 一 章

证言广告标题

证言广告标题就是利用消费者、名人或专家的身份，向外界传达某件产品或者服务优良的广告语。

　　一般来说，证言广告标题可以分为三种：一是消费者证言；二是名人证言；三是专家证言。因为这三种证言广告标题的证言者的身份、影响力等方面有所差别，所以广告的效果会略有不同，各有优劣。

　　对于消费者证言来说，因证言者多数是普通大众，在制作广告标题之前，他们或多或少都会有一些消费体验，所以他们的证言就显得格外真实、可信。但是美中不足的是，因证言者的知名度不高，所以广告只能在小范围内产生影响。

　　名人证言的"名人"，指的是影视明星、体育明星等。因为名人在某个领域内取得一定成就，又常常出现在荧幕上，为公众所熟知，所以，名人证言的广告会产生很大的影响力。但是，在很多人的印象里，名人之所以能为某个品牌做证言广告，优厚的回报是一个关键的原因，而至于其证明的产品是否真的好，多数人会持保留意见。

　　而对于专家证言来说，专家是在某个专业领域取得一定成就的权威人士。他们以证言者的身份出现，能很容易取得消费者的信任，广告效果也十分明显。

　　证言广告标题之所以很容易打动消费者，就在于人们的心理倾向于"眼见为实"，人们宁可相信自己亲耳所听，亲眼所见。所以，它也是现实中最常见的一种广告形式。

【创作技巧】

1.明确运用证言者的目的

不论是选择名人、专家来充任证言者还是选择普通消费者来充任，都需要注意，证言者是为某项服务或者某件产品服务的。所以，在制作证言广告标题之前，首先要明确运用证言者的目的，借用其在某方面的优势的同时，还要看竞争对手的广告策略和方式，最后根据这些再筛选出合适的证言者，这样才能将证言者的影响效应发挥到最大。

2.证言者形象要符合品牌精神

证言者的形象气质一定要符合品牌的精神，使其与品牌融为一体，这样才能完美地诠释出品牌内涵。如果一味依靠证言者来提升品牌的影响力，就会与其他品牌产品的广告雷同，最后使消费者记住的只是证言者而非产品本身。

3.证言要客观、中肯

制作证言广告标题时，首先要找到产品清晰的利益诉求点。如果没有这一点支撑，那么不论邀请谁做证言，标题都会显得空洞苍白。而在专达产品利益诉求点的时候，证言要力求客观、中肯，不能有夸大的成分，否则会有欺骗消费者之嫌。

【创作赏析】

爱网络，爱自由——我是凡客

——凡客诚品（VANCL）广告语

2010年，凡客诚品首席执行官陈年受到H&M路牌广告的启发，也决定做一则路牌广告，并邀请著名青年作家韩寒和演员王珞丹担任凡客的品牌代言人。

经过团队的努力，几个月后，凡客的广告正式出现在北京的大街小巷。几乎一夜之间，这则广告在让更多人知道了凡客这个"快时尚"品牌的同时，更是引爆了整个互联网，于是"凡客体"应运而生。

凡客体指的是由韩寒和王珞丹代言的凡客品牌的广告文案：爱网络，爱自由，爱晚起，爱夜间大排档，爱赛车，也爱 29 块的 T-SHIRT，我不是什么旗手，不是谁的代言，我是韩寒，我只代表我自己。我和你一样，我是凡客。爱表演，不爱扮演；爱奋斗，也爱享受；爱漂亮衣服，更爱打折标签。不是米莱，不是钱小样，不是大明星，我是王珞丹。我没什么特别，我很特别，我和别人不一样，我和你一样，我是凡客。

凡客体以一系列"爱××，爱××，我不是××，我是××"的短句组成，独具章法。又因广告语体现出新鲜的表现形式和别具一格的个人态度，一经推出，就受到了网民的热烈追捧。凡客体成了网民一场自我表达的狂欢盛宴。

作为国内知名的服装电子商务网站，凡客早期的广告都是在网络上投放的。韩寒和王珞丹代言的平面广告，是凡客诚品第一次推出的品牌广告。而这则由名人代言的广告让凡客名声更盛，让不少电商企业艳羡不已，甚至有的企业直接模仿凡客体去做类似的广告，可见凡客体的影响力之大。

凡客广告创意看似简单却充满学问，它的爆红并非偶然。首先，凡客选择韩寒、王珞丹以及后来的李宇春、黄晓明作为品牌代言人，利用"名人效应"，打响网站品牌，从而让凡客在短期内快速聚集了人气。

其次，凡客对自己产品的定位十分精准。比如"爱 29 块的 T-SHIRT，我不是什么旗手，不是谁的代言"，这些都直观地道出了自己的服务定位和核心诉求——凡客诚品：由互联网成就的服饰家居时尚用品品牌。

除了利用广告推广自己的产品外，凡客还以广告的形式向外界传达一种生活态度和精神，以拉近与消费者的距离，更加贴合年轻人的生活和思想。如："我没什么特别，我很特别，我和别人不一样，我和你一样，我是凡客"。而凡客选择韩寒、王珞丹等名人最重要的原因，就是因为他们身上体现出坚韧和追求自由的精神，契合了年轻人所向往的生活，同时，这也很好地诠释了凡客的精髓文化和企业形象，可谓一举两得。

如此看来，凡客服务定位精准，又能够牢牢地抓住年轻消费者追求个性化和崇拜名人的心理，所以做出大获成功的广告也在情理之中。

我为自己代言

——聚美优品广告语

2012 年，陈欧为摆脱公司困难处境而拍摄的"我为自己代言"的系列广告火爆荧屏："你只闻到我的香水，却没看到我的汗水。你有你的规则，我有我的选择。你嘲笑我一无所有不配去爱，我可怜你总是等待。你可以轻视我们的年轻，但我们会证明这是谁的时代。梦想是注定孤独的旅行，路上少不了质疑和嘲笑。但那又怎样，哪怕遍体鳞伤，也要活得漂亮。我是陈欧，我为自己代言！"

在这个大谈梦想的时代，各种成功学大行其道，细细想来却都是一些教人左右逢源的钻营之道，没有个性的张扬，也没有自己的棱角，读到最后往往容易迷失自己。而聚美优品的这段广告词虽然十分简短，却有对当下实际情况的一针见血，也表达了自己对梦想的真正执着。这也是"陈欧体"风靡网络并引起网友模仿的重要原因之一。

随着广告的火爆，陈欧和他的聚美优品终于摆脱困境。这一切看似偶然，其实是一种水到渠成的必然。

出生于 1983 年的陈欧，从小勤奋好学，小学毕业直接跳级念初二，被身边的人称为"天才少年"。16 岁那年，陈欧凭借优异的成绩考取了新加坡南洋理工大学，并且拿到了全额奖学金。从四川老家到国外留学期间，陈欧在不耽误学业的情况下，创办了一家游戏公司。大学毕业，陈欧卖掉公司，挖到了人生的第一桶金，然后去美国斯坦福大学攻读工商管理硕士（MBA）。26 岁那年，陈欧以斯坦福大学历史上最年轻的中国工商管理硕士毕业生的身份回国创办了聚美优品，只用了短短几年时间，他就带领着聚美优品成功上市。

纵观陈欧的经历，表面看起来顺风顺水，其实背后也有很多不为人知的心酸。所以，陈欧为自己代言的广告不仅是他追求梦想过程的真实写照，更是对面临困境的永不言败。而这也是能够引起广泛的"80 后""90 后"精神共鸣的原因。

聚美优品的广告得到受众的认可后，人们对陈欧的创业故事津津乐道，不知不觉中，聚美优品在最短的时间内走进公众的视线，达到了最好的传播效果。

奋斗，成就男人

——劲霸男装广告语

　　劲霸男装品牌自 1980 年创立以来，始终秉持"一个人一辈子能把一件事情做好就不得了"的核心价值理念，多年来一直专注于以夹克为核心的男装市场，凭借精湛的产品研发设计，强而有力的品牌运营管理，稳健齐备的专卖销售体系，成为中国商务休闲男装的旗舰品牌。

　　正因为太过于专注产品的开发，在发展前期，劲霸男装忽略了品牌的建设，而在市场竞争中，除了产品的质量，企业的另一个成功的要素就是品牌的竞争力。在很长的一段时间里，劲霸男装品牌力量薄弱，制约了其进一步发展壮大。为了解决这一问题，劲霸男装决定通过广告来打破这一瓶颈。

　　负责劲霸男装宣传的广告团队在接到这个任务后，首先对劲霸男装进行了认真的分析，一致认为劲霸男装前期"劲霸天下，个性飞扬"的品牌诉求展现的虽然是一种个性，但给人一种霸气中干、儒雅不足、含义浅显、意境低俗的感觉，与劲霸男装的品牌名称不是特别相符。劲霸男装作为高端的休闲商务男装，它的目标消费群体应该是有文化、有内涵、有较高的生活品质，并且有一定经济实力的男士群体。这个群体的基本特征是，渴望过上品质较高的生活，希望通过自己的努力实现自己的人生价值，但同时生活和工作中的困难和挑战也带来了一定的压力。他们的内心必须坚定"一往无前，无所畏惧，勇于奋斗，奔腾不息"的精神特质才能从容应对这一路的风雨险阻。所以，劲霸男装要想引起目标消费群体的共鸣，就必须从这个角度上去挖掘劲霸男装的品牌特质。

　　经过商议，广告团队在 2005 年《读者》第五期刊登了劲霸男装征集广告语的启事，以最高奖励金额一万元人民币面向全国征集劲霸男装的广告语。一时间，应征信件如同雪花一样从全国各地飞来，通过严格的筛选、比较，最后广告团队决定将"奋斗，成就男人"这句话作为劲霸男装的广告语。

　　好的广告语必须由符合其特质的代言人才能诠释出品牌的内涵和个性。经过筛选，广告团队最后选定充满阳刚之气的赵文卓担任劲霸男装的形象代言人，并请他拍摄了一则电视广告。

　　电视广告随着激昂的音乐和黑色背景展开，首先映入眼帘的是双掌放在脑后的赵文卓，他闭着双眼，微微仰着头，做出一副享受状，画面的右侧出现一行字幕："用心感受生命"；随后他深情回眸，穿着精致的男装独自倚在墙上，像是在思考什么，此时右侧出现一行字幕："智慧赢得尊敬"；接下来是休闲时刻，他独自一人坐在地上靠着书架，静静地翻阅一本书。接着镜头一转，赵文卓与妻子同坐桌前，桌上放着一杯咖啡。他握着妻子的手，并深情地看着靠在他肩上的爱人，此时字幕出现："温柔体会真情"。再接下来，赵文卓与伙伴们意气风发地出现在繁华街头，并通过跨越、拥抱蓝天的动作，表现出要与伙伴们同舟共济齐创事业的辉煌，此时字幕出现："团结在路上"。画面再进行，赵文卓悠闲地坐在沙发上，微微斜着身子看着窗外的景色，俨然一副对未来成竹在胸的从容之态，接着他紧紧地握着拳头，表示要继续迎接挑战，此时字幕出现"力量，蓄势待发"。最后画面中以一句"劲霸男装，奋斗成就男人"完美结尾。

"劲霸男装，奋斗成就男人"这句广告语在赵文卓出色的演绎下，完美地诠释了劲霸男装目标消费群体的精神特质：真男人，要有承担的责任，对妻子、儿女负责；真男人，要从容练达、自信沉稳，不论身处茶肆酒楼，还是独处一隅，都要学会思考，不随波逐流；真男人，就要永不言败、越挫越勇，要敢于与天下争锋，开创属于自己的事业；真男人，要宠辱不惊，失败的时候不失意，成功的时候不得意，随时以一个挑战的心态去面对未来。

除此之外，这句广告语最大的优点就是在理解上不受局限，不同的人对这句广告语都会有不同的理解。总而言之，这句广告语给了所有男人一种信仰——奋斗。

女人更年要静心

——静心口服液广告语

健康元药集团成立于 1993 年，是中国保健品行业的佼佼者。企业一直专注于女性保健品市场，秉持"了解女人、关怀女人"的理念，以"关爱女人一生"为发展战略。

健康元药每次推出新产品之前，都会进行大量的市场调研，之后根据消费者所需研制新产品。经过长期的调研后，健康元药发现，40 岁以上的女性会面临更年期问题，更年期的女性会出现一系列的生理和心理上的问题，会对身体的健康产生严重的影响。而市场上也没有关于女性更年期症状的保健品，这是一个值得开发的潜在市场。健康元药经过精心的准备和研制，静心口服液闪亮登场。

在推广方面，健康元药邀请演员张凯丽作为静心口服液的代言人。当时，张凯丽正值中年，所有的女性问题，她同样会遇到。选择她为代言人，能够有效自然地拉近与消费者的距离。广告片中，张凯丽说道："女人过了四十，就容易烦，心慌失眠，连脾气都变了。"广告从症状出发，通过暗色调画面和沉闷的独白，渲染更年期灰色的情绪，让人产生理解和同情的同时，也让消费者重视更年期症状。接着男声旁白："静心口服液，缓解心烦、失眠、潮热等更年期症状。女人更年要静心，静心口服液。"

广告语里的"静心"两字，在说明更年期的女性为了健康应该静心的同时，也是静心口服液的品牌名字，可谓一语双关。同时，这句广告语也突出了静心口服液的功效，融入了对女性的深切关怀。

该广告播出后，一句简单的"女人更年要静心"使得静心口服液的核心理念得到迅速传播，同时静心口服液也迅速成为更年期女性保健品的首选，销售量得到了大幅攀升。

你随身的图书馆

——汉王电子书广告语

随着互联网技术的发展，衍生出一系列互联网产品，都极大地方便了人们的生活，比如电子阅读器。2007 年，随着国内的电子书市场兴起，亚马逊推出电子书阅读器"Kindle"，因为产品方便实用，所以深受消费者的欢迎。

事实上，亚马逊不是第一个吃螃蟹的人。早在 2002 年的时候，就有不少企业推出同类电子书阅读器，但由于那时电子阅读市场还不够成熟，所以产品上市后，反响平平。而亚马逊"Kindle"的大获成功让不少企业重新燃起了希望，都想从电子阅读市场里分一杯羹，其中就包括汉王科技股份有限公司。

汉王成立于 1998 年，是一家致力于手写、语音、生物特征等识别技术的研究和推广的高科技公司。2008 年 7 月，在汉字输入领域深耕多年的汉王，推出了自己的第一款电纸书。这款电纸书没有任何辐射，除了拥有 1GB 大容量的存储卡之外，还有检索、记录、批注、字号缩放功能。

产品上市的同时，资金雄厚的汉王请明星许晴作为汉王电纸书的代言人。在广告中，书卷气十足又不乏知性美丽的许晴娓娓说道："像书一样不伤眼，像纸笔一样能手写，像图书馆一样万卷书，汉王电纸书，你随身的图书馆。"

广告语虽然短，却十分精练地道出了汉王电纸书的优势："像书一样不伤眼"，对于真正爱读书的人来说，使用电纸书阅读最担心就是对眼睛造成伤害，而汉王电纸书"不闪烁，无辐射，不伤眼"的功能恰恰能够消除消费者的担忧，满足了他们保护眼睛的诉求；"像纸笔一样能手写"，则道出在用汉王电纸书阅读的时候，可以随时画出自己喜欢的句子，或者在旁边写一些读书心得。对于真正喜欢读书的人来说，手写的快感是无法用键盘替代的；而"像图书馆一样万卷书"这句话直接将汉王电纸书存储容量巨大的优势展露无遗，能够有效地满足消费者的需求；最后一句"汉王电纸书，你随身的图书馆"则是点睛之笔，在重申汉王电纸书主题的同时，也引导消费者尽快购买汉王电纸书，享受阅读快感。

自从汉王广告面世后，汉王电纸书销售量基本上每个月都翻番，每个月接近两万台。而汉王之所以能取得如此辉煌的业绩，则与许晴代言的广告有着莫大的关系。

六神有主，一家无忧

——六神花露水广告语

六神是上海家化联合股份有限公司旗下的一款花露水品牌，有"祛痱止痒、提神醒脑"的功效。自 1990 年推出以来，就受到广大消费者的好评，一直畅销不衰。

一直到 2006 年，在花露水市场上，六神花露水依然以绝对的优势占据着一半的市场份额。但这并不意味着六神花露水可以高枕无忧，因为随着新品牌的不断诞生和崛起，六神花露水的地位也开始受到挑战。为了保持自己在花露水市场的份额，六神急需利用广告为自己宣传造势。可问题是，六神花露水作为一个非常成熟的品牌，在广告方面是采取守势还是攻势？

经过对比，六神花露水发现攻和守都有一定的道理。在守的方面，六神花露水的居家温馨感、家中常备的概念早已深入人心。这也是六神的品牌形象和品牌气质。而在攻的方面，随着花露水市场上出现的隆力奇、宝宝金水、芭蕾等众多品牌，如果不主动进攻，这些品牌就会慢慢蚕食六神花露水所占有的市场份额。俗话说，一味地防守，只有等着被动挨打。而且进攻也是大势所趋。最终，六神花露水决定采取防守反击的策略，即在保持品牌原来优势上的基础上，进一步打造品牌形象，加深六神花露水在消费者心中的印象。

接下来，六神花露水邀请斯琴高娃和李冰冰两位明星作为其代言人。六神花露水之所以选择这一老一少的明星组合，是考虑到与产品上的以旧带新，在巩固老产品的同时带出新产品是十分相符的，斯琴高娃代表传统产品，由李冰冰带出新产品，由产品活力带到品牌活力，六神的品牌积淀让明星推荐更富有说服力。此外，请她们二人代言，还可以照顾到各个层次的消费者。当时，斯琴高娃凭借在电视剧《大宅门》和《康熙王朝》中出色的演技，吸引了很多观众，无论是知名度还是口碑，都能迅速吸引观众眼球。而李冰冰作为演艺圈的后起之秀，一部《少年包青天》，让全国观众都欣赏到李冰冰的出色演技，而且被称为大有发展潜力的明星。所以，这样的一老一少明星组合，能有效地为广告赚足关注度。

在新的电视广告中，六神仍然沿用了"六神有主，一家无忧"这句经典的广告语。两位代言人在购物的过程中相遇，斯琴高娃的对白代表着老顾客的心声——花露水用来用去还是六神最好，都用了多少年了；李冰冰则体现出新顾客的加入——喷雾装，外出携带更方便。

六神花露水在电视广告中请斯琴高娃和李冰冰两代影视明星的"老少配"做代言人，达到"抢镜"的效果，在让消费者对号入座，深切地感受到家庭温馨感的同时，也契合了"六神有主，一家无忧"的广告语。

该广告播出后，收到了良好的市场反馈，因此，六神花露水再次成功地巩固了自己在花露水市场上的霸主地位。

酸酸甜甜就是我

——蒙牛酸酸乳广告语

2005 年，歌唱比赛节目《超级女声》火爆荧屏、引发收视狂潮的同时，其赞助商蒙牛酸酸乳的那句"酸酸甜甜就是我"也广为人所知，被评为"2005 年度中国十大流行广告语之一"。

由于牛奶中含有丰富的营养，所以以牛奶为基本原料衍生出来的各种乳酸饮品种类繁多，都受到了消费者的欢迎。这是因为乳酸饮品里除了含有牛奶的一些营养物质，同时又增加了各种不同的口味，饮用起来口感更好。

在当时的乳类市场上，伊利和蒙牛一直是一对强有力的竞争对手，尤其是面对有巨大开发潜力的乳类市场时，两家同时出击，先后推出了各自的乳酸类饮品。当时，因为伊利先于蒙牛上市，所以占尽先机，轻易就占去了乳类市场的半壁江山。蒙牛的酸酸乳夹缝求生，如何才能有效地推广酸酸乳并实现销量的增长呢？

经过市场调研，蒙牛发现自己的酸酸乳虽然有着青春和时尚的定位，但将其放大在市场上，就显得有些平淡，无法引起消费者的关注。为了增加蒙牛酸酸乳的品牌个性，增加销售量，蒙牛开展了具有实际效果的广告运动。

蒙牛酸酸乳的核心消费群体是15~18岁的女生，这个年龄段的女生正处于青春期，开始对身边的一切新鲜、时尚的事物产生兴趣，更重要的是，她们每个人都有自己独特的想法，有极其强烈的自我表达意识。而当时的《超级女声》提出了"不分唱法，不分年龄"的宗旨以及响亮的"想唱就唱"口号，非常符合蒙牛酸酸乳"勇敢、自信，做我想做的我"的价值追求，于是蒙牛决定与其达成合作。

与此同时，蒙牛邀请首届《超级女声》季军张含韵担任蒙牛酸酸乳的代言人，因为当时的张含韵年龄不过16岁，正是凭借自己的勇气和自信赢得荣誉和掌声的，所以选她做代言人，能完美诠释出蒙牛酸酸乳所倡导的精神。

在广告中，青春可爱的张含韵戴着耳机，完全沉浸在自己的音乐世界当中，听着听着不由自主地开始唱了起来，声音很大，又严重走调，招致旁人的议论和嘲笑。张含韵发觉自己走调后，没有气馁也没有生气，而十分俏皮地吐了一下舌头，咬着吸管喝了一口蒙牛酸酸乳。再唱的时候，张含韵的歌唱就有了质的改变，身边的人也随着她唱起了《酸酸甜甜就是我》。广告的结尾，大家拿着蒙牛酸酸乳，一起喊出了"蒙牛酸酸乳，酸酸甜甜就是我"。

广告中的"酸酸甜甜就是我"这句广告语有效地强化了蒙牛酸酸乳青春、时尚、充满活力的品牌形象，突出了"表达真我"创意核心。

广告播出几个月后，蒙牛酸酸乳的销量暴增，为企业带来了巨大的销售额。

快乐每一刻，我的可比克

——可比克薯片广告语

可比克是福建达利集团旗下的薯片品牌，薯片酥脆，口味独特，深受年轻人的喜爱，一经上市，销售成绩就远远超越同类薯片品牌，夺得了薯片市场第一的占有率。

可比克之所以能在短时间内取得这样的成绩，除了薯片口味独特之外，就是选对了合适的代言人——周杰伦。在这个代言人广告铺天盖地的年代里，选择一个适合企业品牌的代言人，不仅能够很好地诠释品牌的内在含义，而且代言人巨大的影响力也会提高品牌的知名度。而周杰伦作为华语乐坛著名歌手，他身上那种酷酷的气质能恰如其分地诠释出可比克倡导的时尚理念。此外，周杰伦拥有数量可观的粉丝群体，粉丝们对偶像都有崇拜的心理，自然会认可和接受周杰伦代言的可比克。所以，不论从哪方面来说，周杰伦都是代言可比克的不二人选。

之后，周杰伦为可比克拍了一系列拥有自己独特风格的广告，其中最知名也最受粉丝欢迎的当数他的可比克《钢琴篇》。在广告中，正如人们所预料的那样，周杰伦完美地呈现出了他独特的气质：在一望无际的大海边，沙滩上有一架钢琴，琴上面放着几桶打开的可比克。周杰伦坐在钢琴前，娴熟地开始弹钢琴。琴声时而抒情缓慢，时而激昂欢快，每到精彩处，薯片仿佛被琴声赋予了生命一般，一片片从桶里飞出飘在空中，随着音乐的节奏跳动成明快的音符。就连在沙滩上玩耍的美女也被琴声感染，随着琴声的节奏开始跳舞，可比克薯片飞到她们身边，她们顺手取一片放入口中，随即微笑起来。周杰伦继续弹奏钢琴，并扭头对着镜头说了一句"快乐每一刻，我的可比克"，如此重复。画面的最后，周杰伦从桶中取薯片一片，放入口中并发出"咔嚓"的一声，然后露出一个十分酷的笑容。

广告播出后，"快乐每一刻，我的可比克"这句广告语随着周杰伦吃可比克薯片酷酷的形象，深深地留在人们心中。在日后选用薯片的时候，喜欢周杰伦的消费者自然会在第一时间里想到周杰伦说的广告语，并选择购买可比克薯片。

就这样，可比克凭借此广告在短时间内扬名全国，迅速抢占薯片市场，最后使可比克薯片大卖。

好成绩，好未来

——诺亚舟新状元学习机广告语

中国素来有"学而优则仕"的传统，因此中国家长对子女的教育也极为看重。只要对子女学业有帮助的学习产品，家长一定会毫不犹豫地买来。

在这种大背景下，学习机行业得到了迅猛发展，尤其是从 2004 年开始，国内的学习机企业为了抢占市场，都不惜花费重金投入广告。在铺天盖地的广告轰炸下，以好记星、e百分为代表的企业在得到快速发展的同时，也因彼此广告的概念大同小异、传播形式同质化，造成广告的影响力无法持续，从而不得不频繁更换广告。

面对学习机行业广告混战的局面，以"黑马"著称的诺亚舟显得十分冷静和理智：其并未加入这场无休止的广告大战中，而是重新调整战略，确立了以学习机品牌名"新状元"为核心概念的推广策略。为了使"新状元"的概念能够很好地传达给大众，诺亚舟一反传统，大胆创新，决定用"多人代言"的传播思路来推广新状元学习机。

2005 年，诺亚舟邀请了著名主持人陈鲁豫担任新状元学习机的代言人。鲁豫知性优雅，以亲和、自然以及机敏的主持风格闻名业内，深受观众的喜爱。之后，诺亚舟又邀请三位北大状元担任新状元学习机的代言人。他们三人之所以能被诺亚舟选为代言人，是因为他们积极向上的形象以及成绩的优秀十分符合诺亚舟的品牌形象，也能够十分完美地诠释出产品的内涵，这样就更能贴近消费者，为广大学子树立一个良好的学习榜样。除此之外，还有一个更重要的原因是，他们三人从高中时代起就开始用诺亚舟的电子词典，所以他们不仅是广告的代言人，更是产品的真实用户，这种"现身说法"的代言广告能给人以真实可信的感觉。

由林英睿、刘爽、刘诗泽以及陈鲁豫代言的新状元学习机的广告《状元篇》一经播出，就让人眼前一亮，引起广大消费者的强烈反响。

广告中，三位高考状元各自拿着一部新状元的学习机，轮番自我介绍说："我叫林英睿，我一直用诺亚舟。""我叫刘爽，我一直用诺亚舟。""我叫刘诗泽，我一直用诺亚舟。"各自介绍完毕后，他们三人聚拢在一起，依旧各自拿着新状元学习机，异口同声说："好成绩，好未来！"在广告结尾处，陈鲁豫现身，说道："学海无涯苦作舟，诺亚舟！"

在短短十几秒的广告中，通过三位状元的自我介绍、旁白以及字幕，使"诺亚舟"和"新状元"密集出现，广告结束的同时，也让观众记住了诺亚舟和新状元学习机。该广告的巧妙之处在于，从头到尾都没有像其他品牌一样强调产品的种种好处，也没有随意向消费者承诺使用后会有什么样的效果，只是利用代言人进行了暗示：代言人用了诺亚舟的产品之后就考取了北大，其效果可想而知。

广告语"学海无涯苦作舟"则出于唐代大诗人韩愈的治学之语，诺亚舟巧妙地将这句古训和自己的产品联系起来，寓意着在每个学子的学习道路上，诺亚舟始终伴随左右，帮助他提高成绩；成绩好了，自然会有一个好未来，这就完美地契合了"好成绩，好未来"的主题广告语。尤其在这句广告语通过公信力十足的陈鲁豫之口说出后，在让莘莘学子感到温暖的同时，也能赢得家长的信任。

该广告不仅增强了诺亚舟品牌的亲和力和说服力，而且使"新状元"的品牌印象得以强化，从而在产品同质化严重的学习机市场上逐渐建立起区隔。

广告播出一年后，诺亚舟的产品销量一跃成为行业第一，其成为中国教育电子产业领导品牌，并持续引领行业的健康发展。

你还等什么，就信清扬一辈子

——*清扬洗发露广告语*

在中国去屑洗发露市场，虽然品牌众多，但占绝对领导地位的品牌当数宝洁公司旗下的海飞丝。

2007 年，联合利华推出了一个全新的去屑洗发露品牌——清扬，来挑战海飞丝在中国去屑类洗发产品中的地位。为此，联合利华将清扬塑造成一个个性十足、富有挑战精神的品牌，并邀请台湾综艺节目主持人小 S 担任其代言人。

在《小 S 完美搭档篇》的电视广告中，在一个昏黄灯光的大厅里，身穿黑色礼服的小 S 身材曼妙，眼神犀利，黑色的短发给人十分顺滑的感觉。此时，小 S 就直率而霸气地向观众宣告："信任，不是谁都配得上。"同时，随着身体的转动，小 S 裙子飞扬，秀发也随着飘扬，更显得头发乌黑亮泽。紧接着，小 S 与一位身材高大的外国男士开始跳舞。在激昂的音乐中，他们的舞姿优雅却不失力量，进退之间，小 S 高傲和自信的一面展露无遗。随着舞步稍歇，小 S 直接说出主题："去屑拍档就信清扬。"语音铿锵有力，没有丝毫犹豫。紧接着，画面一转，出现的是法国清扬技术中心产品实验员正在做实验的画面，表明产品是经过科技的验证的，并随着旁白"清扬去屑洗发露，含维他矿物群，持久去屑"，言简意赅地说出了清扬洗发露含有的成分以及特征，进一步向消费者证明清扬洗发露去屑功能的真实有效。画面继续回到小 S 在大厅里跳舞的场景，此时，小 S 再次用坚定的语气说："一年了，看，就是没头屑。"紧接着，又反问消费者："你还等什么，就信清扬一辈子。"

小 S 气质迷人，再加上直爽的性格，使得她主持的节目娱乐性十足，广受人们的欢迎。同时，小 S 身上的那种勇敢、倔强、独立的气质也被年轻人所推崇。因此，清扬将目标消费人群定位在 25~35 岁的男性和女性白领。这个群体渴望进步，喜欢接受新鲜事物，但又不甘心拘泥于各种规矩。而小 S 在广告中所体现出的所有气质，无疑契合了这个群体的追求，引起了广泛的共鸣。

这则电视广告的播出有力地推进了品牌的知名度，清扬去屑洗发露的销售量急剧飙升，最后发展成为一个与海飞丝实力不相伯仲的强势品牌。

时间改变潮流，美好从未改变

——雪莲羊绒广告语

2008 年，对于雪莲羊绒来说，是意义非凡的一年。这个曾经被作为"国宾礼品"赠送给多国元首的中国老品牌，自 1964 年生产中国第一件羊绒衫以来，已走过了 45 年的光辉岁月，是中国羊绒工业的摇篮。

随着时代的发展，雪莲羊绒已经跨入 21 世纪，同时也到了需要重树品牌形象的时候。因此，在重视产品质量和技术研发的同时，也更加注重品牌形象的树立和传播。在这样的背景下，他们聘请了世界上最好的设计事务所和设计师，设计出了一系列高端羊绒时装，这表明雪莲要和中国人一起从实用主义转向时尚品牌：改变多年来羊绒产品一直被认为是保暖型产品的陈旧观点，向消费者传达羊绒产品不仅是享受高品质生活的一种体验，更是时尚界的新宠。正如雪莲羊绒新的广告语"时间改变潮流，美好从未改变"所传达出来的信息：让雪莲从历史中走来，带给人们一种新的消费概念——高端羊绒时装。

"记忆中的第一件羊绒衫，四十多年日月雕刻时光，每一寸美好，都触及心灵，每一件雪莲，都是一种人生，时间改变潮流，美好从未改变，雪莲羊绒。"这是由中国内地著名女演员李冰冰为雪莲羊绒出演形象广告片中的广告词。

整个广告片以时光穿越的方式将人们带回到 45 年前，又以李冰冰的形象把人们带回到现在，她的知性和成熟美再加上很好的演技，把雪莲羊绒服装优雅时尚的高贵品质表现得淋漓尽致。广告以强烈的视觉冲击，让更多的时尚人士与消费者清楚地认识到：羊绒不再是单纯的防寒保暖的搭配，更是一种时尚体验，一种温馨高雅、雍容华贵，能充分展现都市女性优雅的品位。

这次对雪莲羊绒品牌的重新塑造在一定程度上改变了消费者对羊绒服饰的传统认识，提升了雪莲羊绒的知名度和美誉度，为拉动销售做好了前期铺垫。

【同类范例】

大家好才是真的好。　　　　　　　　——好迪洗发水广告语

神州行，我看行。　　　　　　　　　——神州行广告语

我就喜欢做第二，看着前面的目标在追。——City Chain 手表广告语

要爽由自己。　　　　　　　　　　　——可口可乐广告语

我行，我路。　　　　　　　　　　　——斯巴鲁汽车广告语

特步，非一般的感觉。　　　　　　　——特步广告语

伟大的革新，来自对信念的坚持。　　——西铁城手表广告语

这酸爽，不敢相信。　　　　　　　　——统一老坛酸菜牛肉面广告语

洗不掉的头屑，用康王。　　　　　　——康王去屑洗发露广告语

好口腔，吃出幸福感。　　　　　　　——云南白药牙膏广告语

用一次就爱上一辈子。　　　　　　　——超能洗衣液广告语

我爱你，无所畏。　　　　　　　　　——凡客诚品广告语

恋一张床，爱一个家。　　　　　　　——水星家纺广告语

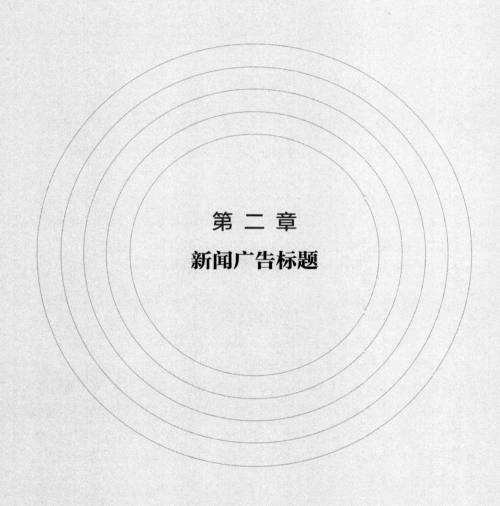

第 二 章

新闻广告标题

所谓新闻广告标题，顾名思义就是通过新闻的标题写作形式将产品的特征当作新闻处理，增强广告的可信度。

新闻广告标题常用于企业新产品的推出以及阐明产品的特点，比如产品的功能、效果、时效等；同时，新闻广告标题也会包含一些具体数字，以使广告标题精确化，比如销售量、市场占有率等。新闻广告标题提供的通常都是最新的产品消息，具有前瞻性，对于喜欢新鲜事物的人们来说，往往更容易接受。

【 创作技巧 】

1.以真实、新鲜的新闻性吸引眼球

制作新闻广告标题的首要前提，就是明确所要推广的产品本身是否有新闻价值。所谓新闻价值，指的是新闻广告标题中的信息必须是真实、新鲜的事物和事件的产生与发现，这样才能引起读者的好奇心使其进而转读广告正文。反之，如果读者在阅读之后，发现不论是新闻广告标题还是正文内容都毫无新闻价值，就会对此类标题不信任和产生厌恶感。

2.凸显产品最新特征或功能

制作新闻广告标题的目的，就是要告诉受众群体某类产品或者服务的"新特点"，让消费者在产生新感受的同时，也产生了购买或者消费的欲望；反之不仅无法调动消费者的情绪，还会遭到厌烦。比如质量好的空调有三大特点："声音低、最凉爽、

最省电"。这则新闻广告标题只是说了所有空调的共同特点，没有凸显自己产品的最新特征或功能，没有任何新闻价值。所以，在制作新闻广告标题时，要多掌握资料，对产品也要多方面调查，方能动笔。

【创作赏析】

领先易用，加速企业成长

——联想扬天电脑广告语

改革开放以来，中国自主创业人群呈爆炸性增长，各大中小企业如雨后春笋一样冒了出来，呈现出一片繁荣之景。国家工商总局 2005 年的数据表明：中国中小企业总量高达 1200 多万家，占注册企业总数的 99%。

对于一些精明的电脑生产商来说，这些新起的中小企业是一个潜力无穷的电脑消费群体，于是几乎所有的跨国电脑行业巨头均已完成对中小企业市场的战略布局——IBM 有"腾跃计划"，SAP 有"灯塔计划"，HP 有"灵动商务"，各厂商纷纷出台了针对中小企业的市场计划和产品方案。

所谓英雄所见略同，联想也马上发现了中小企业对电脑有着巨大的潜在需求。为了成功打入中小企业市场，提高联想电脑在中国商用电脑市场的占有率，联想也不甘落后，开始对中小企业进行了一系列的调查。结果发现，中小企业具有市场规模大、交易零散、个性化需求明显，以及对电脑产品品质、服务、价格的综合要求较高等特点。同时，他们也认为，让企业得到快速成长的核心，就是信息技术。如果拥有高级的信息技术，企业的竞争力就会得到很大的提升。但是，由于知识水平有限，他们缺乏掌控科技的能力。而他们的这些需求，却常常无法得到电脑企业的重视。

根据调查结果，联想针对中小企业推出了"扬天"电脑。中小企业在使用电脑的过程中，会遇到操作困扰，尤其是还会遭到病毒的攻击。这样一来，中小企业就会觉得使用电脑的风险太大，一旦出问题，不但会影响工作效率，更令人担忧的是，还可能会泄露企业的一些信息，这才是最致命的打击。因此，它们渴望信息化，希望能够有一个全面的解决方案，而不仅仅是在某一个环节提供某一个产品。中小企业对电脑的需求，既有别于家庭消费客户，又有别于大客户，需要使用"特制"的电脑。扬天是联想为中小企业量身定制的第一款商用电脑，希望通过产品创新，最大限度地解决商用不好用和不易用的问题。

之后，联想制作了系列平面广告。其中在一则主题广告语为"领先易用，加速企业成长"的广告画面中，一位西装革履的男士端着咖啡，坐在电脑边，十分悠闲、轻松地操作电脑。这个场景虽然简单，却十分有效地将扬天的"好用"和"易用"的特性传达了出去。主题广告语"领先易用，加速企业成长"通过"领先""加速"的字眼准确地传达出扬天电脑在技术领先同行，同时也强调了它具备提高企业办公效率的功能，新闻性十足，能够有效地吸引中小企业客户的目光。

果然，因广告牢牢把握住了目标消费群体的需求，扬天电脑投到市场后，理所当然地取得了不俗的销售业绩。

是手机，也是掌上银行

——金立U83手机广告语

2008年，全球金融危机爆发后，各行各业都受到了相当大的冲击，再加之竞争激烈，不少企业一度陷入低迷。手机行业也不例外。随着手机的智能化开启，手机的技术日新月异，手机制造商在更新技术的同时，也要贴合消费者的使用习惯，提供最实用的手机，这就加剧了手机行业的竞争。就在此时，金立推出的一款手机以全新的功能亮相，一经上市，就引起了消费者的关注，这就是金立语音王U83。

金立公司成立于2002年，是一家集手机研发、加工生产、内外销售同步进行的民营高科技企业，而金立语音王作为其下属的手机高端品牌，以"为高端人士提供差异化的通讯产品"为经营理念，通过不断的努力将高端技术融入手机之中，在实现每一款手机智能化的同时，也让手机的操作步骤变得更加简单，而新一代的金立语音王U83正是最好的代表。

手机是好产品，可是如何在第一时间内让消费者接受并购买呢？经过一系列的市场调查，工作人员发现各大银行已经推出了各种各样的手机银行业务，这样一来，消费者就可以通过手机随时随地地进行业务办理，从而节省了不少时间。虽然这样的手机业务拥有庞大的消费群体，但由于需要下载软件，操作过程还是比较烦琐。而目前的手机公司在推广自己的产品时，往往都把推广点集中在音乐手机、触摸屏手机、游戏手机等娱乐功能上，还没有一家企业推出掌上银行的概念。

金立公司便抓住了这个机会，将金立语音王 U83 手机定位为"首款具备手机银行业务的高端手机"。产品定位明确之后，接下来的推广是至关重要的。经过工作人员的讨论，最后"是手机，也是掌上银行"这句广告语应运而生。

"是手机，也是掌上银行"这句广告十分明确地告诉消费者，金立语音王 U83 在具备所有手机功能的基础上，新增了手机银行这一独特功能。这句广告语既简单又不拗口，容易记忆，且具有新闻性，让消费者一看到金立语音王 U83，就能想到它有手机银行这一功能。

"银"领清新生活

——三星银离子空调广告语

随着科技的高速发展，越来越多的科技产品在为人们带来了方便和舒适的同时，也因科技方面的缺陷，会对人的身体造成一定的影响。比如，长期使用没有换气功能的空调，会得一些如鼻塞、头昏、打喷嚏等类型的"空调病"。但也正是因为这些缺点的存在，科技才有了进一步的发展和提升。

2004 年，三星推出了银离子健康系列家电新品，涉及空调、冰箱、洗衣机三大系列。早在古代，人们用银来鉴别毒性、净化水质、防治感染、存放食物，而现代科技发展使人们发现，银在离子状态时可以杀灭多种细菌。据三星研发人员介绍，经过大量实验证实，银离子的杀菌效果是一般杀菌剂的 100 倍以上，且杀菌范围更广，可有效杀死超过 600 种病原菌。

现代人在基本生活得到满足后，就会越来越注重生活品质，开始追求更加健康环保的居住环境，而家电行业正是这种需求所聚焦的领域。此时，三星推出银离子空调，可谓十分符合时宜。而三星空调之所以把技术重心转移到银离子技术，就是立志利用银离子技术为消费者提供更为健康的产品。

可问题是，当时很多消费者对银离子的概念不是很熟悉，在广告宣传中，如何才能更好地诠释出银离子的好处呢？经过大家的集思广益，最后三星决定用"'银'领清新生活"为银离子空调的上市广告语，并以此为主题拍摄了一张平面广告。

在广告画面中，三星银离子空调吹出一堆带有水银质感的泡泡，这些泡泡十分轻盈地飘浮在半空中，在其所到之处空气异常清新，令墙壁上的蝴蝶标本翩然飞起，一家三口排队置身其中，闭眼呈享受状。画面下面是三星银离子空调功能的文字说明：抗菌除异味，空气更清新。

这则平面广告画面清新别致，十分形象地表现出三星银离子空调独一无二的功能，再通过简单的文字说明，使消费者马上就能了解三星银离子的概念。而在"'银'领清新生活"这句广告语中，"银"字与"引"谐音，一语双关地告诉消费者三星空调是一款银离子健康空调的同时，也表明银离子技术是三星首创，在空调行业中完全有资格"引"领清新生活。

这则平面广告在全国投放后，在生动形象的画面配合下，使消费者在最短时间内通过"'银'领清新生活"这句广告语了解到三星空调新特征的同时，也激发了很多注重健康的消费者的购买欲望。

治疗感冒，黑白分明

——白加黑感冒药广告语

"治疗感冒，黑白分明。白天服白片，不瞌睡；晚上服黑片，睡得香。"这是白加黑感冒药的广告语。当年，白加黑正是凭借这句广告语，在上市后不到半年的时间里，销售额就飙升到 1.6 亿元，震惊了当时的感冒药市场。

而白加黑的广告之所以能取得如此大的成功，是与其对产品的定位分不开的。在当时的感冒药市场上，白加黑主要有两大竞争对手：康泰克和泰诺，前者凭借其独有的缓释胶囊技术，确立了"长效"定位；后者则依赖"30 分钟缓解感冒症状"，将产品定位于"快效"。面对强大的对手，白加黑提出了"日夜分服"的产品定位。因为在服用感冒药后，最令患者苦恼的就是容易打瞌睡，这多少会对生活和工作产生一定的影响。而容易打瞌睡的原因就是感冒药大多是复方制剂，其中多含有扑尔敏等抗组胺的成分，用来缓解流鼻涕、打喷嚏等症状，其副作用就是犯困、注意力不集中。

而白加黑的"治疗感冒，黑白分明"广告语妙处正在于此：白加黑的白片中没有扑尔敏，白天服用它不瞌睡；而在黑片中加入了此成分，晚上服用它睡得香。所以，"治疗感冒，黑白分明"这句具有新闻性的广告语，明确地突出了白加黑新的功能，从而满足了消费者的需求。这也是这句广告语的成功之处。

原汁原味原生态

——容声原生态冰箱广告语

　　海信集团是特大型电子信息产业集团公司，成立于 1969 年，旗下有海信、科龙和容声三个知名品牌。其中，容声冰箱曾在 2004 年获得"联合国节能明星大奖"。从此之后，容声冰箱在节能技术上加大了研发力度。可是，纵观整个冰箱行业，经过多年的发展后，冰箱在节能方面的技术已经相当成熟，在技术上暂时无法取得进一步的提升。

　　发展多年的容声冰箱在冰箱市场上虽然有很高的知名度，但不少年轻人对其的基本认知是"很省电"或者是"老品牌"，所以自然就把容声冰箱划为老产品的行列。在这种情况下，从 2006 年开始，容声冰箱决定在其节能形象深入人心的基础上，着重宣传容声冰箱的保鲜功能。因为只有先消除消费者心中对容声冰箱"老"的印象，容声冰箱才能够带动新一代年轻人的消费欲望。

　　原生态冰箱拥有领先冰箱行业的保鲜技术，能为果蔬模拟营造出最接近的生态环境，有效地保持果蔬的新鲜状态，从而有效延长食物保鲜期，保存营养，保持食物最本真的状态。结合产品保鲜技术的优势，容声冰箱又针对日趋年轻的主力消费群体进行了调研，制作出了"原汁原味原生态"的广告语。

　　这句主题广告语充满活力且不失个性，十分符合年轻人期望未来生活鲜活、精彩的心理。此外，"原生态"给人一种新鲜的感觉，容易让消费者联想到青山绿水间的农家小院、没有任何污染的蔬菜，以及蓝天白云。

　　紧接着，容声冰箱以"原汁原味原生态"广告语为主题，制作了一则上市平面广告。在平面广告中，容声冰箱放弃了传统的绿色，而是突破性地选用纯净的蓝色为背景，给人的感觉更清新自然。画面中，一条活泼可爱的水晶鱼从半开的容声冰箱里跃出，十分形象地表现出容声冰箱营造原始生态环境的能力。于是，这只鲜活、灵巧、可爱的水晶鱼理所当然地成为容声冰箱的"代言人"。

　　容声冰箱利用突出产品特点"原汁原味原生态"的广告语，以及新奇的广告画面，双管齐下，成功吸引了受众目光之后，才在平面广告下端介绍新产品的新功能。这样趣味横生的广告，消费者看了之后，自然不会厌烦。

　　就这样，容声冰箱以新的利益诉求点和新的形象面世，得到了消费者的高度关注。

可以拍星星的手机

——努比亚手机广告语

努比亚手机是中兴通讯于 2012 年创立的智能手机品牌，该品牌主要定位于社会渠道的高端智能手机产品，通过独立团队和独立运营，形成了对现有中兴手机产品品牌体系的补充和延伸。

2014 年 12 月，努比亚总经理在微博上发布了一张流星雨的图片，在繁星点点的夜空中，一道流星划空而过。画面清晰而静谧，令人浮想联翩。

不知情的人猛地一看，会以为照片是用相机拍摄的，觉得不以为奇。但只要仔细读了努比亚总经理的文字说明，就会不相信地问道：这张照片难道是用手机拍摄的？

这条微博发布后，就引来了众多网友的围观。有的网友在惊讶之余，也质疑照片是用了外挂镜头，或者专业的天文望远镜。

一件新鲜事物的出现，总是在质疑声中被人们所接受，这并不奇怪。而在此之前的 6 月份，由深圳企业家摄影协会理事会员里强先生亲自用努比亚 Z7 手机拍摄了一张名为《瞬间·永恒》的照片，并被北京天文馆馆藏。这是人类历史上首次使用手机成功拍摄银河的作品，同时也开创了国内天文馆馆藏手机摄影作品的先河。有了官方的佐证，中兴通讯便为努比亚手机制作了一条"可以拍星星的手机"的广告语。

这句广告语诱惑力十足，能成功引起人们的好奇心并使他们继续读广告正文，最后会发现努比亚手机的配置确实能够让人体验到用单反相机拍照的感觉，不禁对这款手机充满了向往。因此，努比亚手机推向市场后，取得了不俗的销售业绩。

无线上网随 e 行，让互联网随身而行

——中国移动"随 e 行"无线上网服务广告语

21 世纪，中国已经进入互联网时代，人们可以通过网络交流、购物、获取信息。互联网在极大地方便了人们生活的同时，也使得人们也越来越离不开互联网了。

2002 年，随着笔记本电脑的普及，网民数量呈爆炸性增长，局域网的限制开始显现出来了。比如，当人们外出旅游或者在咖啡店小憩时，总有上网将当下的心情体会分享给大家的欲望，但是由于局域网有繁杂连线的羁绊，一些公众场合即使想

设立局域网也无法实现。

在这种情况下，中国移动的"随e行"应运而生。"随e行"，顾名思义，是让互联网随身而行。你只需要在自己的笔记本电脑、台式电脑或掌上电脑上安装无线网卡，就可以在家中、办公室或任何有信号的地方上网，实现无线宽带上网和自由移动办公，享受无线冲浪的自在快感。

"随e行"的目标消费群体是商务人士与集团客户，这个庞大的群体的工作都是在互联网上进行的，他们是时代的前沿者，工作讲究效率，也追求完美，因此，他们不能没有网络。基于这样的认知，"随e行"决定以目标消费群体日常工作或者生活中的客观事物为出发点，以"无线上网随e行，让互联网随身而行"为主题广告语，将中国移动"随e行"自由时尚的品牌特性一一展示。于是，"随e行"系列平面广告就这样出炉了。

在《汽车篇》中，展现给受众的是一幅飞速行驶的车内景象，一位商务人士十分认真地浏览着网页信息；《候机厅篇》里的画面是一位身穿蓝色西服的男子，他并没有表现出等待上机的急切和烦躁，而是心无旁骛地使用笔记本无线上网；在《用餐篇》中，一位男士坐在装修考究的西餐厅里，一边悠闲地喝着咖啡，一边用桌上的笔记本电脑浏览网上的精彩内容。

"随e行"系列平面广告通过再现室外上网的场景，直接也将中国移动使用笔记本电脑通用分组无线服务技术（GPRS）便可实现随时随地无线上网的新服务信息准确、清晰地传达给受众。画面中每个人物的身份设定，既细化了这部分无线上网的目标消费群体，又较好地提升了品牌的形象。借助商务人士日常生活中的琐事：坐车、候机、进餐，在最短时间内突出了"让互联网随身而行"的主题广告语，让受众一看就明白，"随e行"没有网线的羁绊，直接通过接受信号便能实现随时随地上网。

"无线上网随e行，让互联网随身而行"这句十分顺口的广告语，具有强烈的功能以及诉求目的告知性，诱惑力非凡，再加之配有人们较为熟悉的生活画面，十分有效地突出了产品的优势和功能利益点，是一则比较成功的广告。

袜业升级，生态贴身

——宝娜斯袜业广告语

浙江义乌是中国著名的"袜都"，这里聚集了国内知名的袜业企业，其中就包括宝娜斯。

宝娜斯袜业公司自 1997 年成立以来，凭借国际化的生产模式得到了快速成长，很快成为国内袜业三大品牌之一，销售量一直保持良好的增长势头。但后期因公司对未来的发展缺乏定位和规划，宝娜斯这种良好的发展势头没能一直保持下去，开始出现销售量下滑、开拓市场缓慢等一系列问题。此时，宝娜斯开始意识到，企业要想获得长远的发展，仅仅依靠技术是远远不够的，只有将技术的更新与品牌的建设保持同步推进，才能在市场上立于不败之地。

为了打造出一个强势品牌，宝娜斯先是进行了一系列的市场调查，结果发现，消费者对袜子是否健康十分重视。有相当一部分消费者认为在夏天的时候，不健康的袜子会对皮肤产生刺激，从而引起过敏。从理性的角度来看，袜子外包装上的吸汗性、透气性的说明，很大程度上会影响消费者的购买行为。因为袜子只有具备良好的吸汗和透气功能，才能避免引起脚部皮肤过敏。

根据对消费者调查的结果，宝娜斯决定研发更为健康的袜子。在产品研发方面，宝娜斯不惜投入巨资，采用可以有效对纺织原料中的毒性进行分离和检测的原子吸收光谱法（AAS）技术，从而避免生产出的生态袜子中的生态毒性物质对人体产生危害。据有关科学报道表明，人们在使用含有生态毒性物质的产品后，往往会出现皮肤瘙痒、红肿、溃烂，甚至导致人体细胞脱氧核糖核酸（DNA）发生癌变。所以，在原料的选用上，宝娜斯进行了严格的质量把关，确保每一个生产环节都不会对产品造成化学上的污染。

通过一段时间的奋战，宝娜斯生产出一批天然材料纺织的健康袜子。为了让新产品在最短时间内被消费者接受，宝娜斯制作了"袜业升级，生态贴身"的上市广告语。为了能更形象地传达出"袜业升级，生态贴身"这句广告语的内涵，宝娜斯邀请著名女歌手李玟拍摄了一则平面广告。

在平面广告中，宝娜斯用象征环保健康的绿色为背景颜色，左边是青春健康的李玟，右边是一片椭圆形的树叶，树叶上还有几滴水滴和一只脚印。整个画面绿意盎然，给人一种健康的感觉。这则具有强烈视觉冲击力的平面广告有效地赋予了"袜业升级，生态贴身"这句广告语健康的内涵，让消费者充分接收到了宝娜斯通过技术升级，生产了对身体无损害袜子的信息。

该广告投放不久后，宝娜斯的销售量开始节节攀升，新品生态纺织袜的销售出现了供不应求的局面。就这样，宝娜斯一跃成为国内袜业企业的领头羊。

【同类范例】

有百万台冰箱已经工作了十年。　　　　　——新飞冰箱广告语

特种火柴刚问世,一支火柴点万次。　　　——久远派特种火柴广告语

七分之一的人类每天必须刮胡子。　　　　——吉利剃须刀广告语

雪水酿啤酒,全国第一家。　　　　　　　——雪光啤酒广告

我们已经跨出了第一步——联想软件国内率先通过CMM2认证。

　　　　　　　　　　　　　　　　　　　——联想广告语

乔治·阿玛尼全线登陆中国。　　　　　　——乔治·阿玛尼化妆品广告语

真切的视听感染,尖端的三洋科技。　　　——三洋电视机广告语

甜甜的、酸酸的娃哈哈果奶上市啦。　　　——娃哈哈果奶广告语

腾讯·大渝网闪亮上线。　　　　　　　　——腾讯·大渝网广告语

海鸥手表飞往洛杉矶。　　　　　　　　　——海鸥手表广告语

美国蓝带来到了中国。　　　　　　　　　——蓝带啤酒广告语

首创旋转浮动刀头,令剃须变得更顺滑彻底。——飞利浦剃须刀广告语

在世界上第一个用流水线制造拖拉机。　　——美国福特公司广告语

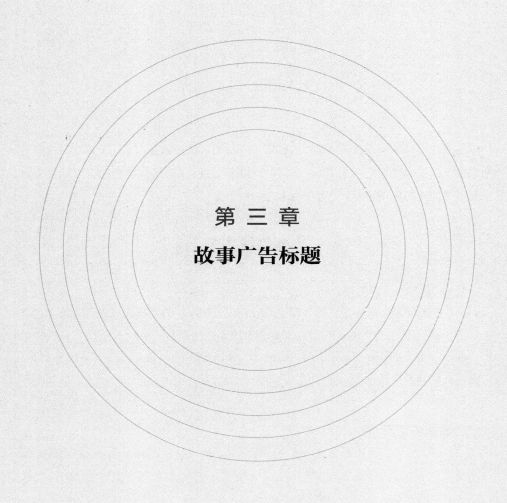

第 三 章

故事广告标题

故事广告标题也可称为情节广告标题，它是指一则标题表述了一个简单而完整的故事情节。这种广告标题常常是与其他形式的广告标题相结合使用的，但二者强调的重点不同。若运用恰当，往往能收到很好的效果。

【创作技巧】

1.设置悬念，吸引眼球

一个好的故事广告标题犹如一篇文章的标题，如果起得好，便能吸引人继续读下去；反之，如果标题平铺直叙，自然不会引起人们的注意。所以，创作故事广告标题，要像文学创作那样，善于捕捉产品的某个特征或细节，并围绕此设置一个悬念。这样的标题才能激起人们的好奇心，促使他们忍不住继续观看广告内容。

2.增加生活元素

一个好的故事不论是悬念迭出还是温情动人，都取材于现实，只有这样才能产生身份认同感，打动受众。而如果能将故事中富有生活气息的细节提炼成故事广告标题，就显得非常贴合实际，也能打动受众。

【创作赏析】

只想拥有你

———香奈儿 N° 5 广告语

2014 年 10 月 15 日，法国香奈儿 N° 5 微电影广告《只想拥有你》正式公布。这部由巴西名模吉赛尔·邦辰和荷兰演员米契尔·哈思曼联袂出演的音乐微电影广告，一经上映，就引起了不小的轰动。

在这则广告中，吉赛尔本色出演了一位名模和母亲。也许是由于工作方面的压力，吉赛尔换掉一身华贵的衣服，下海冲浪。在大海中，吉赛尔犹如美人鱼一般，自由驰骋。

而由米契尔·哈思曼扮演的一位深情男子则一直在默默关注着她。他的一举一动，甚至一个眼神，都体现出了爱慕的情愫。最后，男子望着在海里冲浪的吉赛尔，留下一封信，不辞而别。

结束冲浪的吉赛尔在屋里发现那封信后，急忙寻找男子。隔着镶嵌着明亮玻璃的窗户，她没有发现男子的踪影，一脸怅然若失。此时，乖巧的女儿冲到她怀里。她紧紧地抱着女儿，一脸笑意，之后，她结束了忙里偷闲的生活，开始了紧张的拍摄工作。

在拍摄中途休息期间，吉赛尔又拿出那封告别信，一副若有所思的样子，然后一脸坚定，仿佛做了一个什么重大决定。

果然，她不顾一切地结束了工作，驾车来到一家复古酒吧，并找到了那位男子，两人深情相拥，终成眷属。

在整个广告中，由一首英文歌曲《只想拥有你》贯穿整个故事。那个略带沙哑、低沉的声音为这个动人、唯美的爱情故事增添了不少缠绵柔肠。再加上吉赛尔·邦辰高挑的身材以及姣好的容貌，搭配上带有香奈儿商标的服饰，更显得典雅高贵、相得益彰。

香奈儿品牌自创建至今，已经经历了一个多世纪。在这一百多年来，香奈儿 N° 5 香水随着岁月的流逝变得愈加迷人和神秘，散发出历久弥新的魅力。它所诠释的，是女性要勇敢地摆脱一切束缚，努力追求自我，最后回归现实。而有多重身份的吉赛尔·邦辰则是新时代女性的代表，她在广告中的表演很好地诠释出了新时代 N° 5

香水的所有内涵：女性要爱自己，要有足够的勇气去聆听内心的渴望，拼尽全力去兼顾自我、家庭、事业以及爱情。

而把《只想拥有你》这首主题曲用作广告语，更是高度契合了 N°5 香水真正要传达的品牌内涵——正如该广告导演巴兹·鲁曼所言："最终，香奈儿女性选择的依然是爱。"

爱是信任，爱是依赖，爱是……

——科宝橱柜广告语

1999 年，科宝公司开始进入橱柜行业，并以具有强烈的意大利风格的橱柜打入市场，迅速成为橱柜行业的佼佼者。科宝橱柜发展至今，一直关注消费者的需求，并据此推出更加方便、实用的产品。

2012 年，科宝经过全面的调查后发现，现代都市生活节奏较快，早晨上班容易出现交通拥堵。因此，对于许多白领来说，吃早餐就成了一个很大的问题。针对这个问题，科宝公司开始研究解决的办法，最后设计、生产出名为"爱的滋味"系列橱柜产品。该产品新增了一个抽拉式的早餐台，方便用户在厨房准备以食用早餐。另外，在设置上，早餐台与水池呈一个 90° 的转角，用餐结束后，一转身就可以在水池里清洗餐具。这两点设计既人性化又十分实用，为急于上班的白领节省了不少时间。

这样好的产品一旦推向市场，肯定会受到消费者的欢迎。可问题是，用什么样的方式才能够让"爱的滋味"产品迅速广为人知？科宝内部经过讨论，最后决定利用微电影为产品做广告——微电影《早餐》应运而生。

2012 年 3 月 28 日，微电影《早餐》在各大网站播出。仅仅上线一天，点击率就突破 200 余万次。

在《早餐》广告故事中，男主角事业略有所成，但工作紧张，每天早出晚归，疲于奔命，而女主角却恰恰与之相反，因此衍生出一种新的爱情模式——时差爱情。

在这种有些不正常的生活模式下，男女主人公虽然彼此恩爱，但几乎没有时间享受二人世界。即便如此，贤惠的女主人公依然毫无怨言，每天早晨会为男主人公准备早餐，并贴心地附上一张便利贴。相同的便利贴，每天都会有不同的关心内容。因此，便利贴成了二人唯一的交流方式。

在一次工作中，男主人公因擅自修改方案遭到上司的批评，并要求他自己搞定客户。男主人公在去拜访客户的途中，发现衬衫被上司泼的咖啡弄脏了，于是打电话想让妻子送一件干净的衬衫，却被告知衬衫洗后还未干。男主人公压抑的情绪终于爆发，呵斥了妻子一顿，便去见客户，并成功拿下订单。

等他回到家后已经半夜，女主人公早已熟睡。男主人发现床头挂着一件干净的衬衫，口袋里还有一张写了道歉之语的便利贴。

为了表彰男主人公的业绩，公司为其开庆功会。喝醉之后的男主人与一位女同事有些暧昧，但幸好看到了从衬衫口袋里掉出来的便利贴，顿时醒悟了过来，一路狂奔回家。

第二天早晨，女主人公醒来后，一看身边空无一人。来到厨房后，却发现一桌丰盛的早餐，桌上还有一张男主人公慰问的便利贴。此时，男主人公从背后抱住女人人公。刹那间，女主人公往日所有的委屈都化成了幸福的泪水。

广告结尾处，科宝的一句"爱是信任、爱是依赖、爱是无处不在的关怀"在道出"爱的滋味"的品牌理念的同时，也呼吁观众珍惜一直在身边关注自己的亲人和爱人。

因广告故事贴近生活，几乎每个人都能从中找到自己的影子，并产生了强烈的情感共鸣，更有不少网友开始效仿女主人公为丈夫留便利贴的习惯。

该广告火爆网络之后，科宝橱柜的销售量也理所当然地实现了增长。

不平凡的平凡大众

——台湾大众银行广告语

从 2010 年开始，台湾大众银行陆续推出四部系列电视广告。该系列电视广告都是根据真实故事改编。其中，《梦骑士》又是四部中影响最大的广告作品。《梦骑士》是根据台湾真实纪录片《不老骑士》改编，讲述的是普通但又不平凡的人的故事，这恰好契合了大众银行的广告标题：不平凡的平凡大众。

《梦骑士》广告一开始，就有一个苍老、低沉的声音发出疑问：人为什么活着？这句对人生的拷问之语，犹如当头棒喝，引人深思。

"为了思念，为了活下去，为了活得更长，还是为了离开？"随着旁白的不断发问，镜头在五位老人的生活场景间切换，他们当中有的家人离去，有的病痛缠身，凡此种种，客观体现出人生暮年的所有状态。

接着，一首具有浓烈民族风的曲子代替了之前沉重舒缓的背景音乐，五位老人齐聚在一家小饭店，空位上放着一张朋友的遗像。他们默不作声，镜头快速切换，呈现出他们每个人曾经的故事。突然，一位老人猛然将手中的老照片拍在桌子上，大喊一声："去骑摩托车吧！"惊掉了一位老人筷子间的食物。

紧接着，背景音乐换成了激昂的声音。镜头切换，一间仓库的门被打开，里面一辆被尘土覆盖的老式摩托车重见天日，尘封的记忆也被打开。那一刻，所有老人都挣脱了一切束缚，带着对友人和爱人的思念，驾驶着摩托车驶出隧道，踏上了希望之旅。

此时，旁白响起：五个台湾人，平均年龄81岁，一个重听，一个得了癌症，三个有心脏病，每个都有退化性关节炎。与此同时，镜头不断切换，展示几个老人为了曾经和现在的梦想所付出的努力，而这一切不仅是和自己也是和朋友的约定。

最后，他们来到海边，像年轻的时候那样追逐、打闹，面对夕阳举着亲人的照片。激昂的背景音乐再次转为舒缓。但这并不意味着故事的结束，在这场历时13天的旅途的最后，这些不老骑士终于找到了活着的理由：不论每个人有多么普通或不起眼，但这不妨碍我们去追逐属于自己的梦想。不论你的人生刚刚开始，还是已经进入暮年，随时可以上路。因为，对于有梦想的人来说，努力是不受年龄限制的。所以，当我们真正实现梦想、用实力去证明自己的时候，我们就不再平凡了。对于这样有梦想的群体，大众银行在广告结尾处用充满鼓舞的广告语"不平凡的平凡大众"做了涵盖。而广告故事也正是这句广告语最完美的注脚。

这个广告故事播出后，无数人为之动容，也因此，大众银行自然而然地给大众留下了一个感性的"大众缘"的品牌形象。而大众银行的营销宗旨是关注、陪伴、相信，系列广告中也暗示大众银行的诉求主题：大众银行始终关注用户的每个需求，始终陪伴在大众身边，始终值得人们相信。

夏天好热，要爱趁热

——哈根达斯广告语

哈根达斯是美国冰淇淋品牌，诞生于1921年。哈根达斯作为一个高档冰淇淋品牌，零售价从十几元到几十元不等，虽然价格比普通冰淇淋多出数倍，但依然受到很多消费者的欢迎。如今，哈根达斯已经成为闻名全球的高档冰淇淋品牌，连锁店遍布全球各个国家。那么，哈根达斯是如何取得今天的成就呢？其实，这与哈根达斯的广告有很大的关系。

哈根达斯的广告素以制作精良而闻名，因为这种超乎寻常的精美正好符合哈根达斯"矜贵享受"的品牌个性。哈根达斯聘请最优秀的摄影师为广告拍摄精美的图片。而且在广告的设计上，哈根达斯一直沿用一种思路：广告无论是画面还是语言，都要体现出暗含多种意思的效果，在说爱情的同时，也巧妙地将哈根达斯表现出来，并试图告诉人们：你在品尝哈根达斯的同时，就是在爱的海洋里畅游。

在哈根达斯名为《596号》的电视广告里，不急不缓的故事情节中弥漫着温暖的感觉，几乎每个人看了之后，都渴望在某个恰当的时候，遇到那个情投意合的人。即使没有萌生爱情的人，也会被广告故事所打动，从而也想买一支哈根达斯来尝尝，感受爱的滋味。

这则电视广告讲述了这样一个故事：男主角是一家银行的保安，每天的工作就是负责银行的秩序和分发排序号。枯燥而又简单的工作让他变得十分压抑，他还甚至幻想过当劫匪来抢银行。当第596个顾客光顾的时候，他看到一个女孩站在外面，不住地朝银行里看，显然是在犹豫该不该进来。最后，女孩终于鼓足勇气走了进来，但她并没有去拿属于自己的596排序号，而是径直走到有冷气的地方，然后坐下来开始闭目养神。男主角忽起了怜香惜玉之心，没有去打扰她。

此时，银行里的广播一连几次地通知596号办理业务时，却始终不见人影。银行里所有的工作人员都把目光投向了那位女孩身上。这时，一位女性工作人员上前询问那位女孩，是否有需要办理的业务。在睡梦中的女孩被这突然的问话惊醒，支支吾吾了半天，也不知道该怎么解释。这时，男主角看出了那位女孩的尴尬，及时上前解围："她是我的朋友，在等我下班。"

那位工作人员走了之后，女孩感激得不知道该如何开口，结果说了一句："夏天好热！"男主角笑着说："我知道你是来吹冷气的。"女孩调皮地反驳说："我是在等朋友下班。"两人相视一笑，笑容意味深长，给观众留下了无限的想象空间。此时，旁边响起：夏天好热，要爱趁热！

这则电视广告虽然讲的是普通人的爱情，却能把故事讲得温馨动人，给人一种宁静、典雅的高贵感。尤其是"夏天好热，要爱趁热"这句充满诱惑的广告语，让无数人都开始向往一段轰轰烈烈的爱情。

最好的朋友

——百威啤酒广告语

2014 年，美国著名啤酒品牌百威在《超级碗》投放了一则名为《早恋》的广告。该广告一经投放就引起广泛关注，被各种社交媒体转发 130 万次，成为当年超级碗广告之最。

《超级碗》作为全美第一大体育节目，吸引了世界各地上亿的观众，其收视率之高，在某种程度上而言不亚于中国的春节联欢晚会。因此《超级碗》直播期间的电视广告可以用"寸秒寸金"来形容，凡是在《超级碗》播出的广告，每年都是热议的话题。如此强大的宣传效果，让每一个商家都绞尽脑汁争取在《超级碗》投放广告。然而，这也意味着《超级碗》直播期间的广告费用绝对不是一个小数目。因此，为了让投入巨额资金制作的广告发挥出最大的作用，各大商家都使出了浑身解数。《早恋》这则广告虽然仅有一分钟时长，但制作精良、画面精美，引起无数人飙泪，可谓是达到了超值的效果。

广告中，一只住在牧场旁收养中心的小狗与牧场里一匹克莱兹代尔马在马厩中相识，并结下了深厚的友谊。

一天，一位女士来到了收养中心，准备收养这只小狗。小狗意识到自己要与马分开了，于是连忙从收养中心跑出来，钻过栅栏来到了马厩中，却被饲养员看到了。饲养员抱起了小狗，将它交给了那位女士。但没想到，小狗却趁人不注意，返身跑回了马厩。饲养员再次将小狗送回，如此反复几次，最后小狗被关在汽车里。在汽车开走的那一刻，小狗用爪子拍打着车窗，发出悲哀的叫声。马厩里的马听到了小狗的声音，用身体撞开围栏，用嘶鸣呼唤来自己的朋友。它们一路狂奔，通力合作，将汽车截下。最后，在几匹马的簇拥下，小狗重新回到了牧场，并永远留在了那里。广告结尾处，广告语"最好的朋友"的字幕出现。

从广告故事开始到结束，始终没有出现百威的影子，只是在广告的最后，出现了百威啤酒的商标，但这并不妨碍消费者对这则广告的理解。百威啤酒通过讲述马与狗的友谊故事，在让人动容的同时，也将百威啤酒的品牌文化传达给了消费者。

用动物作为品牌广告的形象，一直是百威啤酒所坚持的文化符号。百威之所以选择用克莱兹代尔马作为故事的主角，不是一时兴起，而是经过多方面考虑的。克莱兹代尔马是苏格兰最负盛名的重型挽马，它血统高贵，性格温顺、忠诚，而且可以驮 1 吨重的东西以每小时 8 千米的速度前进。因此，克莱兹代尔马代表着力量和传统，百威啤酒选它作为故事的主角，能够实现工薪阶层形象与美国传统美德的完美结合。

而在广告中，百威通过一匹马和一只狗之间不离不弃的故事，在诠释出广告语"最好的朋友"内涵的同时，也顺势告诉所有消费者：百威永远是你最好的朋友。由此可见，百威广告宣传的重点并不是口味多么冰爽，而是通过品牌内涵的建设，在消费者心中形成一种情感攻势，从而达到长期的广告效益。

真爱是一种颜色，是一个名字

——卡地亚珠宝广告语

2011 年，卡地亚珠宝推出《歌剧院广场》《福宝》《皇宫御花园》三部真爱微电影系列短片。这三个电影广告短片讲述的都是爱情故事，并且拥有同一个主题——真爱是一种颜色，一个名字。其中，以《歌剧院广场》引起的反响最为强烈。

这则广告一开场，便是一座富丽堂皇的歌剧院，一辆高档的汽车停在门口，车内坐着一位绅士和一个风韵犹存的妇人，妇人的目光看着车窗外一对年轻的情侣。那对情侣站在歌剧院外，他们望着歌剧院的眼神中透露出无限的向往，只是他们囊中羞涩。男子对身边的女友说："有一天，我们会一起踏上这些台阶。我向你保证……坐在我们都喜欢的歌剧院里。"

这句关于爱的承诺传到了车内妇人的耳朵里，她的思绪被带回了 35 年前。那时候的她就如眼前这对年轻人一样，对美好的生活充满了向往，而在她身边站着的，就是她当时的男朋友、现在的丈夫。那时的她也如这个年轻的女孩儿一样，对着歌剧院问她的男友："这是什么？"她的男友回答说："那是你的第一场歌剧，也是我和你的第一场歌剧，我希望这是一系列歌剧的开端……你愿意嫁给我吗？"

回忆在此时戛然停止，妇人的思绪又回到了现在，她看了看坐在旁边的丈夫，轻柔地问道："你还记得那个你向我求婚的夜晚吗？就是在这里。"

先生回答道："我当然记得。我甚至向你承诺，让你拥有歌剧一样的人生。我难道没有遵守自己的承诺吗？"

"你遵守了所有的诺言。请把票给我，亲爱的！"肯定了先生的答复后，妇人莞尔一笑，拿着他们的歌剧票下了车子，来到了那对年轻的情侣身边。

"年轻人……您……您喜欢歌剧？"女士开口问道。

"是的，我们……我们喜欢听歌剧，但从未看过。"男青年回答说。

得到男青年的回复后，妇人将手中的两张歌剧票递到了这对年轻情侣的手中，并解释自己和丈夫今晚无法观看这场歌剧了，所以以将票送给他们。

这确实给这对年轻的情侣带来了惊喜，但随即他们意识到，他们不能这样做。

"去吧，这是我们的荣幸……真的。"妇人的先生也加入了劝说的行列。

也就是这句话，说服了年轻的情侣收下了这两张歌剧票。

最后，女青年对妇人说："您是一位非常非常美丽的夫人。"

年轻情侣离开后，先生对妇人说道："是的，你丝毫未变。你一直都这么浪漫！愿意和我一起浪漫地走走吗？"

整个短片时长 5 分零 8 秒，场景设在某个歌剧院的门前。片子虽然很短，故事情节也很简单，但是老夫妇与年轻情侣之间关于爱情的承诺，完整地诠释了两代人对浪漫、誓言、真爱的理解，尤其是 35 年前先生为女士送上卡地亚钻戒时的浪漫场景，深深地印在了观众的脑海中。

这虽然仅仅是一个宣传广告，但是在制作的精良上，并不逊色大银幕上的大电影。在宣传效果上，不但增加了广告信息的故事性，还更加深入地实现了品牌的形象、理念的渗透和推广，将卡地亚"真爱"系列钻戒的广告语——"真爱是一种颜色，是一个名字"的理念，在无声中传达给消费者，可谓是达到了"润物细无声"的境界。

你能"型"

—— 潘婷洗发露广告语

作为宝洁公司旗下四大洗发露品牌之一的潘婷，在广告宣传方面，不管是代言的明星还是广告的创意，一直都是备受瞩目的。而由泰国拍摄的潘婷洗发露广告《你能型》，抛弃了浓重的商业味道，将广告拍摄成了一部励志小短片。在宣传途径上，也弃用了传播最广泛的电视媒体，运用了网络媒介。但最后的效果却十分可观，不仅在世界各地流传甚广，并出现了泰语版、法语版、德语版、中文版等多个版本。

故事的开始，是一条人来人往的街道，一位衣衫褴褛的卖艺老人站在街头忘我地拉着小提琴，一位留着披肩发的小女孩儿好奇地看着老人的一举一动，一曲完毕，老人给了小女孩儿一个温暖的笑容。小女孩儿爱上了小提琴，但她是个聋哑人，因此她比其他人更加勤奋用功，这也招致了同学——一个马尾女孩儿的妒忌。马尾女孩儿对女孩儿的嘲笑与讥讽，一次次伤害着女孩儿的内心。

小女孩儿再次来到了街头，看着那位老人拉琴。曲毕，老人看到了站在不远处的小女孩儿，做出了一个拉琴的动作：你还在拉小提琴吗？老人无声的话语，让女孩儿所有的委屈顷刻间崩塌，她站在路边一边低声啜泣，一边比画着：为什么我跟别人不一样？

老人见状，用并不熟练的手语回答：为什么……你……要和别人一样？

老人又继续比画道：音乐，是可以被看见的。受到老人的鼓励，女孩儿重拾起了信心，并准备参加在大剧院举办的经典音乐会。

音乐会如期举办，老人为了保护女孩儿，被流氓殴打受伤，住进了医院，女孩儿的小提琴也被摔碎了。在医院里，女孩儿抱着伤重的老人泣不成声，但是老人却坚持让女孩儿去参加音乐会。此时的音乐会上，马尾女孩儿完美的演奏赢得了阵阵掌声，作为最后的压轴演奏者，马尾女孩儿眼中满是骄傲。然而就在她即将退场时，女孩儿拿着自己用胶水粘起来的提琴站上了舞台，她的脑海中划过老人鼓励她的样子。

女孩闭上眼睛，拉动琴弦，一曲《卡农》如和风般从女孩儿的指缝中倾泻而出。女孩儿拉琴的动作越来越快，音乐的节奏也越来越强烈，她的发丝随着拉琴的动作飞扬起来。此时的女孩儿，已经不仅仅是在用手指演奏，而是用她的整个身体，用她的灵魂在演奏。

突然，琴声戛然而止，女孩儿的发丝也随之散落在肩膀，在阳光的照耀下散发着动人的光泽。台下的观众们被女孩儿的演奏惊呆了。良久，有人带头站了起来鼓掌。接着所有人都跟着站了起来，为她鼓掌。就连马尾女孩儿都在这一刻被折服了，脸上交错着复杂的表情。最后，潘婷的商标与广告语出现：你能"型"！

这则广告通过失聪的女孩在老艺人的鼓励下不断克服困难取得小提琴演奏成功的故事，向观众传达了这样一个道理：只要你相信自己并坚持努力，一定可以拥有自己闪亮的人生。而"你能'型'"这句广告语在一语双关地道出这个道理的同时，也通过女主角独奏小提琴时秀发随着音乐节奏而柔顺飘扬的画面告诉观众，潘婷洗发露可以让你的头发变得更有型！

这则广告播出后，许多人在被故事打动的同时，也记住了"你能'型'"这句充满力量的广告语。

爱·在线

——联想小熊 Pad A3000 广告语

2013 年，联想小熊 Pad A3000 推出了《爱·在线》系列故事广告。冯绍峰、倪妮这对现实中的情侣，在该广告中依然以情侣的身份出现，分别扮演男主角亮亮和女主角喵喵，共同演绎了一段凄美的爱情故事。

故事的开始采用了"先声夺人"的方式，在空旷的楼道中，传出一对情侣吵架的声音，接着，女主角喵喵摔门而出，她和男朋友因为一次争吵分手了。从此，她开始了一个人的生活。

一个人的生活总是有些孤单，有些害怕，有些患得患失。每当喵喵在生活中遇到了困难，就会想到亮亮跟她说的那句话："有事就找我，反正我是 always online。"于是，当喵喵遇到搬家公司恶意涨价、办暂住证被刁难、取钱被人盯着的时候，总是第一时间拿起平板电脑询问亮亮该怎么办。而亮亮也总是能在第一时间回复她，告诉她最好的解决方法。

日子就在这样的一来一往中进行着。有一天夜里，喵喵被一阵钥匙拧锁的声音吵醒，于是她再一次拿起了平板电脑，亮亮让她假装说话，让门外的人知道屋子里有个男人。喵喵将上一次两个人吵架的情景再次重演了一遍，吓走了门外的人。再次躺在床上，喵喵却睡不着了，她和亮亮聊起天来，两个人最终冰释前嫌，约定第二天见面。

第二天，喵喵早早地来到了约定的地点，然而等了很久亮亮也没有出现，一直到天黑，喵喵才从新闻上得知，亮亮在赶来的路上遇到了车祸。

从这以后，亮亮便躲了起来，不管喵喵怎么联系他，他都避而不见，因为车祸而断了双腿的亮亮认为：爱一个人最好的方式，是放手让她得到幸福。而执着的喵喵却一直在他们约定的地点都等候，她相信，亮亮总有一天会出来见她。

如果作为一部爱情电影，恐怕很多人都会觉得故事情节老套，但是作为一个广告，却得到了广泛的好评。因为联想在广告中将小熊 Pad 做道具，向消费者传达了这样的一个爱情观：不论你与恋人是近在咫尺，还是远隔千里，如果你们之间的关系如果能保持像当初相识那样无时无刻不牵挂着对方，那么不论是谁遇到问题，另一方都会在第一时间里给出最为中肯的解决办法。只有保持彼此的感情永远不掉线，正如广告语所说的"爱·在线"，也只有如此，爱情才能长长久久。而令人拍案叫绝的是，联想在用"爱·在线"这句广告语强调了爱情保鲜秘诀的同时，也道出了小熊Pad能让情侣之间在第一时间内接受到彼此的信息的功能。

广告故事最后以喵喵继续等待男友亮亮结束，给消费者留下了无限的想象空间。而实际上，不论亮亮最后是否会出现，但他肯定会继续用小熊Pad关注着喵喵，随时准备为喵喵解答生活或工作中所遇到的一切问题和困难。

浪漫时光，纵享丝滑

——德芙巧克力广告语

"浪漫时光，纵享丝滑"，这是德芙巧克力沿用至今、也是最受消费者青睐的广告语之一。而它受到消费者欢迎的最重要的原因，是德芙巧克力围绕这句广告不断推陈出新，拍摄了一系列的广告。德芙巧克力的广告多以爱情题材为主，情节曲折、风格唯美，再加之男女主角都是靓女俊男，因此几乎每一部广告都能引起众多消费者的关注。

2012 年，德芙巧克力围绕"浪漫时光，纵享丝滑"这句广告语，邀请了著名男、女演员拍摄了系列广告。该广告通过《书店篇》《圣诞节篇》《情人节篇》三步曲讲述了一对恋人从暧昧到在一起的过程。

在《书店篇》中的拍摄场景是一个书店，处处的木质结构与散发着文艺气息的书籍令广告多了一份小清新的意味。在剧中，郭采洁饰演了一位书店中的店员，房祖名扮演的男主角每次来问他订的书有没有到时，都会给女主角带上一块德芙巧克力。女主角为了能够经常吃到德芙巧克力和再次见到男主角，明明书已经到了，却故意扣着不给男主角。有一次，女主角的"小伎俩"被男主角发现了，但她仍旧扣着书不肯给男主角，并留下一句"明天再来试试吧"，男主角听到了这句话，高兴地离去。然后出现了德芙广告中的经典场景，女主角咬一口巧克力，一条巧克力色的丝带，围绕着女主角展开，女主角的脸上流露出享受的神情。

在《圣诞节篇》中，场景换到了一条富有复古气息的街道上，圣诞节背景音乐是改编自玛丽莲·梦露的 *I wanna be loved by you*，复古中又增添了些许的浪漫与暧昧的色彩，也预示着一场爱情故事即将展开。

男主角出现在街头，他站在书店外面，鼓了鼓勇气敲开了门。开门的是女主角，男主角连忙将一盒"德芙巧克力"送上，并祝她"年年得福"。这句台词中既有了"德芙"，又出现了中国人都比较注重的新一年"得福"的意思，可谓是一语双关。

岂料，女主角身子向后一退，一屋子的美女蜂拥而至，拿走了女主角手中的德芙巧克力，女主角回过头来问男主角："那我的呢？"男主角指指那盒被抢走的巧克力，却又无法开口，半晌说出了一句"等我"便转身跑开，女主角在他背后说道："我只等到周四。"这句话既预示了广告还有续集，也预示了他们的关系逐渐走向明朗。

男主角掰着手指一算，周四正好是情人节，高兴地边跳边笑。女主角站在门口，咬了一口巧克力，德芙广告的经典画面再次重现。

在《情人节篇》中，场景还是在一条街上，街上处处装点着气球和玫瑰花。情人节到了，男主角手里拿着一盒德芙巧克力，想着就要见到心爱的女孩儿，他激动地将手里的德芙高高抛起再接住，还险些被自行车撞到，但这丝毫没有影响到他的好心情。

书店到了，里面传来了女孩子们的笑声，男主角整理一下衣服和发型，敲开了门。女主角打开了门，男主角连忙拿出德芙，对着女主角结结巴巴地说："情人节快乐。"

"还带了德芙。"女主角抬起头，又说了一句"乖"然后将他领进了屋子中，接着又说道，"可是……你带的不够多。"说完，就给男主角介绍起自己的朋友来。

女主角的女伴们看到情人节来了一个男士，于是纷纷拉住他示好，男主角有些尴尬，也有些不好意思，连忙向女主角投来求助的眼神。女主角见此，有些着急了，对自己的女伴们说："哎，别乱来，他是我的。"说完，有些娇羞地低下了头。

这句话代表女主角正式接受了男主角，女伴们听到这句话，纷纷松开了手，有些扫兴。而一直追求女主角的男主角听到这句话后，感觉幸福来得有些突然，高兴地说了两遍"我是她的，我是她的……"突然晕倒在了地上。

女主角在一瞬间的惊讶之后，注意力回到了德芙巧克力上，她拿起一块放进嘴里后，再次重现德芙广告的经典画面。

德芙的这则广告与益达口香糖《酸甜苦辣》的广告有着异曲同工之处，它们的广告故事都是爱情主题，而且随着情节的发展，产品起到了贯穿男女主角整个感情线的作用。

此外，郭采洁和房祖名在广告中的表现十分出色，他们十分形象、真实地展现了出一对恋人从相识到相恋过程中的种种细节。而在这个过程中，虽然会心怀生怕被对方拒绝的担忧，但如果不主动去争取一次，又如何能享受到追求成功的浪漫呢？

当然即使是失败了也不要紧，只要保持良好的心态享受追求的过程，不也正是一种浪漫吗？

所以，德芙巧克力"浪漫时光，纵享丝滑"的广告语正是要告诉消费者，不论你处于告白阶段还是已经牵手成为情侣，都要享受当下最真实的美好，珍惜每一刻。

我要我的滋味

——伊利优酸乳广告语

作为乳制品，伊利优酸乳早期的广告始终以产品的"营养丰富"为主要宣传方向，但是却效果甚微，未能在竞争对手中脱颖而出。后来经过调查研究，发现现在的年轻人崇尚个性与时尚，喜欢自由和轻松的生活，他们的青春就是烦恼与快乐的结合体，而这用"酸酸甜甜"一词来形容最合适不过。

于是，伊利优酸乳广告开始将产品本身能够给消费者带来的利益放到了其次，将情感的因素放到了首要位置，拍摄了一个系列的青春短片，而主演就选用了"神仙姐姐"刘亦菲和"篮球王子"易建联作为短片情侣搭档。

作为贯穿整个故事的"道具"，伊利优酸乳在故事中出现了很多次。第一次是阿联骑着自行车着急地赶往赛场，不小心将一个背着小提琴、喝着伊利优酸乳的女孩儿撞倒在地。阿联立刻扶起女孩儿，当他把地上的伊利优酸乳捡起来给女孩儿时，这行为给女孩儿留下了美好的印象。另一边，刘亦菲正站在球场外，一边焦急地等待，一边被教练质问阿联的去向。终于，阿联到了赛场，与也一同到来的是被他撞倒的女孩儿，而阿联没有想到的是，这个女孩儿竟然跟刘亦菲是许久不见的好朋友。

第二次是比赛结束后，阿联修好了被他撞坏的小提琴，同时还买了一盒新的伊利优酸乳一并送给了女孩儿，看到被修好的提琴，女孩儿开心极了，拥抱了阿联。这一幕恰巧被也来找女孩儿的刘亦菲看到，刘亦菲站在门外，喝着伊利优酸乳，心中很不是滋味，但仍然打起精神，邀请阿联和那个女孩儿去看她的演出。

第三次是刘亦菲坐在篮球场中，一边喝着伊利优酸乳，一边给自己打气："这一次输了，还有下一次。"演出就要开始了，刘亦菲坐在场边排练，阿联出现了，拿着一盒伊利优酸乳给马上就要登台表演的刘亦菲，这是伊利优酸乳第四次出现。比赛要开始了，那个女孩儿却没有来，而是发了一条短信给阿联和刘亦菲："我们三个永远是好朋友。"这场"比赛"里，女孩儿选择了退出。

第五次出现是在女孩儿要走了，阿联和刘亦菲去送女孩儿，女孩儿送给他们每人一盒伊利优酸乳，最后一边喝伊利优酸乳一边告别。

伊利优酸乳的五次出现，每次都代表了不同的含义。第一次象征着情感的开始；第二次是表达阿联的歉意；第三次表达了刘亦菲对感情的坚定，以及对自己的鼓励和自信；第四次是阿联表达对刘亦菲的支持和鼓励；第五次是象征着友谊长存。在这则广告里，伊利优酸乳化身成为情感的"信使"，诠释了人的各种情感，很容易引起消费者的共鸣，因为年轻人的情感世界就是这样的：有爱情有友情，有欣喜有失落，有放弃有坚守，总是这样跌宕起伏，就如伊利优酸乳的滋味——酸中带甜，甜中有酸。

同时，广告语"我要我的滋味"也很出彩。"滋味"一词有着双重的含义，既是伊利优酸乳的滋味，也是青春的滋味。不管是哪种滋味，都非常符合当下年轻人追求独特、标新立异的个性和要求。所以，该广告播出后在引起了消费者广泛关注的同时，伊利优酸乳的销量也得到了增长。

致天下每一位母亲

——湾仔码头水饺广告语

"湾仔码头"是一个速冻食品品牌，创始人臧健和女士最初是在香港湾仔码头边摆地摊卖水饺起家的。2000年起，湾仔码头也开始增加更多新的水饺口味，其用料的讲究，从以往的电视广告中都能寻到踪迹。2014年，湾仔码头为其水饺拍摄了一部名为《回家的方向》的故事广告，广告将亲情作为了诉求点，被网友赞为本年度"最走心的广告"。

在一辆疾驰而过的客车上，传来了一位旅客打电话的声音："什么？数据传输出问题了？"语气中是掩饰不住的焦急。

镜头转换到车内，一个戴着眼镜的男青年正皱着眉头打电话，"可是我已经在回家过年的路上，怎么会这样？你让他们先检查服务器，我……明天早上最早的班车回来。"

放下电话，男子望着窗外绵延起伏的大山叹了口气，流露出些许无奈。一座坐落在群山峻岭之间的小村庄出现了，远远地传来了砍柴的声音。男子踩着积雪走到了自家门前，还没进门，就先喊了一句："爸、妈。"

正在贴窗花的母亲和正在砍柴的父亲一听到儿子的声音，立刻停下了手中的活儿："儿子回来啦！"语气中满是惊讶和喜悦。

"这离年还有几天呢，怎么提前就回来了？"母亲望着男子，开心地说。

男子听了，略显迟疑后回答道："那什么，公司出差，正好路过咱家，我就回来看看您二老。"

"陪我好好下几盘棋。"父亲一边迎着儿子进屋，一边说。

"没问题！一定陪您好好下几盘。"男子一口答应下来。

天黑了，父子俩在昏暗的灯光下下着象棋，母亲端了一盘水果坐在旁边，一边给儿子削苹果，一边嗔怪着："你啊，回来得太突然，妈一点准备都没有，也没给你做顿好的。"

男子一边看着棋盘，一边安慰母亲说："没事儿，妈，下次吧。我啊，特喜欢吃您包的那个酸菜馅饺子。下次啊，我一定吃个够。"

母亲听完，停住了削苹果的动作，低下头若有所思的样子。一边的父亲说："你不在家，你妈呀，连那酸菜坛子都没起。"

"是吗？"男子笑着说。

"她嫌麻烦！"父亲接着补充道。

"哦……"男子似乎有些失落。

这一切都被母亲看在眼里，母亲抬头看看挂在墙上的表，已经快十一点半了。

"时候不早了，你赶紧睡吧，明天早晨五点半还得赶车呢。"母亲催促道。

"不急，就这盘下完了。"父亲还有些意犹未尽。

"快睡吧！"母亲再一次催促道。

儿子终于睡下了，母亲穿好衣服，拿着手电筒出了门。

"我去借点酸菜就回来。"母亲对父亲说。

"就隔壁老王家借点就行啊。"父亲回答。

"老王家哪行啊，口味不对。咱自家口味才对呢。"母亲坚持道。

"那你慢点啊。"父亲嘱咐道。

深夜的小巷中，寒风凛冽，空无一人，时而传来几声狗吠，母亲独身一人，举着手电筒慢慢前行。凌晨一点，母亲终于走到了另一个村子中妹妹家，借到了自家口味的酸菜，然后心满意足地拎着酸菜走回家。

进了家，老两口怕打扰儿子睡觉，就点起了三根蜡烛，准备包饺子。怕剁肉的声音太响，父亲把菜板端到了院子中，小心翼翼地剁着肉馅，母亲在屋子里小心翼翼地切着酸菜。接着揉面，包饺子。当饺子差不多包完时，时钟已经指向4点半，天快亮了。为了不耽误煮饺子，母亲就守在饺子旁，一夜未眠。父亲坐在母亲的身边，困得坐着就打起了盹。

伴随着煮饺子的"咕噜"声，外面传来了鸡叫声。男子睁开双眼，又要赶路了。他拉开布帘，被眼前一大盘饺子惊呆了。

"爸，妈，哪来这么多饺子啊？"男子问。

"来来，你先坐下。"母亲招呼道。

接着父亲盛出一盘饺子，母亲赶紧端到了儿子面前："快尝尝，这是你最爱吃的酸菜馅饺子。"满足了儿子的心愿后，母亲的语气中是掩饰不住的开心。

男子夹起一个饺子细细品味着，在母亲期待的目光中流下了感动的泪水。

此刻，湾仔码头水饺的广告语出现了："湾仔码头，致天下每一位母亲。"

接着字幕又显示：是走，是留，换你会何去何从？

都说"男儿有泪不轻弹，只缘未到伤心处"，广告结尾，男子那颗滑落的泪珠包含了太多的深意。有游子对家的眷恋，有母亲对儿女无私无畏的付出，有儿子对母爱无以回报的感激，也有父母对孩子回家的殷切盼望，所以，广告语"致天下每一位母亲"，是湾仔码头水饺向天下所有母亲表达谢意之句。

虽然是食品广告，但是在广告中，并没有着重突出饺子是多么美味。整个广告中，只有两处饺子的特写镜头：一个是刚刚包好时的样子，一个是刚刚煮好的饺子，两个镜头都表现出了水饺纯手工制作、皮薄馅大的特点。另外，广告中母亲不惜在深夜走远路去借自家口味的酸菜，意在表现母亲对儿子的付出，实则也体现出了湾仔码头对水饺馅料选材极为重视的态度。

虽然没有一句对水饺口味的夸赞，但是广告却处处体现了湾仔码头水饺的经营理念。从广告开始儿子的欺骗到父亲母亲为了一顿酸菜馅水饺的执着，可谓是一气呵成，毫无瑕疵。

【同类范例】

欢迎回家。	——三菱汽车广告语。
敢，就有感觉。	——雀巢咖啡广告语
勇敢看世界，一起玉兰游。	——玉兰油广告语
拥有李维斯，就拥有整个世界。	——李维斯牛仔裤广告语
洗手吃饭。	——舒肤佳广告语
勇敢，就要专注自我。	——羽西化妆品广告语
青春正能量，我的王老吉。	——王老吉凉茶广告语
手机接通的不只是牵挂。	——移动公司广告语
宽容世界。	——日产天籁汽车广告语
一触即发。	——凯迪拉克汽车广告语
情在心底。	——三得利啤酒广告语
支撑你的脆弱，支持你的选择。	——护舒宝广告语
爱，不停炖。	——小熊电器广告语

第 四 章

历史与名典广告标题

历史与名典广告标题，就是在广告标题中体现出品牌或公司的历史，以此来增加广告语的厚重感，增强大众的信任度。这类广告标题多使用在一些具有文化底蕴，或是时间越久越受大众欢迎的商品上面，如酒类、服装类、家具类等，旨在能够通过年份的展现，突出产品经久耐用、或是一直为大众所信赖的特点。

对于一些成立不久的公司，或是刚上市的新品种的产品而言，历史悠久的广告语标题则是不适宜用的。

【创作技巧】

一、历史悠久广告标题

1.实事求是，不可夸张

创作历史悠久广告标题，最重要的原则就是要实事求是。即如实体现出公司成立的具体年限，不能为了凸显自身历史悠久而任意进行夸张或者虚构，如，某公司成立五十年，就不能说有近百年的发展历史。否则一旦被证实事实不是如此，就会弄巧成拙，最终败坏品牌的信誉，降低人们对品牌的信任度。

另外，在创作这类广告标题时，一方面要体现出产品或品牌具有悠久历史，同时也要体现出产品与时俱进的时代特征，否则会给大众留下品牌老化、产品落伍的感觉。

2.采用多种不同的表达方式

在时间的表现手法上，既可以说出具体的年份，也可以用一个大概的时间来说明，如，千年、百年、一个世纪，等等，还可以用能够代表时间的时间代词来说明，比如历史、传世等表示时间久远。

二、引用典故的广告标题

在广告标题中，使用某一历史或文学典故而形成的广告标题，即为巧用典故广告标题。这类标题通过古人赋予成语或是诗句的意思，来诠释当今某种产品或是品牌的内涵。在广告标题中巧妙运用成语或者诗句，往往能产生强大的宣传效果，从而提高产品的销量。这种广告标题与历史悠久的广告标题有着一定的相似之处，就是用"历史"做文章。

1.古为今用，万变不离"巧"字

在广告标题中引用名家名典，切记要运用恰当，达到顺理成章的效果。在创作时，要结合广告内容选择与之相符合的成语或诗句，并巧妙地将成语或诗句中所蕴含的思想与广告所要宣传的产品或品牌联系到一起，体现两者之间的共同处。千万不能生搬硬套、牵强附会、使用不符合广告内容的成语或诗句，否则很容易闹出牛头不对马嘴的笑话。

2.典故的选择要老少皆宜

我国的成语和诗句非常丰富，不管是 80 岁的老人，还是 8 岁的顽童，都能说出几个历史典故或是背出一两句诗词。

因此在选择成语或是诗句时，有很多可参考的资料，如《中国成语大辞典》《中华成语大词典》《汉语非本义词典》《唐诗宋词三百首》《诗经》等。但是在选择的时候，要尽量使用大家耳熟能详，并且容易被人理解的成语或是诗句，切不可选择那些字面意思不容易理解，并且容易产生歧义的成语或是诗句，也不要选择一些传诵度不高的成语或是诗句，以免给消费者留下故弄玄虚的印象。最好的选择是名家之作，因为其传诵度更高，不但容易被大众记住，而且更容易被消费者接受。

另外，在选择成语上，除了传统意义上的成语，也可以选择某些习惯用语、俗语等作为广告标题。

3.三种引用方式，成就绝妙典故标题

典故的引用方式有很多种，其中最简单的方式，就是直接引用法，即将成语或诗句原封不动地运用到广告标题中。除此之外，还可以对典故进行略微的修改后进行引用。这种方式是根据广告的内容更改成语或是诗句中的一个或两个字，令标题看起来更加符合广告内容。最后一种引用方式，就是在成语或是诗句的前面或后面加上一句短语，在不改变原典故意思的情况下，对产品或品牌进行诠释。

【创作赏析】

六百年的美

——太太美容口服液广告语

近年来，随着保健品行业不断爆发信任危机，消费者对整个保健品行业都持怀疑的态度。尽管后期相关部门加大了对各大保健品广告宣传的监管力度，但对于已经存在杯弓蛇影心理的消费者来说，已经很难重新信任各种保健品的广告了。因此，整个保健品行业一度陷入低迷。在这种大背景下，太太口服液为了消除整个行业的信任危机给企业带来的不利影响，决定以广告的形式重塑企业形象。

负责为太太口服液重塑企业形象的广告团队接到任务后，首先针对保健品市场进行了一番详细的调查，结果发现很多消费者并非全盘否定整个保健品行业，他们对传统的中医药保健品企业依然保持着较高的信任度。在他们看来，这些企业有一定的发展历史，其产品经过了市场和消费者的检验，是值得信赖的。

根据调查结果，广告团队在广告创意中，将传统中医的经典名方与太太口服液对应起来，以此来提升太太口服液在消费者心中的可信度；其次，广告团队还将太太口服液的渊源挖掘出来，使之成为一个有着悠久历史故事背景的保健产品。

广告一开始，就出现字幕：卫食健字（1999）第0516号，本品不能代替药物。

旁白：太太美容口服液

字幕：公元1321年前后

字幕：朱丹溪（1281—1358年）

旁白：公元1321年，元代名医朱丹溪寻医问至桃花坞，但见当地女子个个面似桃花，白里透红，她们都饮用一种自制的桃红汤。

字幕：调身心、养容颜

旁白：桃仁可调身心、养容颜

字幕：畅血脉、祛暗黄

旁白：红花更可畅血脉、祛暗黄

字幕：中医滋阴派创始人

旁白：朱丹溪由此创方，传承六百年的美

最后广告语出现：六百年的美，太太美容口服液。

爱美是每个女人的天性，对于每一个女人来说，只要是能够看到显著效果的产品，就值得选择，关键是这个产品是否安全可靠。

虽然太太口服液的品牌历史并没有六百年那么久，但是这味四物汤却是实实在在由元代名医朱丹溪研制而成，至今确已有六百多年的历史。而太太口服液就是根据四物汤研制而成，所以说其有六百年的历史也不为过。加上广告创作团队又将太太口服液与中医结合在一起，而中医在我国已经有几千年的传承和使用，这进一步吸引了女性消费者。

另外，广告的拍摄手段十分唯美，将"传承六百年的美"这一概念十分直观地传达给了观众，同时，广告中没有晦涩难懂的专业术语，而是将口服液中的每一种配方的功效进行了细致的说明，让消费者对产品有了更加深刻的认识。

见证历史，把握未来

——欧米茄手表广告语

从 1848 年创建以来，欧米茄手表始终稳居世界制表业的领先位置。尽管至今已经有一百五十多年的历史，但是欧米茄依旧深受消费者喜爱，而其在制作工艺上也从未让消费者失望。早在 1999 年，欧米茄就推出了同轴擒纵机芯，从此开辟了表坛技能的新时代。近十年来，欧米茄的成长更是可以用火箭般的速度来形容。

从 1932 年到现在，欧米茄已经为奥运会做了 22 次计时服务。而在这 70 多年间，欧米茄在奥运计时技术方面的发展直接推动了奥运会比赛的变革。除此之外，欧米茄还是太空手表的唯一选择。欧米茄不但在制作工艺上精益求精，在广告宣传方面也是独具匠心，毫不马虎。

以下是欧米茄在报纸上的广告文案内容：

"全新欧米茄碟飞手动上链机械表，备有 18K 金或不锈钢型号。瑞士生产，始于 1848 年。对少数人而言，时间不只是分秒的记录，亦是个人成就的佐证。全新欧米茄碟飞手表系列，将传统装饰手表的神韵重新展现，正是显赫成就的象征。碟飞手表于 1967 年首度面世，其优美典雅的造型与精密科技设计尽显气派，瞬即成为殿堂级的名表典范。时至今日，全新碟飞系列更把这份经典魅力一再提升。流行的圆形外壳，同时流露古典美态；金属表圈设计简洁、高雅大方，灯光映照下，绽放耀目光芒。在转动机件上，碟飞更显工艺精湛。机芯仅 2.5 毫米薄，内里镶有 17 颗宝石，配上比黄金贵 20 倍的铑金属，价值非凡，经典设计，浑然天成。全新欧米茄碟飞手表系列，价格由八千至二十余万元不等，不仅为您昭示时间，同时见证您的杰出风范。备具纯白金、18K 金镶钻石、18K 金，及上乘不锈钢款式，并有相配衬的金属或鳄鱼皮表带以供选择。"

纵观整则广告，结构严谨，始终围绕着"豪阔大气"的主旨进行渲染。整个行文不乏大气庄重，广告语"见证历史，把握未来"不但强调了自己历史悠久，还对自己领先于世的先进技术进行了大量宣传，字里行间尽显品牌奢华高端的定位。除此之外，为了彰显欧米茄手表的品位，欧米茄还会经常推出不同领域的明星为其产品代言的广告。可以说，不管消费者走到什么地方，都可以看到欧米茄名人大使在广告上神采奕奕的形象。

如此大手笔，注定欧米茄的使用者不会是普通的老百姓。不错，欧米茄的消费者定位就是成功人士和名人。他们是绝对的高收入人群，注重生活品质，强调生活品位。在他们的眼中，自己所佩戴的手表是成就与完美的象征，他们需要一块能够佩戴多年的手表，来彰显他们的身份和地位。

而欧米茄在广告中塑造的豪阔、高调、时髦的产品形象，正好与他们的需求不谋而合，感性诉求与理性诉求相结合，很容易就引起了成功人士的情感共鸣。

该广告成功的另一个关键点在于宣传媒体的选择，报纸宣传的优势在于能够让消费者对产品进行更深入、更透彻的了解，这是短短几十秒的电视广告达不到的效果。

千年延承的文化盛宴

——茅台家谱酒广告语

在中国，一个人可以没有名字，但绝对不会没有姓氏，"百家姓"不但凝聚着中华民族源远流长、绵延不绝的民族精神，还是一个家庭的延伸、一个国家的缩影。作为我国酒文化的象征品牌，茅台酒已连续五次蝉联中国国家名酒称号，家谱酒作为茅台集团的一个产品，从问世之日起，就注定是不平凡的。

首先，在茅台集团得天独厚、无可复制的生态环境条件下，家谱酒由炉火纯青的酿造工艺精心打造而成，具有"绿色、有机、健康"的高品位饮品的本质属性，被定位于高端、浓香、重拳出击的品牌。另一方面，家谱酒每个酒瓶上均有姓氏家族的渊源和出处，所延伸出的家谱姓氏文化不但弘扬了历史文化，也对饮酒者进行了文化历史教育。

被赋予了重要使命的家谱酒，在广告宣传方面着重突出了家谱酒历史文化，并通过瓶形和包装的设计，让消费者在第一次接触时即能体会到家谱酒所提倡的文化价值和品牌价值。

广告语"千年延承的文化盛宴"，体现出了家谱酒尊贵和大气的产品底蕴，消费者无论是用来收藏还是馈赠亲朋好友，都是良品。以悠久"历史"作为产品宣传的切入点，是广告创作团队经过分析后得出的结论。现在国内市场上的白酒虽然供大于求，但是供给却完全没有满足消费者们的需求，因为白酒市场上缺乏优秀和卓越的酒文化创意。因此，创意者顺势而上，将家谱文化融入酒中，将家谱酒打造成了一种酒文化的象征，而不单单是一种聚餐助兴的饮品。

在宣传和包装方面，家谱酒始终将中国酒文化放在了重要的位置。酒的醇热不仅仅只有驱动血液、温暖身体的用途，它还是一种精神依托，是饮酒者与酒之间的一种精神世界的交流和灵魂的慰藉。家谱酒的广告创意者正是意识到了这一点，所以别出心裁地将已经有五千多年历史的家谱文化精髓融入产品品牌之中，用一种"归宗认祖"的独特形式，激起了消费者的情感冲动，让他们找回一种被岁月尘封已久的感动。

可以说家谱酒的广告创意对酒文化做了一次重新输入，广告语"千年延承的文化盛宴"可谓是实至名归："百家姓"距今已经有五千多年的历史，而茅台酒也有三千多年的历史，无论是文化，还是酒，说传承了千年的文化一点也不为过。

百年酵母，传世麦香

——青岛啤酒广告语

啤酒于20世纪初传入中国，是可可和茶之后世界上消耗量排名第三的饮料。作为中国首家在香港联交所和上海证交所两地同时上市的公司，青岛啤酒厂酿造的青岛啤酒，以其优良的品质和清醇的口感深受大众欢迎。而青岛啤酒取胜的关键就在于青岛啤酒的选材，就如广告语中所说的"百年酵母，传世麦香"。

酿造啤酒，酵母是不可缺少的原料之一，甚至可以说是啤酒的"灵魂"，对啤酒的口味有至关重要的影响。青岛啤酒的酿造"秘方"就是他们的"百年酵母"，这是青岛啤酒完美继承了德国啤酒高贵身份和纯正血统的公开秘密。

1903年，德国人在青岛建立了日耳曼啤酒公司。当时，啤酒酿造者奥古特千里迢迢将纯正的啤酒酵母从德国引进到青岛，那时他无论如何也不会想到，自己一个不经意的举动，竟然成就了一段百年传奇。至今，青岛啤酒的酵母依然保持着其独特的活力和香味，令业界无法超越和模仿。

在这一百年间，青岛啤酒厂几经易主。直到1949年，日耳曼啤酒厂正式更名为"青岛啤酒厂"，成为我国的民族企业，并先后在全国五个地区开设了工厂。然而，这期间不管经历了多少变革，青岛啤酒的工厂都传承着"百年酵母、传世麦香"的酿造方式。众所周知，水、大麦、酵母是啤酒酿造的三大原料，除了本身拥有的百年酵母，在对另外两种原料的选择上，青岛啤酒厂也是严格把关的。全球最适合酿造啤酒的大麦在加拿大和澳大利亚，因为受气候和土壤的影响，这些地方的大麦在品种纯度、酿酒性能、啤酒口味及其稳定性等方面都是全球最好的。

青岛啤酒为了保证大麦的质量，从种植到运输、储存等各个环节都进行了监督和把关。然后利用青岛啤酒特有的三层干燥制麦技术，使麦芽中的香味物质得到最大限度的呈现。最后精心酿造的麦汁再经过啤酒品麦师对其色、香、味进行鉴定，便可得知是否能够成就佳酿。这过程要求青岛啤酒的品麦师必须对香气和口味有极高的敏感度，甚至要比那些进口的仪器更加精准，并且还要谙熟麦汁风味中各主要风味的特点。

优质的大麦原料以及具备多种综合素质的品麦师，令青岛啤酒因"传世麦香"站在了无数荣誉的巅峰，同时也被眼光独到的消费者所钟爱。

正是凭着传奇百年的酵母和传世经典的麦香，青岛啤酒才能酿造出酒体丰满、细腻协调、纯正柔和的啤酒，每一瓶酒都承载了正宗的"爽而不淡、鲜透麦香的新德式风味"。青岛啤酒飘香的这一个世纪折射出了百年来青岛啤酒流淌在血液中的对品质的坚守，广告语"百年酵母、传世麦香"，可谓正是对青岛啤酒好品质的真实写照。

十年知托付

——支付宝十周年纪念广告语

与一些历史悠久的产品品牌相比，十年，并不算很长的一个历程。但是在电子银行这个新兴的领域中，支付宝这十年的成长历史，足以让它坐上元老级别的位置。为了纪念这十年来的风雨历程，支付宝拍了一段名为《账单日记》的 2 分钟短片。

短片以第一人称的口吻进行叙述，用回忆的方式讲述了一个女孩儿在毕业之后十年里的生活和改变。

短片一开始就将普鲁斯特《追忆似水年华》中的一句话搬上了屏幕："生命只是一连串孤立的片刻，靠着回忆和幻想，许多意义浮现了，然后消失，消失之后又再浮现。"这句意味深长的话，为广告注入了浓浓的文艺气息，也将下面的故事引了出来。

2004 年女孩儿毕业，为了找工作，她特地在网上买了很多职业装，还在家里拼命练习用英文介绍自己。

女孩儿独白："2004 年，毕业了，新开始。支付宝最大支出是职业装，现在看起来真的很装。"

2006 年，女孩儿开始了人生的另一件大事——婚姻。可是经过多次相亲，都未能遇到心仪的对象。还好身边还有朋友陪伴，只是欢聚过后，回到家却还是一个人，哪怕喝醉后吐得昏天黑地。

女孩儿独白："2006 年，3 次相亲失败，3 次支付宝退款成功。慢慢明白，恋爱跟酒量一样需要练习。"

女孩儿交到了男朋友，他们经常一起看电影，一起度过了很多快乐的时光。

女孩儿独白："2009 年，12% 的支出是电影票，都是两张连号。全年水电费有人代付。"

女孩儿的事业进入了冲刺阶段，她经常在夜里加班到深夜。

女孩儿独白："2012年，看到26笔手机支付账单，就知道忘带了26次钱包，点了26次深夜加班餐。"

回到家，女孩儿手把手教爸爸使用支付宝，老爸发现女儿会规划生活了，十分开心。

女孩儿独白："2013年，数学23分的我，终于学会理财了。谢谢啊，余额宝。"

女孩儿成家了，嫁给了一个风趣、有责任心的男人，丈夫在把工资交给她的时候，还不忘开玩笑说："包养你。"

女孩儿独白："2014年4月29日，收到一笔情感转账。是他上缴的第一个月生活费。"

过了一会儿，画面中出现一支验孕笔，上面显示"已怀孕"。之前的"包养你"变成了"包养你们"。

女孩儿独白："每一份账单，都是你的日记。十年，3亿人的账单算得清。美好的改变，算不清。"

最后广告语出现——支付宝，十年知托付。

"支付宝，十年知托付"的广告语，将支付宝成立这十年以来，十年如一日般兢兢业业为用户提供服务的场景描绘了出来。使用过支付宝的人在看短片的同时，就像在看自己的过往，自己也如同这个女孩儿一般，一步一步跟着支付宝走到今天。从最初只是用于转账的"中介"到现在可以帮助人们理财的"能手"，支付宝的每一步改变，都为人们的生活带来了更多的便捷。

十年的时间说长不长，说短不短，但能够在短短2分钟的时间里将支付宝这十年来所做的一切囊括其中并引起大众的情感共鸣，这则广告做到了，而且做得很成功。

煮酒论英雄，才子赢天下

——才子男装广告语

"煮酒论英雄"的典故，是《三国演义》中的重要情节，被大众所熟知。才子男装正是看重了这一点，将这个典故与自身品牌联系到一起，以求扩大品牌的知名度。

"煮酒论英雄"讲述了三国时期刘备与曹操之间的故事。当时，刘备寄身在曹营中，为了不引起曹操的猜忌，他每天浇水种菜，不问时事。曹操得知后，特地设宴款待刘备，就在二人开怀畅饮之际，曹操忽然说道："天下英雄，就你和我二人。"

刘备闻之，心中一惊，以为曹操看出了自己的野心。这时，忽然雷声大作，刘备借势掉落酒杯，以怕雷作为掩饰，表现出一副"胸无大志"的样子，最后让曹操放松了对自己的警惕。

在这个典故中，无论是曹操还是刘备，都是十分有才华的人物，他们一个善于谋略，一个善于识才。他们代表了那些低调和内敛的成熟男士，并将男人内心对追求永不止步的豪情表现了出来。而这，正是才子男装也想要向消费者传达的产品内涵。

我国在服装制造业方面，有着令人骄傲的文化遗产和服饰文化，但与此同时，也面临着"前无古人"的难题。在边摸索边前进的过程中，才子男装从朦胧到有意识，从战略构想的提出到完成民族服饰的突围，将民族与原创的时尚魅力尽善尽美地演绎了出来。

此次才子男装选用"煮酒论英雄"这个典故作为广告语，就是想用这种豪迈来彰显企业坚持着中华文化魅力的精华，表现出"有情、有义、有才、有德"的企业文化；再用"才子赢天下"这句话来体现企业的自我追求，让消费者在发现品牌所宣扬的特性正是自己内心的追求时，自然而然地从情感上认同这个品牌。

巧的是，才子男装的代言人梁朝伟曾在电影《赤壁》中饰演过周瑜。周瑜是三国时期另一个具有机智谋略的人物，虽然不在"煮酒论英雄"之列，但是也与这个典故息息相关，并且也代表了才子的形象。另外，作为颇受大众好评的国际"影帝"，梁朝伟斯文儒雅的形象与其自身内敛、低调、成熟而又神秘的气质，演绎起才子男装，可谓是最适合不过了，不但能够更加贴切地表现出才子服饰的企业文化内涵，也完美地诠释了品牌的格调。

不在乎天长地久，只在乎曾经拥有

——铁达时手表广告语

说起"不在乎天长地久，只在乎曾经拥有"这句话，很多人第一时间想到的就是铁达时手表。铁达时手表由著名制表工匠及设计师保罗·狄森制成，1975 年，铁达时这个品牌被香港"时间廊"表行收购。

作为时间廊表行旗下的一个品牌，在 20 世纪 80 年代初，铁达时只属于中低档次的手表，面对各类高档的手表，其在市场的地位岌岌可危。为了拯救铁达时，广告创意者首次选用电影拍摄手法，用战争爱情故事来表现铁达时手表。

1988 年，铁达时腕表邀请演艺红星梅艳芳担任其品牌代言人，拍摄了一则以旧上海为故事背景的宣传广告。广告中，梅艳芳在火车站的月台上，看到一对情侣依依惜别，不禁想到了自己的爱人。他们在一场舞会中相识，男子送给她一块腕表作为定情信物，表的背面刻着"天长地久"四个字。然而，在一次争执后，男子愤然离去。从此，梅艳芳便每天出现在火车站，期待等到心爱的人。这个由梅艳芳主演的"铁达时"手表广告一炮打响。短片中那句"不在乎天长地久，只在乎曾经拥有"也被人们迅速传诵。

1990 年，以同样题材、同样手法拍摄的第二则"铁达时"广告诞生，这一次由王杰主演。在一片被茫茫白雪覆盖的森林中，王杰独自一人艰难地前行。饥寒交迫之际，他掏出一块腕表，表的背面刻着"天长地久"四个字，这令他不禁想起了自己与爱人相识相知相爱的往事，只是残酷的战争将这一对有情人拆散了。广告中那一幕相爱之人被迫分离的场景让很多观众印象深刻。

1992 年，以周润发、吴倩莲为主角的第三则"铁达时"广告投放市场，铁达时表又一次大卖。在这个故事中，周润发扮演了一位空军军官，由于当时的局势，他只能和心爱的女人吴倩莲在军事基地里举行盛大的婚礼，婚后他们一起过着美丽而浪漫的日子。然而战争再次爆发，周润发为了保家卫国，不得不离开自己心爱之人。离开前，他送给吴倩莲一块手表，手表的背面写着"天长地久"。吴倩莲看着丈夫离去，黯然泪下，再见已不知是何时。

历时四年，三个有同样背景的爱情故事，一句经典的广告语——"不在乎天长地久，只在乎曾经拥有"，铁达时手表就这样深深地根植在大众的脑海中了，并且实现了从起初的中低档位逐步跳跃至中高档位的市场定位。

很多消费者都因为手表背面"天长地久"的字样，而前往时间廊表行寻找刻有这四个字的手表。不但手表火了，时间廊也火了。

铁达时手表广告的成功在于他们只有一个"卖点"，那就是"情"，从梅艳芳到王杰，再到后来的周润发和吴倩莲，每则广告都离不开这个"情"字。当一块只能用来计算时间的手表被注入了荡气回肠的爱情后，其功能就不再单单是计时这么简单了，它还能作为定情信物被送给心爱之人。

另外，广告语"不在乎天长地久，只在乎曾经拥有"说明了随着时间的推移，产品会渐渐失去它的价值，虽然不能长久地被消费者使用，但是只要曾经拥有过，也是一种美好。就好像爱情，就算没有一个美满的结局，只要曾经经历过，就无怨无悔。

现在已经很少看到"只在乎天长地久，不在乎曾经拥有"这个广告了，取而代之的是"时间由我"的一系列宣传，但所传递的信息始终与"情"有关。铁达时手表凭着这一系列的爱情故事以及精湛的造表技术和高质素的零件，已经在国际享负盛名。

生活如此多娇

——肯德基广告语

2010 年，在上海召开"世博会"之际，肯德基推出了《生活如此多娇》的广告。这句广告语引用了毛泽东《沁园春·雪》中的著名诗句"江山如此多娇，引无数英雄竞折腰"，而这则广告的宣传效果也与诗句有着异曲同工之妙，那就是"生活如此多娇，引无数顾客掏腰包"。

为了能够将这一句包含着理想愿景的广告语充分地表达出来，肯德基广告的创意者可谓是费尽了心思。最终，广告以肯德基新员工小吉的视角，通过讲故事的方式呈现在大众面前。广告中，小吉做着平凡的工作，但是却看见了许多不平凡的故事，透过这些故事，创意者将人们对待生活那种乐观、积极的态度准确地传达给了大众。

《春饼的故事》篇

这个故事讲述了一个外国女婿第一次拜见中国丈母娘的经历。时值立春，中国人讲究吃春饼，为了讨丈母娘的欢心，外国女婿骑着自行车特地到肯德基买了一盒老北京鸡肉卷送给丈母娘。丈母娘见这个外国女婿如此通晓中国的习俗，遂由之前的不满变成了满意。

《白球鞋的故事》篇

这个故事讲述一个事业有成的大老板，因为繁重的工作焦头烂额。一天，他来到肯德基吃午餐，看到一群年轻人在餐厅外面边唱边跳，他们每个人都穿了一双白球鞋。第一次来北京，他也是穿了一双这样的白球鞋，背着一把大吉他，普通却快乐着；而现在他穿着一双昂贵的皮鞋，快乐却消失了。

看着年轻人们脸上洋溢的青春，他放下可乐走出了餐厅，从一个年轻人手中拿过了吉他，跟他们坐在一起边弹边唱，寻找那份久违的快乐。

《马尾辫的故事》篇

这个故事讲述了一个年轻的马尾辫女孩儿经常因为工作繁多而加班加点，当她下班后，工作餐只剩下一盒白米饭。另一个女孩儿将这一切都看在眼里，她买了一份肯德基全家桶，谎称自己吃不了，邀请马尾辫女孩儿一起吃，并建议女孩儿把头发放下来，那样会更好看。马尾辫女孩儿听从了这个女孩儿的建议，以一种全新的姿态走进公司，工作也迎来了新局面。

《婚礼的故事》篇

这个故事讲述了一对情侣在肯德基相识相恋的过程。他们最常约会的地点就是肯德基，最后他们选择的婚礼地点也是肯德基。在婚礼举办那天，肯德基餐厅被装饰得温馨而浪漫，他们邀请的亲朋好友从不同的地方纷纷来到肯德基，员工扮演的肯德基爷爷为他们的婚姻做了见证。

最后，员工小吉自述："我是小吉，我在这里工作，我看到了很多平凡的笑脸，还有这些平凡的背后的感动。生活，其实可以很多娇。"

接着是玻璃窗上，广告语的镜头特写——生活如此多娇。

在过去那个物质匮乏的年代，人们的快乐也曾很简单过，一块糖果、一件新衣服都能成为快乐的源泉。然而现在社会进步了，物质越来越丰富，快乐却变得不那么容易了。这时，人们就开始回味那些简单的快乐。广告中的每一个小故事都是在告诉大家，只要停下脚步，你就会发现，生活其实很多"娇"。

适城市者生存

—— 汽车奔驰 Smart 广告语

奔驰 Smart 的"适城市者生存"这句广告语，化用自"物竞天择，适者生存"这一俗语，意为在物种之间的对抗中，只有那些能够适应环境的才能够生存下来，这体现出了物种之间的竞争。奔驰 Smart 用"适城市者生存"作为宣传的广告语，不但将这款车的性能淋漓尽致地概括了出来，还体现出了 Smart 的霸气，那就是只有能够适应城市生活的车型才能被消费者青睐，而 Smart 正是这样的车型。

有别于前几年，汽车现在已经不再是少数人的选择，越来越多的人拥有了购买汽车的能力，因此对于汽车的选择也变得越来越多样化。对于现代人而言，汽车已经不再是单纯的代步工具或者说身份的象征，人们已经将汽车当作是一种生活的点缀，或是自身个性的载体。

在如此多样化的消费需求中，如何才能让自己的产品成为人们的首选呢？这是几乎所有汽车制造商都在考虑的问题。对于汽车广告而言，是内行看门道，外行看热闹，如果能够将看热闹的外行吸引过来，这则广告就算是成功了一半。在这一点上，奔驰Smart的宣传广告就做得很不错。因此，广告一经播出就引起了强烈的反响，在淘宝网上开展的大宗的团购活动中，250辆奔驰Smart竟然在不到4个小时的时间里被抢购一空。

回顾奔驰Smart的电视广告，奔驰Smart的优良品质如车身虽然小巧，但是却继承了奔驰的安全性；小排量、低污染、经济灵巧等，都在广告中展露无遗。

然而，仅仅是质量上的渲染，并不足以打动消费者。过去，人们选择汽车，会将质量作为最重要的砝码。然而基于科技的进步，大多数汽车都能实现可靠和安全的运行。尤其是进入汽车大量生产以及同质化时代以后，人们越来越注重汽车质量之外的因素。消费者的这种心理，广告创意者自然也了然于心，所以，除了在质量上的宣传外，广告制作团队还在Smart的广告中加入了很多其他元素。

首先就车身小巧这一点而言，精致的Smart本身就是充满了诱惑的卖点，这种诱惑几乎令人无法拒绝，人们从来没有见过哪款车小到让人如比惊叹的地步，以至于还被国内某汽车品牌所抄袭。或许，对于很多人而言，一款小型车并不是他们的首选，但是很快他们会发现，Smart有很多适合在城市中使用的优点。这些元素被带入到广告中后，Smart不但被赋予了与众不同的形象，还突出了它独有的高档商品的非凡之气势。而这就是所谓的生活品质，人们所需要的用另类的选择来彰显自我的与众不同。

从广告上看来，奔驰Smart恰恰就满足了人们对生活品质的这种渴望。可以说，奔驰Smart广告的出现，令汽车广告宣传进入了完全个性化的时代，令广告变得更加生动和活泼起来。好的广告就是如此，在宣传中融合消费者内心的感动，从而使产品的形象深深根植于消费者的内心之中。

【同类范例】

众里寻他千百度，你要几度就几度。　　　　——伊莱克斯冰箱广告语

三百二十年，盛名不衰。　　　　　　　　——苏格兰威士忌广告语

五十年无对手。　　　　　　　　　　　——金婚牌威士忌广告语

1881 年以来，我们一直是完美无瑕的。　——无瑕牌睡衣广告语

柯达胶卷的领袖地位确立于 1928 年。　　——柯达胶卷广告语

统领美国家具业整整一个世纪。　　　　——威迪克家具广告语

大石化小，小石化了。　　　　　　　——胆舒胶囊广告语

真金不怕火炼。　　　　　　　　　　——金正 DVD 广告语

遗臭万年，流传百世。　　　　　　　——王致和腐乳广告语

千里之行，始于足下。　　　　　　　——双星运动鞋广告语

一毛不拔。　　　　　　　　　　　——上海梁记牙刷广告语

高枕无忧。　　　　　　　　　　　——普达汽车防盗器广告语

一夫当关。　　　　　　　　　　　——双鱼牌挂锁广告语

路遥知马力，慧眼识东风。　　　　——东风柴油车广告语

传奇品质，百年张裕。　　　　　　——张裕酒业广告语

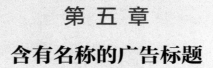

第 五 章

含有名称的广告标题

所谓含有名称的广告标题，是指在广告语中含有产品或公司的名称。此类广告标题在创作中运用得很多，因为选用含有名称的广告标题能够突出地表达品牌的核心价值，具有识别性强、差异化大等诸多优点。但通常情况下，这种标题是不能单独使用的，它常与其他技巧相结合使用。

【创作技巧】

1.要"指名道姓"地说清楚

含有名称的广告标题的一大特点，就是消费者能够一眼便看出该广告想要宣传什么产品。因此，在该类广告标题中，要将产品或是企业的名称完整清晰地表现出来，并将产品的核心价值也体现出来，使广告标题在众多广告标题中具有超强的识别性，并因此与其他广告标题区分开。

2.需结合多种创作方式

通常，含有名称的广告标题不能够独立存在，都是与其他技巧相结合使用的，如说理性广告标题、情绪调动性广告标题，或夸耀性广告标题等。当含有名称的广告标题与其他创作技巧相结合时，为的是突出广告标题中的产品名称，因此不要让其他技巧的"风头"盖过产品或者公司名称。

【创作赏析】

要想皮肤好，早晚用大宝

——大宝SOD蜜广告语

从 1985 年诞生至今，"大宝"系列化妆品已经有三十年的历史了，大宝的成功被当作一个奇迹。大宝SOD蜜的推出使大宝成为 20 世纪 90 年代国产化妆品的一块招牌，其拥有"国家免检产品、中国驰名商标、中国名牌"三项桂冠，并连续七年成为全国销量第一的护肤品。

大宝这些傲人的成绩跟它的广告语有很大的关系。这三一年中，"大宝"化妆品的广告语几经变迁，几乎每一句都深深印在人们的脑海中。如"大宝天天见"。

广告中，一个女生喊了一句："大宝，明天见！"然后黄磊笑着露出脑袋，对着电视机前的观众说："大宝啊，天天见！"

正是这句广告语，让大宝这个品牌走进了千家万户中。还有一年，大宝的广告是这样的：

在剧院的化妆间内，一个京剧院演员一边对着镜子化妆，一边说："天天上妆卸妆，容易起色斑，用晚霜就好多了。"然后卸了妆后的京剧演员跟同事说："大宝，挺适合我的。"

在学校的操场上，一位小学老师一边用手遮着阳光，一边说："室外活动多，受紫外线侵害严重，用日霜防晒又护肤，大宝，挺好的。"

在工厂里，一个女工一边工作，一边说："大宝啊不错，价格便宜量又足，我们一直用它。"

在人来人往的街头，一名摄影记者背着摄像机，说："干我们这行，风吹日晒，用了日霜，嘿，还真对得起咱这张脸。"

旁白声音："要想皮肤好，早晚用大宝。"

这则广告选用了生活中各个行业的人作为主人公，他们是最普通的那些人，由他们说出使用大宝的感受能够引起电视机前广大消费者的共鸣，因为消费者也是这其中的一分子，甚至有可能也在从事着广告中主人公的职业。

大宝，这个品牌名称听起来就像是某个人的乳名，而事实上，在现实生活中，就有很多人叫"大宝"。因此，当"大宝"这个词出现在广告语当中时，很容易让人产生亲切之感。另外，广告语与劝导式广告标题相结合，内容浅显易懂，最后一句广告语可谓是达到了一语双关的作用。"早晚"可以代表"早上"和"晚上"，寓意为要想皮肤好，早上和晚上都要用大宝；另一方面，"早晚"也有"迟早"的意思，寓意为想要皮肤好，迟早要用到大宝。既强调了大宝的重要性，早晚都要用，也体现了大宝的自信，就是相信顾客迟早会用到大宝。

如今，大宝的广告语已经从"大宝天天见"到"全身都能用"了，但不管怎么变，大宝的广告走的始终都是群众路线，没有过多的资金投入，但是每则广告都有情感因素。亲切感是消费者选择大宝很大的因素，这也是近年来大宝化妆品的销量达到 1 亿瓶以上的原因。

统一润滑油，一路挺你

——统一润滑油广告语

在我国，车用润滑油的市场长期被跨国公司的品牌以及超大型国有企业的品牌所占据，他们拥有着最先进的技术，垄断着基础油的资源，包揽了车用润滑油的整个中高端市场。而市场上，还有多达四千多家的润滑油生产厂家，统一润滑油就是其中之一。

作为本土民营车用润滑油的品牌代表，统一润滑油必须实现从渠道品牌向消费者品牌的巨大转变，只有这样才能在竞争激烈的市场中，保留住自己的地位。

为此，广告创意者特地走访了多位卡车司机，了解到他们是一个特殊的群体，他们上有老下有小，维持着一家人的生活来源；他们工作辛苦却收入不高，为了省钱，常常吃最便宜的饭菜，常年奔波在路上却没有人身保险；他们常常横穿整个中国，一路上遇到的路况有很多不同，导致每个司机对于润滑油的要求也不同。于是，广告设计者设计出了"一路挺你"的广告创意。

广告中有冬季专用柴机油，就算是天寒地冻也能让司机一路畅通，并配上两个司机坐在汽车里喝着热水聊着天的开心的样子的照片。还有柴机油减磨系列，高效减磨保护，无惧一路沙尘，配的照片是一个司机拿着水管冲洗布满泥垢的车。除此之外，还有均衡保护系列、动力系列、持久系列、夏季专用系列等，同时也分别配有与系列相关的照片，让广告信息传达得更加透彻，让每个司机都能从广告中找到自己的所需。

这则贴近卡车司机现实生活的纪实性广告不像其他品牌那样选择打扮得光鲜亮丽的模特和汽车，而是选择了司机最真实的工作和生活状态，让消费者觉得广告中说的就是"自己"。

在宣传途径上，广告创意者选择了通过报纸、广播、户外广告来传播，因为司机并没有太多的时间看电视，他们大部分时间都是在路上，而这些是他们最常接触的媒介，更容易被他们听到或是看到。

"统一润滑油，一路挺你"的广告语，为统一润滑油注入了浓浓的人情味，统一润滑油就像是每位司机的朋友，不管什么时候，都会伸出援手。这改变了润滑油以往令人感觉冷冰冰的工业品牌形象，让司机体会到了该品牌对他们的关心和支持，既形成了自己独特的风格，也拉近了品牌与消费者之间的距离。如果广告语只有一句"一路挺你"，人们就很难记住是谁一路挺自己。

最后，为了让宣传效果更佳，统一润滑油向每一个购买统一润滑油的司机赠送意外保险卡，为他们解决后顾之忧。除此之外，还有很多有针对性的关爱礼品，都能让消费者感受到统一润滑油真切的人文关怀。而这些并不是心血来潮的做法，而是广告创意者真实地了解到司机们的需求后，做出的战略性决定。

在行业竞争如此激烈、资源被大企业垄断、经销商只在乎眼前利益的今天，统一润滑油"一路挺你"的广告创意就像是一股清泉，流进了每一位消费者的心中。

多芬滋养，挚爱分享

——多芬洗护系列广告语

这则广告的拍摄手法，就像是一个访谈节目，只是自始至终，都没有出现采访者的身影。广告主要讲述了一对闺蜜一起创业的故事，故事情节很简单，无非是两个人创业之后，因为工作上的意见分歧，产生了很多不愉快，进而其中一方为了重拾起曾经的友情，为自己的闺蜜送上了一份多芬洗护套装。

广告的第一个画面就是一个悬挂着的插着一朵小雏菊的玻璃瓶，上面贴着一张字条，内容是："菲，还记得我们当初的梦想吗？"

接着音乐响起，一个长发女孩儿坐到了镜头前，对着镜头说："我们两个认识的时候，是在四年级的时候，看到我之后，她说的第一句话'哎，你是中队长啊'。"

接着一个短发女孩儿回忆道："初中的时候买衣服，每次都买大一号，我知道她买大一号是为了她能穿，我也能穿。"

接着长发女孩儿说："我们俩小时候一块玩儿的时候，就总说以后上班了也要在一起。别人都说，绝对不能跟好朋友一起开公司，但我们俩是闺蜜啊。"

短发女孩儿接着说："在做公司这件事上，我这个人性子比较急。"

画面上出现了两个人因为工作分歧争吵的样子。

长发女孩儿接着说："她在工作领域里面和我曾经认识的她，完全不是一个人。"

画面转换到下班后，长发女孩儿坐在沙发上，想起白天的争吵，忍不住发了一个短信给短发女孩儿，得知她还在公司加班看合同，想到她为了赶工作的进度，没有时间打理自己，没有去护理自己的皮肤，忍不住想要为自己的朋友做些什么。

有一天，长发女孩儿在京东上看到多芬闺蜜礼盒，于是就帮自己的闺蜜订购了一套。

翌日，短发女孩儿照常到公司上班，一打开办公室的门，就看到屋顶上悬挂着很多个透明的玻璃瓶，每个玻璃瓶上都贴着一张字条，其中一张上面写着："当我们创业成功时，一起牵手去西藏。"

还有一张写着："这么多年我慢慢追赶你，终于有资格和你并肩作战了。"

接着女孩儿打开包装精美的礼盒，首先映入眼帘的就是一张卡片，她拿出手机扫描了上面的二维码，手机屏幕上出现了长发女孩儿的样子，女孩儿说："猪头菲，还记得我们最初的梦想吗？从发小到一起创业的伙伴，其实我更大的梦想，是希望能够和你像小时候那样，无忧无虑地疯玩儿下去。有很多心里话，都找不到合适的机会跟你说，我只是想告诉你，只要我们在一起，什么都不怕。"

长发女孩儿的声音从一开始的欢愉到后面的哽咽，短发女孩儿从一开始的惊喜到后面的感动，中间还穿插了她们在一起的欢乐时光，还有长发女孩儿独自为短发女孩儿布置办公室的场景。

接着，长发女孩儿唤了一声"猪头菲"，推门而入，看到闺蜜泪流满面的样子，说："这几年你都没哭过。我还以为你没人情味儿了呢！"

短发女孩儿随即回答说："你才没有呢！"

说完，两个人亲密地搂在一起，笑中含泪。

终于，广告中的主角出现了——一大瓶多芬沐浴乳。

短发女孩儿问："你是觉得我皮肤不好吗？"

"我是希望你到了七十岁，还是跟以前一样，是个白白嫩嫩的大胖子。"长发女孩儿回答。

短发女孩儿闻之，扑哧一笑。

最后两个人坐在一起，长发女孩儿说："我觉得真正的闺蜜，就是不管遇到什么事情，都相互支持，一起面对，一起分享。"

短发女孩说："其实我觉得事业上的成功不是最重要的，最重要的是我们俩的感情不变，越来越好。"

"还得对我越来越好。多买点吃的，多买点穿的，把我以前给你花的钱全都补回来。"长发女孩儿补充道。说完，两个人都哈哈大笑起来。

屏幕上出现广告语——"多芬滋养，挚爱分享。"

故事情节十分简单，但是随着两个女孩儿将她们从相识到创业的故事娓娓道来，令人观之无不动容。这个广告的出彩之处在于没有杜撰的情节，每一个画面都是那么有真实感，让观众们相信这就是发生在我们身边的故事，从而忍不住想起自己与闺蜜之间的故事。如此接地气的宣传方式，想不引起消费者共鸣都难。

再加上闺蜜礼盒的特殊服务，如写小纸条、扫描二维码观看视频、在沐浴乳的瓶身上印上两人的照片等情节，更是让人觉得既新鲜又贴心。物美价廉的产品，再加上贴心周到的服务，几乎每个看过的人都有一种想要买一套送给自己闺蜜的冲动。

最后，广告语"多芬滋养，挚爱分享"出现，广告创意者在这则广告中将品牌名"多芬"放到广告语中有两层含义，一层是使人们更进一步记住了多芬这个品牌名称；另一层是"多芬"与"多分"同音，在此体现出使用"多芬"，能够得到"多分"的滋养。

今年过节不收礼，收礼只收脑白金

——保健品脑白金广告语

在广告中，有被人夸赞的，就有被人唾骂的。然而一个奇怪的现象是，有的广告虽然得到了骂声一片，但是产品却销售得风风火火；有的广告风评不错，但是产品销售量却一般般，这个现象让许多营销专家也找不到个中的缘由。其中保健品"脑白金"的广告，就属于前者，尽管骂声不断，但是却卖得热火朝天，被誉为广告界的一朵奇葩。

回顾一下脑白金电视广告的内容，也并没有什么特别之处。广告中的两个卡通形象的老人一会儿穿着草裙，戴着花环，拿着沙锤，扭着屁股，跳起了夏威夷草裙舞；一会儿穿上了西装、长裙，跳起了交谊舞；甚至还穿起了一身白色的芭蕾舞服装，跳起了芭蕾舞。而广告语说来说去都是那一句"今年过节不收礼，收礼只收脑白金"。

刘易斯·卡罗尔的《猎鲨记》中有这么一句话："我已经说过三遍了，无论什么，只要我说过三遍，就是真的！"重复是记忆之母，更何况品牌名称"脑白金"在广告语中出现了不止三次，再加上一天之内电视台的重复播放次数，估计三十次都有了。因此，就这一句广告语，上至七八十岁的老太太，下至七八岁的儿童，都对这句话了然于心。甚至还有许多人都喜闻乐道地模仿这一表演，津津乐道这看一遍、听一遍就难以忘记的广告语。

虽然说脑白金的广告并不完美，甚至应该说存在很大缺陷。但任何人也不能否定它的成功。因为是保健品的缘故，按法律规定，脑白金不能在广告中宣传治疗功效，所以，脑白金除在软文广告中打打擦边球以外，其他广告对功用的宣传力度都很小。这也就意味着，脑白金无法依靠其功效吸引消费者。但是脑白金却找到了自身独特的市场定位。

定位可以说是广告的灵魂，相比之下，设计不过是躯壳而已。在设计一条广告之前，首先要对要进行宣传的产品进行定位分析，例如，"产品适合卖给谁？""以什么样的理由去打动消费者购买"，等等。定位准确了，广告才能有看得见的效果。脑白金广告的成功，就在于前期定位定准了。

那么脑白金的定位是什么呢？从其广告语中就能看出来，那就是礼品，孝敬爸妈、送朋友、送长辈的佳礼。作为礼品，首先就要具备一定的、能用金钱衡量的价值，而且这个价值必须是收礼、送礼双方都能够认可的较为相近的价值。而脑白金就是利用了这一点，反复向消费者灌输其为"中等价值的有保健功能的礼品"这一概念，导致每逢到了送礼的时候，人们首先想到的就是"送礼就送脑白金"。所以，即便脑白金广告的表现手法不为大众所认可，但是其定位却是奇准无比，可谓是"一招鲜，吃遍天"。

再来说说广告语"今年过节不收礼，收礼只收脑白金"，是告诉人们过节送礼送什么，"脑白金"的出现就是告诉大家送脑白金，这种单一的定位方式立即让脑白金与其他产品区分开来。"广告之父"大卫·奥格威一直告诫广告人，广告一定要谨守单一诉求。脑白金广告就谨遵了这一金科玉律，只通过老头、老太太的表演，形象地传递出以脑白金为礼物可达到让收礼者开心的效果。如果脑白金在广告中添加了改善睡眠、畅通大便等好处，那么恐怕受众也很难只记住"送礼只送脑白金"这句话了。

另外，虽然广告中并未提及脑白金都有何功效，但是从其产品名称——脑白金上，不难看出，这是一种有保健疗效的产品，白金是昂贵的金属，而脑子又是人类身体的重要器官，一个重要，一个昂贵，产品名称所想要表达的内涵不言而喻。

营销大师A.莱斯和J.屈特曾提出："广告应该在消费者心智上下功夫，力争创造一个心理独有的位置，特别是'第一说法、第一事件、第一位置'等。"而脑白金就创造了这样一个"第一"，第一个具有保健性质的知名健康礼品，不但与市场上同类保健品划开了距离，也与传统中用以送礼的烟酒等"不健康礼品"立有高下之分。这样独一无二的市场地位，怎么能让消费者忘记呢？

只有奥利奥

——奥利奥饼干广告语

奥利奥饼干距今已经有近百年的历史，其代表的卓越品质以及温馨愉悦的家庭回忆已经成为一种独特的风格，深入人心。

而奥利奥的广告也从来未脱离开"情感"主线，并通过人间真情唤起消费者的共鸣。作为奥利奥的目标客户群，儿童几乎是奥利奥广告中不可缺少的元素，也正是因为儿童的加入，奥利奥的广告在充满温情的同时也不乏逗趣。

广告的开始，是一个小女孩儿对着毛绒玩具熊说："小熊，我们去吃奥利奥吧。"天真稚嫩的童音引起了在一旁工作的爸爸的注意。于是，爸爸合上笔记本电脑，悄悄地走到了毛绒玩具熊身后。

小女孩儿坐在毛绒玩具熊的对面，手里拿着两个奥利奥，对着小熊说："一块儿给你，一块儿给我。"说完，将一块儿奥利奥饼干放在了小熊的手中。然后便是奥利奥广告中都会有的情节："先扭一扭。"小女孩儿教给小熊。结果"小熊"真的拿起了奥利奥饼干，学着她的样子扭一扭，然后将两片饼干分开。

"哇哦！"小女孩儿吃了一惊，但仍然不动声色地继续道，"然后再舔一舔。"小女孩儿一边说着，一边用舌头舔了舔饼干上的奶油，并发出舔东西的声音。"小熊"再一次学习了小女孩儿的动作，也将饼干放到嘴边舔了舔，发出舔东西的声音。

"非常好！"小女孩儿表扬"小熊"道，听到表扬的爸爸，躲在小熊的身后忍不住偷笑。

"再泡一泡。"小女孩儿说着，眼睛里流露出一丝窃喜，然后将盛有牛奶的杯子悄悄移动了位置。"小熊"却不知道，依旧学习小女孩儿的动作，没想到却"泡"了个"空"。躲在小熊背后的爸爸正在纳闷，就听到女儿一阵开心的笑声，原来自己的小伎俩早已经被女儿识破了。

最后，父女二人坐在一起，其乐融融地分享奥利奥饼干。

广告中，小女孩儿的鬼马精灵，爸爸的爱女之心，都透过"扭、舔、泡"的有趣吃法体现了出来，如此平民化的情感路线，让广告无处不散发着亲子的温馨和乐趣。最后广告中出现的广告语"只有奥利奥"，不但再一次加深了人们对品牌名"奥利奥"的印象，同时也证实了奥利奥的独特地位，即只有奥利奥才能做到不仅仅是一种零食，更是一种让人与人之间更加亲近的情感纽带。

水中贵族，百岁山

——景田百岁山瓶装水广告语

2013年，知名矿泉水百岁山的广告登陆各大媒体平台，一经播出，就引起了大批消费者以及同行们的注意。大家纷纷表示，这则广告所呈现出来的唯美画面和雅致的格调，令整则广告片无处不流露着欧式贵族般的气质，同时也对"贵族水"留下了深刻的印象。

广告在一首苏格兰风格的纯音乐中展开，一辆黑色的轿车缓缓地从一座宏伟的城堡里开出来，车中坐着一位穿着婚纱的美丽高贵的公主，轿车的后面是一队骑着高头大马的骑士。与此同时，一个老者沿着城堡边的石砌小路缓缓向前走着。老者穿着普通，头发花白，脸上写满了沧桑。走到城堡前的广场上时，老者累了，将他手中拿着的百岁山矿泉水放在了石板上，坐在旁边陷入了沉思中。

婚车的队伍越走越近了，在路过老者身边时，车门开了，公主从车中缓缓地走了下来。就在老者欲拿起矿泉水时，水却被公主拿了起来，老者抬头，正好看到公主那温婉美丽的笑容。老者也笑了，眼前这位美丽高贵的公主让老者想起了他已故的妻子。于是他舒展笑容，让公主拿走了自己的水。

广告的最后，公主拿着一个精致的玻璃杯将百岁山矿泉水缓缓地倒入杯中，矿泉水流动的声音仿佛凛冽清澈的泉水漫过谷涧。结尾处，一个男声缓缓道出了"水中贵族，百岁山"的广告语。

整则广告只有一分多钟的长度，虽然情节看起来并不怎么连贯，但是在制作上却是精益求精，片中演员、服装和道具展现了地道的欧洲风情，背景音乐、音质等细节也丝毫不含糊，展现出的优雅和浪漫使人不知不觉沉浸在浓浓的英伦风情中。

广告语"水中贵族，百岁山"的前半句体现了百岁山瓶装水的优良水源和市场地位，后半句品牌名称的出现则蕴含了多种含义。首先，让人们记住了百岁山这个品牌名。其次，道出了百岁山瓶装水的由来。相传，百岁山瓶装水的生产地——罗浮山被当地人称为"百岁山"，因为那里方圆几百里的人都年过百岁依旧精神抖擞，故其被称为百岁山，而他们长寿的秘诀和百岁山的水不无关系。

然而，由于广告的故事情节交代得不甚明了，导致消费者很难看出故事所要表达的内容，因此人们对此也展开了热烈的讨论，并根据自身的理解诠释出了各种各样的版本。对此，广告的主创人员表示，这才是他们想要的结果，用开放式的情节来刺激大众的头脑，激起千人各异的感受和印象，在保证品牌拥有优雅高贵格调的同时，也令大众对该广告的记忆效果倍增。

今天，从雀巢咖啡开始

——雀巢咖啡 1+2 系列广告语

很多人认识雀巢都是从一杯雀巢 1+2 开始的。这么多年来，从雀巢咖啡的广告最初的"味道好极了"到后来的"活出敢性"不难看出，雀巢咖啡正一步步向年轻化迈进。

然而，以往的雀巢广告语中很难看到品牌名称的影子，这一次雀巢咖啡却改变了风格，于 2014 年推出了"今天，从雀巢咖啡开始"的新广告。为了将品牌名称加入到广告语当中，雀巢咖啡可谓是用心良苦。因为一万人的一天有一万种开始，有的人以开心开始，有的人以痛苦开始，还有的人以豆浆油条开始，也有的人以一杯咖啡开始。而雀巢咖啡利用这则广告告诉大家，新的一天从一杯雀巢咖啡开始吧，因为咖啡能够给人带来一天的好精神，这样就不会耽误自己去做想做的事情了。

广告邀请了 Angelababy 作为代言人。Angelababy 以往给人的形象更多的是香港嫩模，或者是黄晓明的女朋友。自从参加了《奔跑吧，兄弟》后，Angelababy 的知名度大幅度提高，并跳出了以往在大众眼中的定位，成为"国民女神"，不管是男生女生都十分喜欢她。此次Angelababy除了做代言外，还参与制作了一系列微视频的拍摄，邀请大家启动"开始"计划，去完成去年没有完成的计划。这一线上活动为雀巢的品牌注入了更多年轻的活力。

打开雀巢咖啡的网页，入眼便是一大片喜庆的红色，Angelababy为网友们录制的小视频就在网页最引人注意的位置上。

《开始浪漫篇》

视频中，Angelababy为网友大王同学完成了一个小心愿，即为加班的女朋友做一顿爱心早餐。亲眼看到女神下厨做早餐，对于喜欢Angelababy的网友而言，简直是莫大的福利。视频最后，一份爱心早餐旁边放了一杯雀巢咖啡。

字幕显示："开始用爱和一杯热咖啡温暖TA一整天。"

《开始友情升温篇》

视频中，Angelababy为一名女大学生完成了心愿，即不做"低头族"，与室友喝杯咖啡聊聊天。Angelababy举着一杯咖啡走进一间寝室时，立即引起了里面女生们的欢呼，原本低头学习的学生都抬起了头，人手一杯咖啡，与Angelababy坐在一起有说有笑。

字幕显示：开始来杯热咖啡，给友情升升温。

《从微笑开始篇》

视频中，Angelababy一边找自己要穿的衣服，一边问大家怎样开始今天。网友娜娜第一次到公司面试，不知道怎么打扮自己，请求Angelababy帮忙，Angelababy告诉她，最好的妆扮不是穿什么衣服，而是脸上真诚的微笑和身上洋溢的青春气息。

字幕显示：开始用微笑打扮自己，用咖啡给自己加油。

《开始动起来篇》

活动时间少，是困扰很多办公室白领的问题。在这个视频中，Angelababy化身职场女精英，告诉大家如何在办公室内用一杯咖啡的时间去活动一下久坐的身体。

字幕显示：开始用一杯咖啡的时间，让大脑和身体都活起来。

《开始新友谊篇》

这个视频的拍摄地点是在片场。一位网友到了新公司，同事众多，却没有几个朋友，于是她想要在新公司结交新朋友。Angelababy给出的答案是，给每一位同事都捧上一杯洋溢着香气的咖啡，并说上一句："辛苦啊！"

字幕显示：开始用一杯咖啡，缩短和同事的距离。

最后，Angelababy 号召每一个人将自己的空头支票实现，只要在"雀巢咖啡，让今天开始吧"的网站上输入自己的计划，就有机会得到 Angelababy 鼓励的视频或是小礼物。

每个视频都是以 Angelababy 问大家"今天你想如何开始"为开始，然后端出一杯雀巢咖啡，最后以"写下每日计划，让女神 Baby 为你加油打气！"为结束。

网页的下方，还有购买雀巢咖啡 1+2 的网页链接，以及"写计划，赢大奖"活动说明，礼品包括 iPad、签名经典红杯以及 Angelababy 的签名照。

诱人的奖品再加上 Angelababy 亲自出马为网友们摇旗呐喊助威，很多网友都积极参与到这一线上活动中，将自己的计划认真地填写到网站中。这一举动无疑将雀巢倡导年轻化的理念以及生活方式很好地传递了出来。同时，雀巢咖啡 1+2 的新品也打开了知名度。

青丝秀发，缘系百年

——100 年润发洗发水广告语

洗发水的广告通常都是以展现广告主角一头乌黑顺滑的头发为主，然而 100 年润发的广告却另辟蹊径，用一段爱情故事让人们记住了 100 年润发这个洗发水品牌。尽管该广告距今已经有十多年的时间了，但是其给人们留下的深刻印象却一直未被抹灭，并被大众奉为洗发水广告的经典之作。

伴随着这则广告的热播，100 年润发洗发水如一匹黑马般，在宝洁、联合利华等众多外国大公司把持的洗发水市场中开辟出了植物一派的新天地，将当年的市场占有率提升至 12.5%，成为仅次于排名第一的飘柔的洗发水品牌。

在广告中，周润发是一个阔别家乡多年的游子。某天他回到了家乡，家乡早已改变了模样，一切都变得物是人非。这时他看到了一群在练戏的孩子，这使他触景伤情回忆起了年少时期的女友。当年他的女友为当地戏剧名旦，美丽，温柔，两人相知相恋，美满甜蜜，然而却因为当时的时代背景，最终只能天各一方。正当他暗自伤神时，一抬头，却看见昔日的女友站在不远处，手里拿着一个洗脸盆，盆里放着一瓶 100 年润发的洗发水。

最后画面变得模糊，旁白声说道："如果人生的离合是一场戏，那么百年的缘分更是早有安排。青丝秀发，缘系百年。"

广告只有短短一分钟的时间，却将一幕人生的悲喜剧演绎得淋漓尽致。以至于很多年过去了，人们一提到100年润发这个洗发水品牌，眼前就会浮现出周润发在广告中给女星江美仪洗头发的场景，发哥深情款款的目光与江美仪温婉恬静的幸福表情，成为一幅永恒的画面刻在了每一个看过该广告的人的心中。

"青丝秀发，情系百年"这句广告语，巧妙地将产品名称融入其中，既对产品进行了宣传，又体现了产品的核心价值，那就是产品品质会一直如一。

100年润发选择周润发做广告代言人有两个原因，其一是周润发的名字与"100年润发"的品牌名相符合，其二周润发当时已经是香港的著名演员，100年润发可以借助发哥的名气打响品牌。另外发哥的演技有目共睹，他塑造的多部电视剧和电影人物形象都深入人心。在这则广告中，虽然从始至终都没有一句台词，但周润发将年轻时相恋时的柔情似水、恋人离去后的怅惘凄凉、再游故地时的物是人非、与故人重逢时的如梦如幻都表现得出神入化，尤其是最后那逐渐绽开的笑容焕发出了无可比拟的魅力，甚至有人评价说，发哥的这个笑容是上帝之笑。在周润发为数不多的广告代言中，100年润发这则广告可以说是精品中的精品，无人可以超越。

再说广告中的另一位主角——江美仪。江美仪是亚视曾经的当家花旦，在电影、电视、广告领域均有发展，在100年润发的广告中，她的镜头虽不多，但是却将两人之间的情深意浓表现得分厘不差。她与发哥之间的默契配合，把中国夫妻以青丝到白发、相好百年的山盟海誓都融入了100年润发品牌中。

广告背景音乐是周慧敏演唱的《红颜知己》中的京剧部分，并做了略微的改动。其中，"串串相思，藏在心间，相爱永不渝，千古流名"的歌词体现了100年润发的品牌内涵，也将广告中两人的爱情故事发挥到了极致，引起大众寻求真爱的情感共鸣。广告开始的京剧唱腔中运用了二胡、锣鼓等乐器，意在告知大众，100年润发是民族品牌。

广告中最大的亮点，就是周润发为江美仪洗头发的片段。在封建思想的侵蚀下，人们普遍认为男人应该得到女人的照顾，而广告中却反其道而行，不但令人耳目一新，还将夫妻之间的恩爱传达给了观众，令观众在感动中，深深地记住了"100年润发"这个品牌。

想赚钱，搜索财神节

——平安的互联网金融广告语

"财神节"是什么？难道是祭拜财神的日子？这个和赚钱又有什么关系呢？大众在看到这个产品名称后，相信这一大串的疑问就会随之而来。实际上，这个能让人赚钱的"财神节"指的是平安的"双11"活动，规模空前，由平安集团牵头，产险、寿险、银行、证券、陆金所等16个业务单位参与，十多款主力产品逐步亮相，限时返利，其销售目标是超过阿里"双11"的571亿元。

在推广这次活动时，平安集团拍摄了一辑宣传片，并取得了十分不俗的效果。广告的开始是在一张凌乱的桌子前，配合着背景音乐徐小凤的《敲敲门》，一名男士掐灭了手里的烟，烟灰缸里已经装满了烟蒂。这时，手机响了，是男子的妈妈发来的短信："儿子，妈不小心把手机屏摔裂了，字看不太清楚。"

男子随即回短信道："妈，过年给你换个iPhone6。"

但是在抖了抖烟灰的工夫后男子就改变了主意，将原本信息中的"iPhone6"删掉，然后换成了"锤子"，然而在盯着手机屏幕吞吐了半天烟翘后，他再一次更改了信息的内容，将"锤子"改成了"红米"，然后将手中的烟狠狠地按灭在烟灰缸里，点击了发送键。

最后字幕显示：过年缺钱吗？想赚钱，搜索财神节。

这则广告的成功之处在于从始至终都充满了悬念，不到最后一秒，都不知道是什么产品在做广告宣传。起初，看到男子手中拿的苹果手机，会以为是给苹果手机做宣传，接着又出现锤子手机，就在人们的思维还没有转换过来时，男子决定送给母亲红米手机。这时，大众也许会说："哦，原来是红米手机的广告。"结果却发现，不管是苹果手机、锤子手机，还是红米手机，都只不过是广告的道具而已，广告的最终目的是宣传"财神节"。

看完这则广告，你还不知道"财神节"是什么产品不要紧，重要的是通过这个广告，人们已经知道了"财神节"这个产品名称的存在，并且会忍不住去搜索。广告语"过年缺钱吗？想赚钱，搜索财神节"，将很多人一到年底就缺钱，但是也想向父母尽孝心的窘态表现了出来，在极大程度上引起了消费者的情感共鸣。

虽然广告从一开始就抓住了人们的眼球，也能让人们在看广告的时候会心一笑。只是如此贬低国产手机——尤其是小米手机，恐怕会引起这些手机的拥护者的抵制。

京东食品，品质每一刻

——京东商城广告语

自从谢霆锋主持过《十二道锋味》后，他就又多了一个身份——美食家。因此很多做食品的品牌都将目光锁定在了他的身上，如果他能成为品牌的代言人，那销量可想而知，因为有谢霆锋出现的地方，从来都不乏看点。

作为电商大佬之一的京东商城，早些年是以销售电器为主要经营项目的。人们看到京东，首先想到的是电器。而近几年，京东开始向多元化发展，食品就是其中一个发展方向。然而，如何让大众自然地接受京东商城的"转型"呢？请一个当红并且符合产品形象的明星做代言是最合适不过的了，而谢霆锋就是最佳的人选。

广告一开始就显现出了浪漫的格调，谢霆锋与女主角站在窗前品红酒。

"喝出了什么？"谢霆锋问。

"不是红酒吗？"女主角不解地反问。

谢霆锋将酒杯靠近鼻子，嗅了一下，说："2003，法国，拉图庄。"

"是我们第一次见面。"女主角笑了。

字幕显示：品味这一刻。

谢霆锋拿着红酒杯，念出广告语：京东食品，品质每一刻。

最后画面出现京东的标识。

画面转换到厨房中，一条鱼在盘子中活蹦乱跳。不一会儿，这条鱼就被放进了锅。在端出来时，已经香气四溢，谢霆锋正在精心地为女主角准备美食。

之后，毕恭毕敬地端到女主角面前，女主角在谢霆锋期待的目光中，轻轻夹起一块鱼肉，放进嘴中。

"怎样？"谢霆锋迫不及待地问道。

"幸福。"女主角回答道，并与谢霆锋相视而笑。

字幕显示：品味这一刻。

接着谢霆锋举着一个装着水的塑料袋，袋子中还有一条活蹦乱跳的鱼，对着镜头说道："京东食品，品质每一刻。"

最后画面出现京东的标识。

用过美食后，谢霆锋建议晚上去看电影。但是女主角对这个建议却不怎么热情，她想要一个新鲜点的。

于是谢霆锋改口道："去草原。"

但是女主角对这个建议，也不是很满意。

接着，谢霆锋拿出一瓶鲜牛奶，说："去德国草原。"

这一次，女主角终于满意了。

字幕显示：品味这一刻。

然后是谢霆锋拿着那瓶鲜牛奶，说："京东食品，品质每一刻。"

最后画面出现京东的标识。

广告语"京东食品，品质每一刻"中，将"京东"与"食品"放在一起的组合让人看着既熟悉又陌生，因为人们看到京东首先想到的是电器。因此广告创意者有意将在广告语中将"京东食品"展现出来，意在告诉消费者，京东上也有美食卖。

目前，市场上主要经营生鲜食品的电商有生活网、顺丰优速等，京东商城能否凭借这则广告后来者居上呢？答案显而易见。首先广告代言人谢霆锋不但做得一手好菜，还经常出现在各大娱乐版块的头条，仅仅是这曝光率，就无形中增加了京东食品的"出镜率"。另外，广告中不断出现的品牌标识，也让人想记不住都难。

【同类范例】

东方，齐洛瓦。	——齐洛瓦冰箱广告语
开宝马，坐奔驰，家用电器西门子。	——西门子电器广告语
用飘柔，就是这么自信。	——飘柔广告语
走富康路，坐富康车。	——富康车广告语
汽车要加油，我要喝红牛。	——红牛饮料广告语
原来生活可以更美的。	——美的广告语
维维豆奶，欢乐开怀。	——维维豆奶广告语
芬必得止头痛，一天得轻松。	——芬必得广告语
喜之郎CICI，可以吸的果冻。	——喜之郎果冻广告语
天生的，强生的。	——强生广告语
美来自内心，美来自美宝莲。	——美宝莲化妆品广告语
全心全意小天鹅。	——小天鹅洗衣机广告语
骑车九十九，还得数永久。	——永久牌自行车广告语
人靠衣装，美靠亮庄。	——亮庄化妆品广告语
上乘的面包来自上乘的面粉。	——加拿大上乘面粉广告语

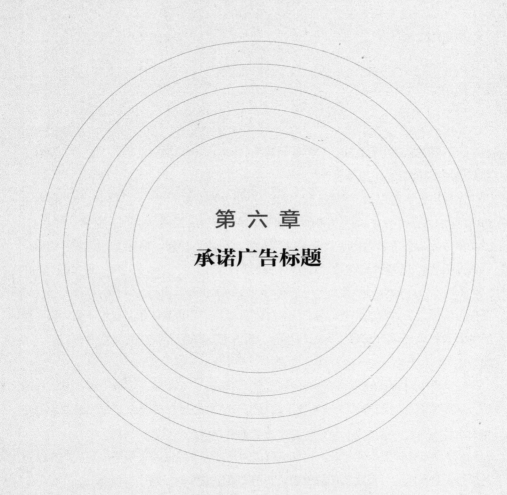

第 六 章

承诺广告标题

承诺广告标题也称许诺广告标题，是指商家给广大消费者在物质、健康和精神上利益的承诺和满足。

　　这种广告标题应用范围很广，不受产品以及服务的限制，在任何时候都可以运用。同时，这种广告标题具有极大的吸引力和推销力，能极大促使消费者购买商品、接受服务。广告大师大卫·奥格威非常推崇这种广告标题，他认为，一条好的承诺广告标题具有永恒或持久的魅力，可以使用几十年。

　　承诺广告标题有三种类型。一是能给人以物质或者金钱利益诱惑的标题。这种标题也可以称之为"利益广告标题"。这种标题常常许诺购买某商品或接受某项服务就能得到价格上的优惠或者长远的利益等。大众对这些实实在在的利益很感兴趣，因此，这种广告标题会有一半以上的人记住。

　　二是满足对身体健康和容貌美丽的需求的标题。这种标题多是一些药品、保健品、食品等企业对消费者许下免除疾病痛苦、更加健康和美丽的诺言，而追求健康和美丽是人类的本能欲望。所以，这类标题很容易引起消费者的兴趣。

　　三是满足精神需求的标题。这种标题指的是某种产品或某项服务能为人们在精神上找到一个寄托，以释放人们的压力，获得心灵上的宁静，增强自信心。

【创作技巧】

1.明确承诺利益点

　　创作承诺广告标题之前，首先应该做的是全方位了解产品或者服务的特点和优势，根据此思考究竟能向消费者许诺什么。也只有明确向消费者许诺的利益点，承诺广告标题才能站得住脚。

2.承诺越具体，利益越容易被看见

在向消费者承诺的时候，如果承诺的利益点范围太广，就会让消费者在短时间内无法了解某件产品或某项服务到底能给他们带来什么利益。比如"为你省钱"这句广告语，虽然也是许诺，但是却显得十分空泛，没有具体告诉消费者能为他们真正省多少钱。而沃尔玛"为顾客节省每一分钱"的许诺，则十分坦诚地向消费者许诺：哪怕是不起眼的一分钱，沃尔玛也会尽最大可能替您节省下来。可见，承诺具体，才能赢得消费者的心。

3.随意承诺要不得

向消费者承诺的时候，不能为了吸引消费者而随意承诺。一旦消费者发现许诺无法兑现时，就会认为自己上当受骗，而最终受到损失的还是商家本身。所以，创作承诺广告标题之前，必须考虑诺言能否兑现，如果无法兑现，那就要考虑新的承诺利益点。

【创作赏析】

真诚到永远

——海尔电器广告语

海尔集团是中国首屈一指的大型跨国企业，成立于 1984 年。当时的海尔是一家资不抵债的小型工厂，处境艰难，濒临倒闭，直到张瑞敏出现，海尔才在他的带领下走出困境，踏上了腾飞之路。

从危机丛生的小厂到今天家电行业的"巨无霸"，海尔一直将"真诚到永远"这句广告语当成自己的服务理念。这句广告语虽然十分简单、直白，却包含着一个深奥的"USP"广告学理论。所谓USP理论是美国广告大师罗瑟·瑞夫斯提出来的，在我国被翻译成"独特的销售主张"。罗瑟·瑞夫斯指出，企业的广告中必须包含一个独特的销售主张即卖点，这样才能将自己与其他同行企业区别开来，凸显出自己

的优势。

海尔由小变大、由弱变强，在其多年的发展道路上，肯定有许多领先于别人的优势，海尔完全可以将自己的优势提炼成USP，比如技术上的优势。可是海尔并没有这么做，反而将简单的"真诚到永远"当成自己的USP，并数十年如一日地将其奉为经营圭臬。

也正是这句带有许诺意味的广告语让海尔拓宽了自己的产业边界，不论是产品的多元化还是行业的多元化，不论是开拓国内市场还是进军国际市场，始终心怀真诚做事的海尔一路高歌猛进，鲜有失败。

在竞争激烈的家电行业中，要想得到消费者的认可和信任，就必须"真诚"。"真诚"说起来容易，做起来却很难。一些企业在巨大的利益诱惑面前，表面打出"真诚"的口号，暗地里却是偷工减料，这样一来，又如何能够赢得消费者的信任呢？但是海尔却做到了。

对于海尔来说，"真诚"就是一丝不苟地进行技术研究，研制出最优质的产品，就是真诚对待每一位消费者。而能够反映出海尔真诚的事例也很多，比如，曾经有位海尔的业务员在为广东的一位客户送冰箱的途中，货车突然抛锚了。这位业务员费了好大力气也没能修好车，最后，为了能及时将冰箱送到客户手中，业务员背着冰箱走了好几里路。还有一次，一位外国客户有意向海尔订购一批冰柜，但他也提出了自己的要求，就是希望海尔能够按照他的想法做冰柜。海尔员工毫不犹豫地答应了下来，只用了一夜时间就向客户提交了设计稿。外国客户拿到设计稿后，又惊讶又感动。

通过这些小事情再来看"海尔，真诚到永远"这句十分温馨的广告语，会发现它不仅真正兑现了"真诚"，而且还有一个"到永远"的时间承诺。这在令人感动的同时，也对海尔产生了信任之情。

为顾客节省每一分钱

——沃尔玛广告语

沃尔玛公司是一家闻名世界的连锁零售商，拥有全球十几个国家超过五千家商场。在沃尔玛里，大到小型游艇、家用电器，小到珠宝服饰、儿童玩具，只要是家庭生活必需品都能够买到，所以，沃尔玛又被称为"家庭一次购物"。

1962 年，沃尔玛创始人山姆·沃尔顿在美国阿肯色州的本顿维尔开了一家小杂货店，从此开始了他的创业之旅。或许他当时也没能想到，四十多年后，沃尔玛竟然能把分店开到世界各地。这不得不说是一个奇迹。

沃尔玛能有今天，除了山姆·沃尔顿拥有卓越的眼光之外，广告也是一个不可忽略的因素。

在广告方面，沃尔玛没有像其他企业一样，采用传统、常用的销售手段，而是根据自身的企业特点，制作了"为顾客节省每一分钱"这样实打实的广告宣传语，用来吸引消费者。因为大多数普通购物者在购物的时候，关注的永远应该是价格的问题——该商品会不会比其他公司的同类产品价格便宜？如果企业的商品不够便宜，即使广告做得再吸引人也无济于事。而沃尔玛正是牢牢地抓住了消费者这一心理，将中等收入人群定为目标消费群体。

但是，提出"为顾客节省每一份钱"的口号容易，而要真正去实现它的话，沃尔玛首先要做的就是不断压低产品的价格。但如此一来，沃尔玛的营业额就会相对减少，增加了运营成本。

做企业的目的是为了赢利，如果一味地让利于顾客，企业自然无法赢利或者赢利少，这样一来，企业的就很难存活下去。沃尔玛为了解决这一难题，溯本清源，决定降低自己的运营成本，这样一来，就有资本将产品的价格降到同期最低标准。沃尔玛的主要措施有：在众多分店的中心地带建立物流配送中心，最大限度节省了商品的运输费用；同时，沃尔玛还设立了高效的装货平台，节省了货物的运输时间。这样一来，沃尔玛在降低运营成本的同时也拥有了大量的流动资金，将产品价格压到了同期其他公司所无法匹敌的程度，在实现薄利多销的同时，也真正兑现了"为顾客节省每一分钱"的承诺。

尽管沃尔玛在广告上投入很少，但它所提出的承诺却是真实可信的，消费者也确实在沃尔玛用最少的钱买到了相对其他公司而言最好的商品。所以到后来，即便沃尔玛不再做广告，也会有众多消费者为其免费宣传。这样一来，只要有沃尔玛的地方，消费者都会毫不犹豫地前去购物，因为他们知道，除了沃尔玛之外，再也没有第二家公司拥有比它更便宜的商品了。

"为顾客节省每一份钱"不仅是沃尔玛的一句简单广告语，更是沃尔玛对广大消费者承诺的不断践行，这或许就是沃尔玛成为世界零售业巨头的原因吧。

招商银行，因您而变

——招商银行广告语

招商银行成立于 1987 年，经过二十多年的发展，它成为中国内地规模第六大的银行，其广告语"招商银行，因您而变"也成为银行业最为经典的广告语之一。

从创立以来，招商银行一直秉持一切为顾客着想的经营服务理念，致力于提供专业、高效、体贴、温馨的服务。为了让员工更好地服务于客户，2002 年，招商银行对自己的服务理念进行了提炼，最后总结为一句"因您而变"的简单凝练的服务口号。马蔚华行长曾说过："客户是太阳，招商银行就是向日葵。向日葵是迎着太阳转动的，招商银行要做到的是'因您而变'，永远以满足客户需求为根本。抓住阳光的方向，向日葵才能长久保持鲜艳；顺应客户的需求而变化，招商银行才能取得长足发展。"

正如广告语所承诺的一样，招商银行从创立以来，始终致力于提供专业、高效、体贴、温馨的服务：1995 年，招商银行首先推出多功能借记卡的"一卡通"，较好地适应了客户追求方便、快捷的需求；1998 年，又推出了"一网通"，客户只要有一台联网的电脑，就可以随时随地在网上办理业务，极大地节省了时间；其还推出了第一家 24 小时自助银行，以方便客户存取款。此外，招商银行还推出了叫号机，客户只需通过取号机拿到一张排队号票，就可以坐在等待区域的椅子上，享受着书报杂志、牛奶、茶水等着办理业务。招商银行的这一系列体贴客户的温馨服务在银行业里引起了不少的关注，其他银行也纷纷效仿，大力改善、加强自己的服务，从而拉近了与客户的距离。

向日葵总是迎着太阳转，以便受到太阳更多的照耀；如果没有太阳，向日葵根本无法茁壮成长。而银行与客户的关系也正如向日葵依存太阳的道理一样，如果没有客户也不能为客户提供优质的服务，那么银行将会失去其存活发展的基础。也正是因为这个道理，2004 年，招商银行正式将向日葵确定为招商银行的行花。

"招商银行，因您而变"清楚地向客户传达了这样一个服务理念：时刻根据您的需求变化而变化，尽量提供能够满足任何一位客户的满意服务。朴实的言语不仅是对客户的承诺，更表达了对客户无限的感情，让顾客有一种受到关心的归属感。

早餐喝一瓶，精神一上午

——营养快线广告语

营养快线是娃哈哈集团于 2006 年推出的一款果乳制品。挂出至今，营养快线在果乳饮品的市场上取得了不菲的成绩，并成为很多白领人士最喜欢的饮品之一。

营养快线有一句很有名的广告语："早餐喝一瓶，精神一上午。"这句看似简单的许诺式广告语，为营养快线的畅销打下了良好的基础。

当时，娃哈哈在生产营养快线时，是以"牛奶水果营养素'这种形式来塑造的一种混合饮品。但这并不是娃哈哈为了提升营养快线的销量故意制造的噱头，而是娃哈哈根据市场情况特地研制出来的一种饮品。众所周知，牛奶是一种高蛋白、高营养的饮品，比如蒙牛和伊利的乳类产品。而果汁是一种富含多种维生素的饮品，比如康师傅和汇源的果汁产品。通过这些大型企业在市场中的宣传，这种心理认同感就会很快落实在消费者心里。而娃哈哈正是在发现了这种专业经营方式的存在现状的情况下，找到了一个细分市场：把牛奶饮品的优质和果汁饮品的优势结合到一起。这就是营养快线诞生的初衷。

营养快线不但富含牛奶中的营养元素和钙质，更有来自果汁的多种维生素，包括人体所需的维生素 A、维生素 D、维生素 E 等十五种营养素，让消费者一步到位地获得人体所需的多种营养元素。但是在现实中，娃哈哈却发现很多消费者有只偏爱牛奶饮品和只喜好果汁饮品的，而这两类消费者都不会直接选择营养快线。只有那些希望通过喝最有营养的饮料来补充人体所需的营养素的消费者，才会毫不犹豫地选择牛奶果汁饮品。因此，为了让消费者认识到营养快线的优势，娃哈哈以"早餐喝一瓶，精神一上午"广告语为主题，针对白领人群拍摄了一则电视广告。广告通过一位漂亮女白领之口，说出营养快线的"纯正果汁、香浓牛奶""15 种营养素"的特色，并因喝了营养快线显得十分精神，工作起来干劲十足，从而得到了上司的表扬。

随着都市的工作节奏越来越快，压力越来越大，很多白领需要保持足够的体力。针对此，该广告在简单明了地传达了营养快线的优势之后，向消费者许诺：只要早餐喝一瓶营养快线，就能快速补充一天所需的营养。

该广告播出后，营养快线的品牌知名度得到迅速提升，销售量不断攀升，很快就发展成为市场上的一个强势产品。

良心药、放心药、管用的药

——修正药业集团广告语

修正药业集团创办于 1995 年，是集科研、生产、营销于一身的大型现代化民营企业。经过多年的发展，修正药业已成为全国医药行业拥有药品数量最多的制药集团。

当年，修正药业旗下的胃药品牌斯达舒红遍大江南北，之后，修正药业又趁热打铁，由原来主打品种"斯达舒"转变为多品种的开发，想达到多面开花的目的。这个战略对于修正药业的未来发展是有极大好处的，但是当把这些新药推向已经饱和的药品市场后，结果却并没有达到使"斯达舒"快速崛起的效果，反而因投入了巨额广告费无法实现赢利。

为了解决这一问题，修正药业在经过对消费者的调查后发现，很多消费者只知道斯达舒而不知道它是修正药业旗下的品牌。而对于修正药业的其他品牌，消费者更是知之甚少。可见，斯达舒的成功已经使其成为一枝独秀，风头已经盖过了总企业。因此，打造修正药业的品牌形象势在必行。

负责企业品牌推广的广告策划小组对修正药业进行了为期半个月的参观和调研。之前，修正药业曾创意过"修身、修术、修德、修正"为主体的版本，并沿用了"修元正本，造福苍生"的广告口号。经过创意测试，策划小组发现这种排比式的广告看起来很美，但实际上却是口号式广告，不仅难以给消费者留下深刻的印象，而且很难形成沟通上的共鸣。

接着，策划小组针对北京的消费者进行了一次广告语调查，结果有 80% 的调查对象对修正药业之前使用的一句广告语记忆深刻：做良心药，做放心药。这是修正药业之前的一句普通得不能再普通的广告语，而如今消费者却对它情有独钟，这难道不正是反映出了消费者最迫切也是最关心的问题吗？既然消费者认可它，那不如就将这句话作为企业形象的修正定位。为了慎重起见，策划小组又在东北、山东等地进行了创意调查，调查结果与第一次如出一辙，多数消费者依然十分认可"做良心药，做放心药"这句广告语，甚至有位消费者还别出心裁地在后面添了一句："做管用的药！"

在结束在不同区域的创意调查后，策划小组觉得"良心药、放心药、管用的药"这句广告语最深得人心，对重塑品牌能起到很大作用。首先，"良心药"表明修正药业是本着职业道德制药的态度；"放心药"则是修正药业对一流的产品研发能力和先进的技术设备以及完善的管理制度的保证；在这前两条的基础上，最后一条"管用的药"则说明修正药业一定是药效最好的。这三句广告语层层递进，每一个环节都是对消费者的承诺，语言真切朴实，让人过目不忘，留下深刻的印象。

果然，消费者见到这条广告后，无一例外地产生了情感共鸣，对修正药业的形象有了新的认知，而修正药业的新药销量也实现了增长。

满足你无尽的色彩想象

——立邦漆广告语

立邦是世界著名的涂料制造商、日本著名品牌，成立于 1883 年，于 1992 年进入中国。立邦漆刚进入中国时，正逢中国建筑业处于蓬勃发展的时期。城市建设的需求给涂料行业提供了无限的成长空间，立邦漆凭借这股东风快速发展，进入中国没多长时间就站稳了脚跟，并成为国内涂料行业最为知名的外国涂料品牌之一。

在这种良好的发展环境中，各种涂料品牌迅速崛起。他们面对中国潜力无穷的涂料市场都想进来一展身手，获得长足的发展。因此，涂料市场的竞争气氛变得空前紧张起来。而当时的立邦涂料虽然在中国已经拥有相当高的知名度，但面对这种情况，立邦涂料依然不敢掉以轻心。如何进一步发挥自身品牌优势，与竞争品牌拉开距离，成为中国涂料市场上真正领导群雄的巨头？这就是立邦的课题。

要想领先于市场，必须先了解自己。立邦漆首先针对市场进行了周密的调查，结果发现，在涂料市场中，很多涂料品牌还在成长中，还没有编织出一张成熟而完善的经销网络。而立邦漆作为一家跨国集团，除了本身拥有超强的经济实力之外，还在中国涂料市场深耕多年，并建立了周密的经销网络。基于这些因素，立邦漆为了拉开与竞争对手的距离，确立了"立邦漆个性配色中心"的独特定位。这一大胆的定位显示出了立邦对涂料市场的判断精准。因为在当时的市场上，传统的涂料品牌所包含的颜色和品种，已经完全能满足消费者的装修需求。而消费者也习惯性地从各类涂料品牌所提供的色卡上选择他们喜欢的颜色。而他们不知道也没有人告诉他们，涂料的颜色完全可以根据自己的喜好去调配。所以，立邦漆为了尊重消费者的个性，根据消费者的喜好调配他们喜欢的颜色。

为了让"立邦漆个性配色中心"的经营理念深入到向往个性生活的时尚消费人群心中，立邦漆以这个理念为主题，创作了一则广告语"满足尔无尽的色彩想象，立邦漆个性配色中心做得到"。

　　立邦漆的这则广告语直接告诉消费者，不论你想象的色彩有多么丰富，立邦漆都会调配出你喜欢的颜色。立邦这一简单的承诺，不仅激发了受众对个性色彩的需求，而且还体现出立邦漆具有强大的实力。

　　这则广告语通过平面广告投放后收到了很好的效果，立邦漆十分顺利地达到了与竞争对手拉开距离的目的。

为您传递更多

——UPS快递公司广告语

　　1907年成立于美国的UPS快递是世界上最大的快递承运商与包裹递送公司，同时它也提供专业的运输、物流、资本与电子商务服务。

　　相比联邦、敦豪、天地快运这些实力雄厚的快递公司来说，UPS是最晚进入中国的，也是这些跨国快递公司中实力最弱的。起初的UPS在中国的发展也遭遇了很多挫折，后来在长期的坚持和努力下，终于得到了飞速的发展。现在的UPS在实力上与联邦、敦豪、天地快运这些快递巨头不相上下。那么如何才能让更多人了解UPS的实力呢？最好的办法莫过于借助强有力的广告宣传。

　　2005年7月，UPS被宣布成为北京2008年奥运会官方物流和快递服务赞助商，UPS向北京奥组委提供全方位的物流咨询服务，并协助北京奥组委策划和执行奥运物品的物流运作计划，而且在奥运会期间负责北京奥组委所有指定地点的快递服务。2008年奥运会备受世界瞩目，UPS的赞助商身份无疑是向中国人民彰显UPS公司强大实力的最好机会。UPS自然不会放过这个千载难逢的机会，于是加大了在奥运会期间的宣传力度。

　　在UPS的电视广告《化繁为简》篇中，广告以印在水杯上的奥运标志开场，一位奥运官员皱着眉头好像遇到了什么难题。这时，张丰毅走过来，问道："有什么问题吗？"官员有些担心地说："唉，奥运会马上就要开始了，还有那么多的东西要处理。"张丰毅一听，十分自信地安慰他说："放心，UPS为北京奥运的运营管理物流中心，每天数以万计的奥运物品轻松调配。"紧接着，他穿梭在众多的奥运物品中间，一会儿站在巨大的货架上，接着又跳到一张蹦床上，最后轻松地落在一个颁奖台上，说："瞧，运送这些，还有这些，有UPS统统能化繁为简。"而他的身后，是UPS的员工在有条不紊地忙碌着，一位身穿工装服、头戴工作帽的男员工向张丰毅比画了一个出发手势，会心一笑。在广告结尾处，随着字幕"UPS 王全力协助北京奥运，同时鼎力协助您"的出现，旁白响起："UPS 为您传递更多！"

张丰毅是国内知名的"硬汉演员"。他成功塑造了很多刚正不阿的荧幕形象，给人留下了非常深刻的印象。UPS 选择他作为其代言人，一方面可以通过张丰毅在公众面前树立良好的形象，取得消费者的信任。另一方面，通过张丰毅，UPS 把为奥运备战的真实情况展现给消费者，证明其确实拥有化繁为简的巨大实力。

因此，张丰毅刚正的形象与 UPS 实力相结合之后，让"UPS 为您传递更多"的许诺显得更具说服力，也更加亲民。

登泰山，保平安

——泰山景区广告语

有"五岳之首"之称的泰山位于山东省境内，以风景旖旎奇特闻名于世。同时，泰山又是一座历史悠久的名山，从秦朝到明清，历朝历代的帝王每逢重大日子都会来泰山祭祀或封禅。也正是因为这个原因，在古代，普通百姓对泰山充满了敬畏，认为其高不可攀，是帝王之山。

在这样浓重的封建色彩的影响下，即使到了现代，泰山还是给人们留下了高高在上、无法接近的印象，致使泰山旅游这一品牌缺乏亲和力，与旅游市场的良性发展背道而驰。

为了彻底改变泰山留给人们的传统印象，泰山旅游局决定重新塑造泰山品牌概念，以扭转乾坤，广泛吸引游客。

广告策划团队接到这个任务后，开始研究泰山从古至今的各种历史和传承，并进行了深入挖掘。经过一次又一次的讨论、研究，策划团队终于拿出了"平安"这个鲜明却又朴实的主题。

在策划团队看来，平安是一个永远言说不尽的话题。不论是王侯将相，还是平民百姓，都希望包括自己在内的家人、朋友平平安安。正如老话常说"鱼生火，肉生痰，萝卜白菜保平安"，平安之所以常被人们提及，正是因为它如同寻常人家吃的萝卜白菜一样，虽然不是山珍海味，却总是百吃不厌，而且对身体还颇有益处。这个主题平易近人，又牢牢抓住了国人的精神诉求，得到了泰山旅游局的高度认可。策划团队信心大增，"登泰山、保平安"的广告语应运而生。

在"登泰山、保平安"这句广告语中，策划团队用"平安"这一传统概念重塑了泰山品牌，有效地打破了泰山以往"高贵"的形象，拉近了与消费者的距离，并同时给出了"保平安"这一许诺，这就很好地与泰山传统文化结合到了一起，明确了利益诉求点，让泰山成为人们心目中的精神寄托。

在广告片的创意表现上，策划团队以一家人登泰山祈平安为故事主线，通过孩童奶声奶气的歌谣，向大众展示了泰山轻松的旅游氛围。此外，广告还通过奶奶为孙子挂上平安结等细节进一步引起了观众的情感共鸣。

该片在央视媒体播出后，浓重的中国元素和亲切的氛围引起了人们的广泛关注，去泰山旅游的人也多了起来。

直接轻松，一如戴尔

——戴尔电脑广告语

戴尔是美国著名的计算机公司，它有一个既独特又简单的经营观念：产品不经过中间商，直接发货给客户。这一经营理念对于戴尔公司来说，可以节约产品来回运输的成本；对于消费者来说，更可以节省一大笔购买电脑的钱，可谓是双赢之举。

戴尔自1998年进入中国电脑市场后，依然坚持不用中间商。为了让更多人知道高品质低价格的戴尔电脑，戴尔公司拍摄了一系列电视广告，用来宣传戴尔电脑的优势。在广告《不要中间商》中，戴尔电脑用简单的剧情来揭露中间商牟利的手段：在一家干净整洁的快餐店里，身穿制服、声音甜美的女服务员礼貌地接待顾客。这时，一位气质优雅的女士推门而入，走到吧台前要购买一个冰淇淋。服务员马上拿出一个冰淇淋，正要交给那位女士的时候，却被一直站在吧台边的一个穿着西服、戴着眼镜的胖子伸手接了过去，并夸张地在上面狠狠地舔了一下，然后交给那位女士。那位女士丝毫没有察觉，拿着冰淇淋高高兴兴地走了。画面进行到这里，出现一行醒目的字：你还要忍受中间商吗？接着画外音响起：戴尔和你之间没有中间商！紧接着用快速专业的语言解读戴尔电脑："给你国际品质的高性价比电脑。"

这时，前面的场景继续进行：胖子继续守候在吧台旁边，用第一次的手法再次咬掉一位顾客刚买的汉堡包。之后，他心满意足地继续等在吧台边，在准备再次出手的时候，却被几个身穿戴尔工作服的人抓走。这时，屏幕上出现戴尔的标志、官方网址以及客服电话，并以一句"直接轻松，一如戴尔"完美地结束了广告。

在广告中，戴尔用喜剧的手法揭露了中间商是如何损害消费者权益的整个过程，简单明了，入木三分。即使不了解中间商的广大消费者看了之后也能够马上明白，在对中间商产生不满之情的同时，也因无法避免商业中到处充斥着中间商而感到无奈。就在这时，戴尔马上恰到好处地给予了"戴尔没有中间商"的承诺，并强调了戴尔电脑高质量低价位的优势，这一系列的承诺无疑能够很好地让消费者在感到宽慰的同时，也对戴尔电脑有了高质量低价位、无中间商的深刻印象。

戴尔电脑凭借这条广告迅速火遍全国，很快在电脑市场上打开了销路。

一张保单保全家

——泰康人寿保险股份有限公司广告语

泰康人寿保险股份有限公司从 1996 年成立以来，一直奉行"专业化、规范化、国际化"的发展战略，坚持"稳健经营、开拓创新"的经营理念，并得到了长足的发展。尤其是泰康人寿提出的独特的泰康新生活品牌理念——"一张保单保全家"的传播口号历经了 7 年积淀，在行业内及消费者心中留下了深刻的印象，积累了一定的品牌资产。

2009 年，为了向大众传达一种幸福、美满、健康的新型家庭价值观，泰康人寿围绕主题广告"一张保单保全家"拍摄了一则电视广告。

在名为《爱家篇》的电视广告中，一个可爱的女婴正在酣睡，小脚和小手不时挥动一下；侧身躺在旁边的母亲拉着女婴的小手，轻轻地在女婴的额头上亲吻了一下，笑意中满满是幸福。此时，随着旁白"有一天，妈妈也会变老"的响起，镜头一转，一家三口围在桌旁，桌上放着一个插着五支蜡烛的生日蛋糕。坐在父母中间的小女孩在父母的掌声中闭眼许愿之后，一口气吹灭了蜡烛。接着，镜头切换，旁白响起："有一天，孩子会突然长大"，与此同时，已经长得亭亭玉立的女儿端着盘子等待父亲为她切蛋糕，还不时撒娇，坐在一旁的母亲拍着女儿的背，一脸幸福。接着，镜头再次切换，独自在办公室加班的父亲在工作间隙忽然瞥见办公桌上的全家照，不由得露出笑容，并挥动左臂做了一个既为自己加油、也为家人加油的动作。此时，旁白响起："有一天，你再也无法这样打拼。"广告结尾处，旁白再次响起："泰康人寿，一张保单保全家。"

广告通过家庭中的三个角色——爸爸、妈妈、孩子，从不同层面诠释了保险与幸福的关系，从日常生活中的点滴小事入手，通过时间的流逝引起紧迫感，唤醒消费者内心的保险需求感。广告语"一张保单保全家"持续强化泰康人寿所倡导的新生活理念，让消费者意识到保险是从摇篮到天堂持续一生的安排，每个人、每个家庭都可以通过保险享受到健康、幸福、美满的新生活。广告以"家"和"未来幸福"作为传播载体，让泰康人寿的新生活理念深入人心。

与此同时，"一张保单保全家"更是泰康人寿的许诺：不论岁月如何催人老，但是只要有泰康对家庭长期有效的承诺，泰康对家的责任就可以兑现，家人的幸福就可以得到保障。

泰康人寿的这则广告在温情动人以及有效地引起消费者关注的同时，也让消费者牢牢地记住了"一张保单保全家"这句广告语。

【同类范例】

让沟通无处不在。	——中国移动广告语
价格虽然高一些，营养却丰富得多。	——鲁花色拉油广告语
不一样的代价，不一样的使用。	——双鹿冰箱广告语
使你永葆青春。	——青春宝美容胶囊广告语
太阳更红，长虹更新。	——长虹电视广告语
每一年，每一天，我们都在进步。	——联想集团广告语
把网站建在中国万维网——放心。	——世纪互联网站
永不会有一丝裂缝。	——木森地板广告语
我们能帮您节省办公费用。	——清华紫光办公设备广告语
永远适合您的口味。	——雀巢咖啡广告语
网购上京东，省钱又放心。	——京东网上商城广告语
关切民生，倡导时尚，贴近生活，服务大众。	——《大河报》广告语
巧用空间，增值无限。	——方正机架式服务器广告语
来去之间，你总是能掌控时间。	——劳力士手表广告语
麦当劳都是为你。	——麦当劳广告语
澳洲山庄，给您长寿 20 年。	——澳洲山庄广告语
心情舒畅，生活敞亮。	——金刚藤胶囊广告语

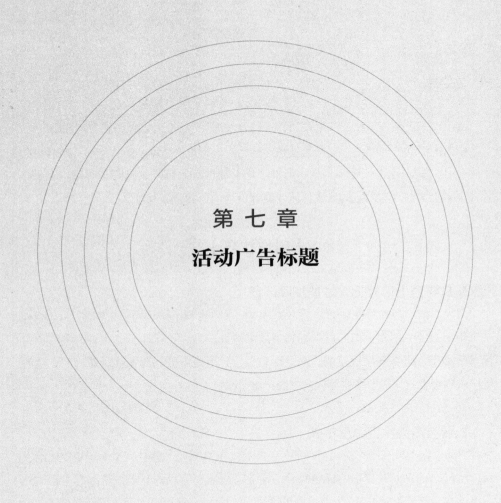

第 七 章

活动广告标题

所谓的活动广告标题，就是通过举办某种广告和营销活动来达到产品宣传效果的广告创作方式。这类标题的创作一般要考虑营销活动的特点、范围和对象。至于标题的语言形式则没有固定的格式，只要能够带动消费者参与就可以。

【创作技巧】

1.广告语上口好记，才能加深印象

因为活动广告的特性，活动结束后，人们便再也找不到该则广告的踪迹，所以，一个简明扼要、朗朗上口的广告标题就成了活动广告中不可缺少的重要部分。由于很多活动广告是在现场进行的，而且比较短暂，因此广告标题往往是即兴的，这时候广告创意者就更需要注重标题简单好记这个原则了。

2.要与活动内容息息相关

活动广告不似视频广告或是平面广告那样，能够将产品信息完整无误地传达给受众，所以在构思活动广告的标题时，一定要考虑营销活动的特点、范围和对象，然后将这些构成要素融进广告标题中，以便于人们对产品进行更全面的了解。

【创作赏析】

让爱听得见

——索尼电子广告语

一年一度的情人节，除了是男女之间相互表达爱意的节日外，也是商家赚钱的商机。很多商家都将目光放在了情人节这一天，策划出各种各样的宣传，吸引消费者消费电子产品的龙头索尼自然也不例外。下面是索尼在情人节当天的一则宣传广告文案：

"情人节已经悄悄渗透到无数年轻人心目当中，成为中国传统节日之外的又一个重要节日。一年一度的情人节，连空气中都好像也弥漫着浪漫的气息。在这个属于有情人的日子里，也许你已经遇到心爱的她，想向对方表达你心中的浓浓爱意和感激；也许你还在踟蹰不安，望着心仪的她却不敢表白……

2005 年，索尼帮您传达这份心意！在这个情人节，只要您登录索尼"让爱看得见"专题网站，您不仅可以投票决定网络广告主角情归何处，也可以在线留下您爱的告白，把想说的不敢说的一定要说的情话告诉她！

2005 年 2 月 3 日到 2 月 13 日，只要登录索尼 Walkman '让爱听得见'活动专题网站，将真心告白发送到指定专区，即可参加 2005 年情人节勇敢告白大赛，让 Walkman 为你传达最真挚最勇敢的告白。活动期间，您既可以表达自己的新声，让全世界都听见，也可以邀请他／她来观看您的衷心话语；当然，还能够对其他人的告白留下贴心的建议和另类的评语；同时，您还可以决定 Walkman 的网络广告结果——把自己的表白录进 Walkman 的主角究竟能不能获得爱情？索尼将根据您的选择制作大结局！"

当网友登录投票网站时，会看到整个网站都采用了最能够让人产生爱情期待的粉红色作为主色调，页面架构柔和而温馨，很容易令网友产生亲切感和代入感，从而参与到活动中去。

与此同时，电视上和网络上都在同步播出一对男女的爱情故事，并将结局的悬念留给了大众，让大众投票来决定广告中男女主角的爱情命运。

索尼的这则活动广告，不仅让消费者对产品的性能有了进一步的了解，同时通过主动为广告的主角选择结局发挥了消费者的主观能动性，使消费者会主动关注并翘首期待情人节当天的广告，这就为产品赢得了良好的关注程度。

同时举办的情人节勇敢表白大赛，则对广告语"让爱听得见"进行了诠释和演绎，不但符合情人节的节日气氛，而且还在消费者的脑海中深化了 Walkman 的品牌形象。

美到想不到

——蒙牛真果粒广告语

2006 年，蒙牛集团正式推出真果粒乳饮产品，以在牛奶中添加真实的果粒作为独特卖点，起初市场反响不俗，但是随着竞争产品的涌入，蒙牛真果粒的市场竞争也变得愈加激烈起来，这就使得蒙牛不得不在广告宣传上下功夫。

2008 年，蒙牛真果粒依旧沿用徐静蕾做代言人，并用"轻舞跃动唇齿间"作为宣传广告语，但这个广告创意的效果并不如意。首先，在大众眼中，代言人徐静蕾一直以高雅成熟的形象示人，但是饮用蒙牛真果粒的消费者多为年轻人；其次，广告语文艺感有余但口感描述却模糊不清，导致消费者听闻后，体会不到蒙牛真果粒的实在口感，无法激起购买欲望。

如何将品牌的个性由成熟风格变为青春时尚的风格，便于目标客户群年轻人所接受，并将真果粒的真实口感表达出来，是广告创意者所要面临的挑战。对此，广告创意者想出了"美到想不到"的活动广告，以达到真果粒转型的目的。

广告的第一阶段为"美丽看得到"，即让消费者通过"选美"的方式，看到"美丽"。

消费者自拍一张自己与真果粒的自拍合影，并上传至真果粒会员俱乐部网站举行的"我的美丽宣言"活动中，就可以参加"美丽之星"的评选。同时，还可以将自己对真果粒产品的体验感言与心情日记留在网页上。当选"美丽之星"的选手，可以凭当选积分换取"数码相机"等时尚礼品。

广告的第二阶段为"美丽听得到"，即让消费者通过下载歌曲的方式，听到"美丽"。

在这个环节中，消费者可以下载李冰冰的歌曲及 TVC 音乐，然后凭网站活跃度获得积分，用积分可以换取 MP3 等炫酷好礼。

广告的第三阶段为"美丽摸得到",即让消费者通过"摸奖"的方式,摸到"美丽"。

在会员网站上专设"小积分大惊喜"的会员回馈大型互动活动,小额积分同样可以获得每周、每月的惊喜大礼,大转盘的特别设计更增加了活动的趣味性。

广告的第四阶段为"美丽喝得到",即让消费者通过试饮活动,喝到"美丽"。

在销售终端,如超市卖场、商务区写字楼等地方,展开丰富而热烈的试饮活动,经过现场促销员的积极推介,让更多消费者亲口尝试到"美丽"。

广告的第五个阶段为"美丽嚼得到",即让消费者通过试喝环节后,真真切切嚼到"美丽"。

在销售终端特别设置"数果粒、翻惊喜"的有奖游戏,消费者可根据喝到的果粒数选择相应的数字牌,翻动后得到惊喜礼品。

整个广告围绕"体验意想不到的美丽"展开,并根据当下年轻人更加相信自己的亲身感受、也更加喜欢互动和体验这一特点,对蒙牛真果粒的广告进行了重新的演绎,分别通过"看、听、摸、喝、嚼"五个不同的环节,充分刺激和调动消费者的感官、情感等因素,对真果粒进行了全方位的解读,并通过现场活动与消费者沟通和互动,使消费者对产品的特性、口感等有了更深刻的了解,在强化了品牌的个性的同时,也使真果粒有真实果粒的口感进一步被大众认知。

另外,广告的代言人也由徐静蕾变成了李冰冰,李冰冰青春靓丽的容颜与产品的贴合度更高,这不但有利于产品的推广,也使产品充满了活力,注入了年轻的能量。

世界上最好的工作

——澳大利亚昆士兰旅游局网站招聘广告语

2009 年 1 月 10 日,澳大利亚昆士兰旅游局针对全球范围内发布了一条招募一名"大堡礁"看护员的广告。在广告发布 24 小时之内,昆士兰旅游局网站就积累了近20 万人次的访问量,一度导致服务器瘫痪,官方不得不将原来的一个服务器增加到十个。

昆士兰旅游局的招聘信息迅速引起外界极大关注的重要原因是其提供的确实是世界上最好的工作:每周工作 12 小时,工作内容除了简单的看护任务之外,主要是用博客、视频的方式向全球宣传大堡礁。当然,除了轻松的工作之外,更吸引人眼球的是为期半年的工作就可以拿到 15 万澳元（约 70 万人民币）的高薪。而申请人只要制作一个长度不超过 60 秒钟的应聘视频，并在 2 月 22 日之前上传到官网。评选小组将结合网络投票的结果挑选 11 名候选人前往澳大利亚参加面试，最终决出一名优胜者。

据统计，共有来自 201 个国家和地区的 34684 个申请人制作了 610 个小时的视频。这项活动带来的公关价值已经超过了 1 亿美元（约合 7 亿元人民币），其中还包括了护岛人 15 万澳元的薪水，真可谓是一本万利。

而"世界上最好的工作"的活动能够大获成功并非偶然，这是昆士兰旅游局历经三年策划的自然结晶。

首先，昆士兰旅游局成功将事件推广的主体——大堡礁，延伸到大堡礁看护员身上，再将看护员工作塑造成"世界上最好的工作"这个概念，这一概念在吸引受众眼球方面是无与伦比的。

其次，2008 年全球金融危机还未完全结束，昆士兰旅游局以超高待遇全球招聘"护岛人"，工作之轻松、生活之惬意、待遇之丰厚一下子吸引了无数人的眼球，媒体更是为之疯狂激动，不惜用大量的版面进行免费的报道。

再次，此次活动的关键环节都在网上展开，昆士兰旅游局从一开始就建立了活动网站。参赛者几乎没有门槛，但又自娱自乐，这种方式吸引了许多人参与。

最后，入选 50 强的选手会在网上大造声势为自己拉票，而关注活动的人也会为心仪选手投票。在投票环节上，昆士兰旅游局也进行了精心设置，投票者要先输入邮箱地址，然后查收一封来自"昆士兰旅游局"的确认件，确认后再行使投票权。在通过确认的过程中，参与投票的网民都会好好浏览一下这个做得很漂亮，实质上是旅游网站的照片网站，大堡礁的旖旎风光、万种风情马上就开始让人心旷神怡。更重要的是，投票者的邮箱未来会不定期收到来自大堡礁的问候。

在 2009 年的"戛纳国际广告节"上，"世界上最好的工作"广告得到评委们的一致认同，以压倒性的优势获得了三项大奖，并被称为"世界上最好的广告"。

让思念零距离

——联想看家宝广告语

2014 年，联想集团推出了一款名为"看家宝"云的视频服务产品。用户只需在家中安装一个网络摄像机并接入家庭网络，就能通过手机、平板电脑或电脑，随时随地地看到家中的实时视频，实现"随时随地关爱家人，与家人零距离"。

总而言之，看家宝是一款实用性极强且人性化的产品，适用于所有普通家庭。那么，如此实用的产品，如何才能快速告知消费者并让他们接纳呢？为此，联想在 1 月 3 日，精心打造了"我在异乡，家在手中，离家只有一个屏幕的距离，随时随地关爱家人，联想看家宝让思念零距离"的"思乡体"，并在豆瓣网上发动了以"思念的距离"为主题的有奖活动，迅速引起网友的关注和参与。众多网友将自己在外漂泊的经历和感悟，全部付诸"思乡体"中。

一周后，联想在公布获奖用户名单的同时，将活动图片温情又含蓄地植入了联想看家宝产品，让用户顺理成章联想到看家宝产品，有效引导，顺势亮相。

初战告捷后，联想于 1 月 15 日转移阵地，将微博当作新的活动平台。联想官方微博再次发起"思念的距离"话题活动，这次活动更是引起了不少网络红人的关注与参与，使得"思乡体"迅速蹿红，引发更多网友的好奇围观：什么是"思乡体"？思念的距离有多远？大家都有多久没回家没见到家人了？……

家人和思念是一个永恒的话题。联想之所以在临近春节的当口利用思念的话题推出看家宝，是为了引发网友的情感共鸣。因为家是温暖的港湾，谁都想常回家看看，尤其到了春节，人们对家人的思念更是像草一样在心底疯长。但在现实中，人们为了生计四处奔波，临到春节却为一张小小的车票发愁，让回家的距离显得那么遥不可及。而此时联想推出"思乡体"，理所当然地成为人们诉说思念的方式了。

"思乡体"爆红网络后，联想乘胜追击，围绕"思念的距离"，将看家宝的核心信息"关爱、零距离"进行延展，创意策划了众多与距离相关的年度盘点，如"思念的距离"之 2013 感动网友十大草根盘点、"思念的距离"之十大流行语盘点、"思念的距离"之最远的距离盘点等，在微博上掀起讨论高潮的同时，联想又通过官方微信的推送以及大量联想员工的微信转发在短时间内形成刷屏，使更多人知道了联想看家宝。

在看家宝的整个推广活动中，联想始终抓住人们内心渴望春节回家的情感诉求，在豆瓣、微博的平台上，以"思乡体"温暖的话题方式引发了人们的情感共鸣，使得受众自愿成为活动的参与者或信息传播者。在不知不觉中，看家宝已经成为众所周知的品牌了。从结果而言，联想这次润物无声的情感广告是成功的，也更容易使人接纳。

见面吧

——麦当劳广告语

每年的七八月份，麦当劳产品的销量都会呈下滑趋势，究其主要原因，无外乎七八月份正值学生放暑假，而麦当劳的主要消费者就是学生群体。为了挽回七八月份销量下滑的现状，2009 年，麦当劳首次采用与社交网站合作的方式，以"见面吧"为主题，开展了多种有趣又有意义的线上线下互动活动。

首先，在校内网上开设了麦当劳"见面吧"的主题网站，开始了为时三个月的主题为"101 个见面的理由"的活动。在这个环节中，只要用户邀请校内的老友在麦当劳见面，就有机会赢得 5000 元的现金见面礼。

同时，网站上还为这次活动设计了 2 个插件。一个是可以互动的"测友仪"，这个插件可以让校内的用户找自己的"真朋友"有几个，然后通过完成一系列的问题，最后从线上几百位朋友中删减出最后仅剩的几位"真朋友"。

在这个活动中，消费者可以在电视或者网络上看到相应的视频广告宣传。

在一个偌大的教室中，一个学生在用校内网的"测友仪"测试自己有几个"真朋友"。第一轮显示，他有 318 个真朋友，空荡荡的教室中，立刻站满了人，这个结果令这个学生十分开心。然后他接着测试，"谁常跟你网上聊天呢？"这时"真朋友"的数量从 318 人变成了 126 人，许多人消失了。

"还可以聊私人话题的？"人数从 126 人变成了 52 人。

"还不会泄密的？"人数从 52 人变成了 8 人，学生以为剩下这 8 人一定是自己的"真朋友"了。

结果最后一个问题是"最近见过面的呢？"原本剩下的 8 个人也不见了，教室里又变空了，只剩下他一个人了，学生一脸的苦闷表情。

这时，画面中出现一杯麦当劳的冰激凌，广告语响起："真友情，当然要常见面。是时候约个朋友了，去麦当劳见个面吧。"

当然了，用户们除了主动约朋友见面，也可以给有一段时间没有见面的朋友发出"绝交信"，以此来威胁他们如果再不出来见面，就跟他们绝交。

对于那些响应活动的用户，他们的每一次参与都会在朋友的新鲜事中更新，同时也会得到麦当劳给校内用户专享的免费的手机优惠券。

同时，为了推广四款全新的麦炫酷，麦当劳每周还会推出一款魔法礼物，魔法礼物通过有趣好玩的动画展现出来，以此来吸引消费者。

广告活动在经过第一阶段的"真朋友见面吧"的预热后，就进入了第二阶段的"再远也要见面吧"。麦当劳统计到，暑假期间有大约 44% 的大学生都要回到自己的家乡，麦当劳于是就创造出一个机会，让远在他乡求学的学子去探望一个离自己很远的朋友。想要参与这个活动的用户，只需提交一个自己与这位朋友感人的故事，并给出理由自己为什么思念这位朋友。最后由广大用户投票决定，得票数最多的参与者，麦当劳就可以帮他实现这个团聚的愿望。

为了增加这个活动的趣味性，网页上还设有一个"友情计程器的见面制造机"的插件，这个插件可以帮用户算出自己与朋友之间的距离相当于多少个汉堡或者多少次跳蛙。

另外，麦当劳还在网页中设计了两个应用，一个是"知我多少"，在这个应用中，用户可以测试自己对朋友的怪癖了解多少。另一个是"找朋友"，用户可以在找朋友的页面中，找出自己朋友小时候的照片。最后无论找得对不对，都能够得到麦当劳的温馨提示，让他们多多见面。

经过这两个阶段的活动宣传，消费者已经对"见面吧"这个活动了解颇多了，甚至很多人已经开始行动了。这时候麦当劳启动了第三阶段的活动，这个阶段的活动为了推广新口味的新地，以"甜"一下自己的好友为切入点，用户只要从每周更新的甜蜜攻略中挑选一款发给好友，两个人就有机会分享一对 iPod nano。除此之外，用户还可以在校内网晒出自己与好友在麦当劳见面时最开心最快乐的照片，幸运者可以获得麦当劳为自己量身定做的甜蜜派对。

在这个环节中，见面制造机里的绝密档案用开玩笑的方式让用户轻松地了解了朋友的小秘密。同时，"知我多少"这个应用也全方位升级，只要用户参与进去，就可以及时了解店铺的促销信息。

线上线下各种有趣的活动、各种优惠信息和消费礼品相送，以及与热门网络社交平台校内网的强强联合，麦当劳为暑假中朋友间的相聚增添了不少轻松和乐趣。由此可见，麦当劳是十分了解消费者的。从广告一开始，麦当劳就将目标客户群定位为暑期"宅"在家里的学生。

由于现在网络发达，大部分学生都热衷于网络交友，渐渐地开始脱离现实社会，有的甚至患上了社交障碍症。麦当劳从这点出发，通过三波广告攻势，激活了他们，让他们走出家门，将麦当劳当作主要的社交场所，恢复社交活动。这是此次麦当劳广告最大的亮点，也是最成功的地方。不但让大学生的生活发生了改变，还有效地在产品与消费者，广告语与销售之间建立了实实在在的利益置换关系。

各种媒体的传播，各种各样的情感分享，再加上活动期间不断推出的新产品和诱人的价格，足以令每一个消费者心动。

七度少女，Q爱宝藏

——七度空间少女系列广告语

在女性用品卫生巾的市场上，商品同质化很严重，大部分女性在选择卫生巾时都是随心情的，并没有固定的产品。作为最早进入中国卫生巾市场的企业之一，恒安集团目前是中国国内最大的妇女卫生巾生产商。

2004年6月，七度空间少女系列卫生巾问世，一上市便引起了广泛的关注，但很快就被同行业效仿。一时间七度空间的地位岌岌可危，效仿者的高度模仿不但令消费者真假难辨，而且还形成了安全隐患，严重影响了七度空间的品牌形象。如何挽救七度空间的"江湖地位"，赢回消费者的忠诚度，成为七度空间少女系列卫生巾广告创意者的重要责任。

广告创意者了解到，现在年轻的女孩子对网络互动游戏都比较痴迷，于是想到了通过购买少女系列卫生巾参加网络游戏的活动广告创意。

2008—2009年，恒安集团联合腾讯QQ展开了"七度少女，Q爱宝藏"的宣传推广活动。在腾讯网络游戏平台上陆续定制了海底大捞捕、冒险童话、喜从天降、美眉射气球、疯狂叠叠看、欢乐滑雪、峡谷大冒险等一系列积分型的游戏。然后将参与小游戏获取积分的登录序列号印成小卡片置于七度空间少女系列的卫生巾包装内，只要消费者购买了任意一款产品，就可以获得序列号。

与此同时，腾讯门户首页以及各网络频道、卫生巾购买终端、外包装等媒体资源对此次推广活动进行了广告宣传，发布"七度少女，Q爱宝藏"的活动信息。

然后消费者通过登录腾讯QQ定制的游戏平台参与游戏获得相应的积分积累，然后再到指定的网站通过积分兑换相应的网络虚拟增值服务或者时尚电子产品，包括QQ黄钻、QQ粉钻、QQ绿钻、QQ红钻、QQ会员资格、品牌台式电脑、掌上NDSL游戏机、PSP游戏机、迪士尼MP3以及定制公仔等多达十几种奖品。

奖品的诱惑使很多消费者为了获得更多的积分，不但将七度空间少女系列的卫生巾推荐给朋友使用，还会重复参与活动，这就对产品的推广起到了很好的推动作用。同时，也增加了消费者使用产品的频率和对产品的忠诚度。

互联网的兴起令越来越多的广告商将目光放在了网络宣传上，七度空间少女系列的卫生巾就是一个利用互联网进行品牌推广的成功案例。腾讯QQ为用户提供的丰富多彩的个性增值服务，激发了用户自我表现和娱乐的需求。

广告的成功之处，就在于借了互联网的资源，互联网最大的优势就是有庞大的注册用户数据库，能够对用户进行精准的定位。但是在促销手法上这则广告则显得十分平淡，在互联网这个开放的平台上，无论做什么都能够很快被同行效仿甚至超越，所以如果没有一个独特的促销手段，此次获胜也只会是一个短暂的局面。

健步享奥运，健康十三亿

——金龙鱼食用油广告语

人们的生活离不开柴米油盐酱醋茶，其中食用油是人们佐餐中不可缺少的日用品。人们使用的食用油大多数是植物油脂，有玉米油、花生油、橄榄油、山茶油、菜籽油、葵花子油、大豆油、芝麻油、核桃油等。但是目前食用油市场鱼龙混杂，各种质量的产品参差不齐，因此，人们对于食用油的选择往往是慎之又慎。

金龙鱼作为知名的食用油生产企业，不管是为了保障人们的身体健康，还是为了推广自己的产品、最大限度地占领市场份额，始终都坚持将"健康"作为企业发展的理念，将为人们提供高质量、安全健康的食用油作为己任。

2008年，金龙鱼成功地成为北京奥运会食用油独家供应商，这就意味着金龙鱼肩负的责任更重了，不但要提供健康放心的食用油，还要肩负起传播健康膳食理念和强壮国人体魄的责任。在金龙鱼看来，奥运会不仅为为中国老百姓带来了参与奥运会的快乐，更是老百姓参与健康运动、培养运动精神的良好机会。因此金龙鱼在天津等几大城市陆续开展大型全民互动参与的"金龙鱼健步享奥运，健康十三亿"的万人健步走活动，让老百姓们身体力行地参与到运动中来。

在奥运倒计时100天之际，"金龙鱼健步享奥运，健康十三亿——迎奥运万人健步走"大型嘉年华活动开始了，万余名天津市民齐聚银河公园星辰广场参与该活动。一时间，银河公园星辰广场变成了沸腾的海洋，一片喧嚣，锣鼓、信鸽、彩旗、歌声交错，好不热闹。

此次金龙鱼邀请全民"共享"奥运的大型活动，可以说达到了"一箭三雕"的效果。首先，金龙鱼作为北京奥运会食用油独家供应商，让行业共享到了奥运的标准和品质；其次，金龙鱼将为参加北京奥运会的全体人员提供具有奥运品质的食用油产品，在无形当中将金龙鱼食用油具备的优良品质传达给了大众；最后，通过奥运营销活动，金龙鱼让更多的人参与了奥运、感受了奥运、体验了奥运。

一家企业，尤其一家生产食用品的企业，必须具备高度的社会责任感，才能够真正得到老百姓的拥护和欢迎。金龙鱼的这次活动，实实在在从老百姓的"健康"出发，因此获得了广大群众的响应，不但很好地起到了推广产品的作用，也令金龙鱼的健康理念更加深入人心。

来宜家的家

——中国台湾宜家家具广告语

宜家家居作为一家来自瑞典的具有独特风格和品牌形象的家居用品零售商，一直致力于为顾客提供种类繁多、美观实用、老百姓买得起的家居用品。

家，在中国人的心中，有着不可估量的重量。2014 年 5 月，台湾宜家的宣传活动，主题就是"家"。活动开始前，设计者们先租了一处面积为 230 平方米的旧房子，这个房子已经空置了一年多的时间。创意者们对这个旧房子重新进行装修和改造，再经过精心的布置，这个旧房子就成为一个充满了温馨气息的"IKEA 的家"，一楼为客厅、二楼为餐厅和厨房、三楼为儿童游戏室。

在这个"家"中，可以得到身体的放松。

在这个"家"中，可以外带食物。

在这个"家"中，可以大哭大笑，不会觉得丢脸。

在这个"家"中，小朋友可以快乐玩耍儿。

大家只要通过在网上提交"申请"，将自己在家聚会的理由写出来，就有机会得到邀请，被邀请的用户可以请自己的朋友到这个"家"中聚会，宜家还会为前来体验的用户准备一些食物。

台湾地区的房屋租金昂贵，家对于许多台湾人而言主要就是吃饭和睡觉的地方，由于空间上的不便，大多数人都不愿在家里招待客人。可是，这并不代表人们不渴望与朋友坐在家中说说笑笑。因为在家招待朋友能够表明亲密的关系且不必担心打扰他人，你可以畅快交谈，甚至高声欢叫，这是在很多公众场合都无法做到的。因此，为了"圆"消费者在家宴请亲朋好友的"愿望"，宜家用"来宜家的家"作为广告语，旨在建议消费者们来宜家的家享受这种家庭聚会的快乐。对消费者而言，这是个十分好的建议。活动一经推出，宜家就收到了很多"申请"，短短两周内超过了1000 份，大家的申请理由也是五花八门。

有的将这个"家"布置得温馨浪漫，然后上演了一出求婚的大戏，被求婚的女孩子含泪答应。

还有 15 对双胞胎大集合，一起为自己的母亲过母亲节。

还有一群人在这个"家"中看世界杯。

还有的为自己 80 岁的奶奶过生日。

还有的想以家庭聚会打破父母和男友之间的僵局。

还有的想要举办毕业四十年的同学聚会。

……

许许多多的个人和家庭都参与到了这个活动当中，感受着宜家带给人们的家的温暖和随性。在"IKEA 的家"的家中，大到沙发和餐桌，小到吃饭用的碗和装饰画，都出自宜家家居。

这则广告由台湾的奥美公司进行策划和执行。宜家在台湾的市场比较成熟，但是过去一直都是通过电视广告进行宣传，此次邀请消费者在"IKEA 的家"进行聚会是一次全新的广告宣传方式，但是却取得了十分不俗的效果。每个在"IKEA 的家"中聚会的人都能够亲眼看到宜家家居的美观，能够亲自感受到宜家家居的舒适性。还有，待上一整天，他们甚至已经对宜家家居用品产生了感情，会幻想如果这些家居摆在自己的家中会是什么样子。

对于每一个参与过这个活动的人而言，即便他们无法记清当天都看到了什么家居饰品，但是"IKEA 的家"给他们带来的相聚时的快乐时光也令他们久久都不能忘怀，而这种快乐和温馨是宜家给他们的。通过这次活动，宜家不但让消费者真实体验了宜家的产品，还在情感上"收买"了消费者。

回味满平坝，风味独清真

——平坝清真饮食文化节活动广告语

平坝县坐落于中国西南地区贵州省中部。这里风光旖旎，民风淳朴，居住着汉族、回族、白族等多个民族。尤其是在 2007 年平坝县政府对当地特有的"屯堡文化"宣传成功后，平坝县一夜之间闻名全国，成为旅游胜地。

为了更进一步巩固平坝县的品牌形象，平坝县政府在 2008 年决定更深地挖掘地方特色，以清真牛肉为主题举办相关的文化活动，再次提升平坝县的知名度。

负责此次活动推广的广告团队接受任务后深知责任重大，不敢有丝毫马虎大意，马上开始收集平坝县的相关资料。通过对资料的分析，广告团队对平坝县有了更深的了解：平坝县拥有充满诗意的珍珠泉、秉承明朝遗风的屯堡、号称"黔南第一山"的天台山……除了这些神奇的景观之外，平坝县最大的特点就是多民族杂居，其中因回族人数较多，从而形成了独具一格的清真饮食文化，而这也是此次活动宣传的重点。

通过对材料的了解，广告团队开始进行活动宣传广告语的创作。因为广告语既要体现出活动的特色，又要言简意赅、富有诱惑性，所以在创作上，广告团队遇到了前所未有的困难。通过不断讨论，最后受到唐代诗人陆游《园中赏梅》中的"风味独清真"的启发，广告团队创作出了"回味满平坝，风味独清真"的活动宣传广告语。

紧接着，广告团队围绕"回味满平坝，风味独清真"这句活动宣传广告语制作了宣传海报。画面中，一个屯堡人宽大的袖子合拢成抱拳姿态的标志映入眼帘：宽大的袖子是屯堡特色的服饰文化，代表和蕴含了屯堡文化的元素，非常直白；而合拢的抱拳姿态，显示出对四海宾客的欢迎和礼仪之乡的谦逊；整体标志又像是一只弯弯的牛角，突出了清真的主题。而主题广告语不论从哪方面都十分贴合广告画面，尤其是广告语中的"回味"之词，一语双关地告诉消费者平坝不仅有清真美食，而且味道独特，值得回味。广告内容还附有具体的活动指南，为参加活动者提供了方便。

随着广告的投放，整个平坝县都沸腾了，人们奔走相告，都以欢悦的心情期盼着这场活动的到来。2008 年 9 月 29 日，平坝县张灯结彩、彩旗飘扬，在热闹的氛围中，"首届中国安顺平坝清真饮食文化节"正式开幕。

活动的内容十分丰富，668 人参加共同品尝的清真全牛宴，不仅与会者见证了真正的全牛宴，一饱眼福和口福，还被上海吉尼斯总部授予"参与人数最多的清真全牛宴"的证书，成为活动中最大的亮点。真丝蜡染、林卡辣椒、平坝窖酒等地方土特产展示也吸引了众多人的目光。而由北京演出公司组织策划的"平坝欢歌"大型晚会则将本次文化节推向了高潮，绚丽的烟花、动听的歌曲、欢乐的笑声共同谱写出跃动的乐章。

随着此次活动的圆满结束，"回味满平坝，风味独清真"这句广告语也广为人知，平坝县的知名度因此再次得到了提升，来此旅游的人络绎不绝，从而有效地带动了当地的餐饮服务业。

追逐游戏

——雪弗兰科鲁兹汽车广告语

著名汽车销售高手乔·吉拉德曾说过，新车的味道令人着迷。因此他推销汽车最常用的手段就是让消费者进行试驾，甚至可以开走几天，为的就是让消费者充分感受到新车的"新"气息，从而产生购买的欲望。

这一销售手段在汽车营销中也同样实用。此次，雪弗兰汽车就将"试驾"的概念运用到了其广告宣传活动中，并起名为"追逐游戏"，透露出浓浓的挑战性和趣味性，为这次广告活动的成功埋下了伏笔。

整则广告共分为三个阶段。

第一阶段为预热期。先是在巴黎车展上高调亮相，为参加广州车站拉开帷幕并在网络和专业类汽车媒体上制造"热点新闻"，将科鲁兹的性能夸耀一番。然后利用变形金刚中广受好评的"人物"小黄蜂与科鲁兹进行对比，突出它们之间的相似之处。与此同时，引发选择代言人的话题，引导全民参与其中。最后制作了建立"先锋试驾营"的互动平台，受众只要在网站注册，并转发视频，就能够获得前往西班牙试驾的机会。在这些试驾的人当中，还有专业媒体的"意见领袖"，试驾回来后，他们会在博客上发布试驾的报告和心得。

第二阶段是科鲁兹上市的时候，此时已经选定代言人为《越狱》的主演米勒，并在广告中揭晓如果米勒开着科鲁兹脱逃会发生什么。与此同时，在户外投放大量的户外广告，并与NBA季后赛的报道相结合。

第三阶段延续第二阶段的热度，开展科鲁兹奥澳门"追缉令"。

广告创意者先是在澳门搭建了 WTCC（世界房车锦标赛）的特训营，只要是前往经销展厅试驾的消费者就可获得参加 WTCC 特训营的资格。然后再通过 8 大城市的分站赛，最终选出 10 名选手集结澳门，在澳门与米勒展开追逐游戏。事后，再将米勒和数百名科鲁兹车主相互追逐的场景剪辑成长达三分钟的视频。

广告的每个阶段都有与消费者互动的环节，让消费者通过"试驾"获取参与"追逐游戏"的资格。这一创意能够充分调动起消费者的积极性，再加上代言人米勒的超高人气和在澳门总决赛的现身，致使很多人哪怕不为汽车，为了见偶像一面，也会主动关注科鲁兹此次营销活动的内容。

【同类范例】

时尚"纷"享，优雅心动。　　——金丽国际珠宝交易中心活动广告语

疯狂双十一，脱光更快乐。　　——淘宝网"双十一"活动广告语

寻找梦想，致敬青春。　　——中国大学生微电影创作比赛活动广告语

复兴之火，点亮新南城。　　——"重庆市南岸区区域价值再发现"活动广告语

2009 我的梦想。　　——中国民生银行"非凡财富"活动广告语

正常生活运动。　　——"成都依然美丽"城市公益推广活动广告语

激情舞台，亮丽风采。　　——"河北旅游"奥运营销活动广告语

寻找右座美女。　　——荣威汽车"寻找右座美女"活动广告语

你购物，我买单。　　——金陵晚报"购精灵"购物秀活动广告语

四周挑战新曲线。　　——护肤品妮维雅"四周挑战新曲线"活动广告语

点燃赢的梦想。　　——恒波第四届全国手机生活节活动广告语

女人心愿。　　——欧莱雅"女人心愿"活动广告语

幸福回家。　　——"赛欧3幸福班车"免费送你回家活动广告语

春雷行动。　　——京东商城促销活动广告语

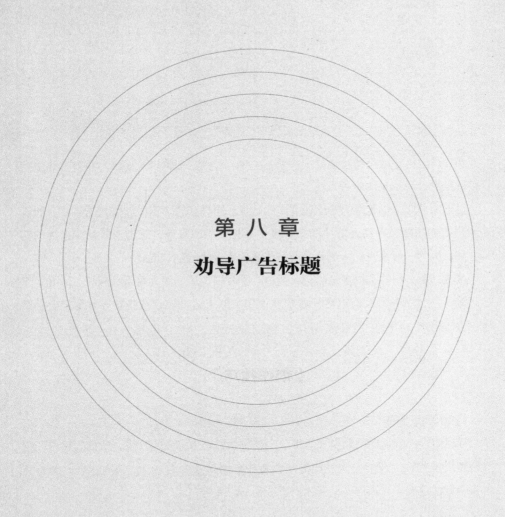

第 八 章

劝导广告标题

劝导广告标题就是通过建议、请求、引导、叮嘱、提醒以及忠告六种方式让消费者接受某种产品或某项服务。

由于劝导广告标题用的是比较委婉的建议、引导和请求等比较委婉的方式，所以这类广告标题能循序渐进地让消费者接受某种产品或服务，这也十分符合人类的购买心理，因为一般来说，人们都是愿意接受他人正确的建议的。

这种标题常用的词语多是动词，如请、千万别、让、使、希望、应该、最好、来吧，等等。当然并非所有这种标题都要使用类似上述词句，有些劝导标题只要其意思包含了请求、劝导的内容就可以。

【创作技巧】

1.劝导理为先

所谓劝导，就是劝说和引导。所以，创作劝导广告标题的时候，所提的建议一定要是有道理的，以及能有效地提醒消费者注意到某方面的利益。只有这样，消费者才能感觉标题确实有道理，从而才愿意接受。

2.措辞合理，不可强迫

即使劝导广告标题中的建议是合理，而且是关系到消费者利益的，但在表述上，用词一定要合理，不能有强迫的语气、词句；否则，即使建议再有道理，也会招致消费者的反感。

【创作赏析】

陪伴，是给家人最好的爱

——腾讯手机游戏"开心消消乐"广告语

2014 年末，正值辞旧迎新之际，各大品牌都使出各种招数在这段特殊的时期抓住消费者的眼光，网络巨头腾讯自然也不会放过这个机会。此次腾讯利用"春节回家"这个永远不变的话题，将自己旗下的手机游戏广告《开心消消乐》进行了一次主打"亲情牌"的宣传。

广告中，一个年轻的女孩儿正坐在回家的车上。家中，父母为了迎接她的回来正在厨房中忙碌着，做的全是女孩儿爱吃的食物。

在焦急的等待中，女孩儿终于回来了。一进门，女孩儿就把给父母准备的礼物拿了出来，给母亲的是一件大衣，给父亲的是一部新手机。母亲埋怨她这是乱花钱，可是心里却为女儿的懂事和孝顺感到开心。

父亲拿着新手机，左看右看之后，表示自己不会用。女孩儿告诉父亲，她已经把软件都安装好了，用起来十分简单，说完就打开电视看了起来。

时间一分一秒过去，母亲在厨房包饺子，女孩儿一边看电视一边玩电脑，而父亲还坐在沙发上研究新手机怎么使用，可是他却怎么也用不好，总是要请教女儿。这一次父亲又忘记怎样让屏幕变亮了，只好向正在打电话的女儿求救。可是女孩儿只顾着打电话，根本没有理会父亲，甚至怕父亲吵到自己打电话，走了出去。

父亲见状，有些气恼，怪自己记性太差。这时，女孩儿打完电话回来了，对刚才父亲打扰自己打电话的行为十分不满，而父亲也为女儿对自己态度冷淡而气愤不已，于是父女俩吵了起来，女孩儿负气回到了自己的房间。

不一会儿母亲推门而入，做起了父女二人之间的说客，并告诉女孩儿父亲实际上是因为自己年纪大了反应慢所以生自己的气，而不是真的在生女孩儿的气。

女孩儿听了母亲的话拿起放在桌子上的相框，看着上面自己和父亲的合影，陷入了回忆中。

小时候她怎么也学不会骑自行车，而爸爸就在后面一遍又一遍、不厌其烦地扶着她、教她，直到她完全学会为止。那时候的爸爸，没有一点不耐烦。女孩儿想到自己刚才的行为，惭愧的泪水夺眶而出。

再次来到客厅，女孩儿看到父亲还在研究自己送给他的手机，这一次她决定一定要耐心教会父亲，就像小时候父亲教自己一样。最后，在她耐心的指导下，父亲不但学会了用手机，还学会了玩手机上的"开心消消乐"游戏。

最后，一家人又开心地坐在一起了。

此时字幕显示：陪伴，是给家人最好的爱。

结尾处，女孩儿再次离家后，父亲每天都拿着她送的手机，在健身的同时跟一群老头研究"开心消消乐"的玩法，其中一个老头迷上了这个游戏，并准备让自己的女儿也给自己的手机装一个。

对于品牌化内容销售而言，内容是皮，品牌是毛。如果内容做得不到位，那品牌就失去了依附的对象，所谓"皮之不存，毛之焉附"，说的就是这个道理。而《开心消消乐》这则制作精良的广告无论是内容情节，还是游戏植入等方面，都可以从情感上引起受众的共鸣，从而使"陪伴，是给家人最好的爱"这句广告语显得更加真切动人，能引起消费者反思。

在实际生活中，对父母而言，儿女的陪伴就是最好的爱。与此同时，这则广告也提醒了那些不能长期陪在父母身边的人为父母准备一些有趣的游戏，让这款游戏代替自己成为"最好的爱"陪伴在父母身边，而"开心消消乐"这款游戏无疑就是最佳的"人选"。

一生的承诺，就要最纯的

——周大福珠宝首饰广告语

随着社会经济的发展，人们的生活水平日渐提高，过去只有富贵人家才能买得起珠宝首饰，如今普通工薪阶层也开始关注珠宝的动态了，这说明珠宝首饰作为一种时尚产业开始大众化。周大福珠宝作为珠宝行业的佼佼者，自然认清了珠宝行业大众化的趋势，为了更好地推广自己的公司形象，周大福珠宝希望通过广告手段传递出周大福珠宝的经营理念以及其珠宝的名贵，以此来引导消费者选购。

在周大福一则名为《纯度篇》的平面广告的画面中，一枚十分精美的戒指沉在水底，那片水的水质十分清澈，戒指虽然在水底却依然清晰可见。尤其通过水的折射后，那枚戒指像是被赋予了生命一般，发出了令人目眩神迷的光彩。旁边有周大福的广告文案：一生的承诺，就要最纯的。周大福始于 1929，信誉为本，首创 99.99%纯金首饰，给您最纯、最真的承诺。

这则广告虽然非常简单，却不失格调，情趣高雅。周大福珠宝通过一枚水中精美的戒指激发了人们美好的想象，因为在爱情里，戒指不仅是对爱情的一种见证方式，更意味着责任、承担以及对未来美好生活的畅想。

在受到这幅精美画面强烈的视觉冲击后，旁边的文案接着用事实告诉消费者，周大福珠宝从 1929 年成立以来，用多年的良好信誉保证每一件黄金首饰的纯度都达到了 99.99%。在精确的数字印证下，周大福"一生的承诺，就要最纯的"这句含有建议的广告语就显得掷地有声，具有较强的说服力。

借助这则广告的力量再加上经营得当，周大福曾连续 6 年在中国珠宝首饰市场综合占有率排名第一。

请把我的歌带回你的家

——万利达"歌王"影碟机广告语

万利达是一家以研发、制造及销售电子信息产品为主的国家重点高新技术企业，于 1984 年创建于福建。

2002 年，万利达推出了"歌王"影碟机。万利达作为影碟机在中国诞生的第一天起就在这个行业摸爬滚打的老品牌，虽然其产品质量相当高，但是当时许多消费者对万利达的认识更多只是知道或者好像听说过，品牌的偏好度及美誉度并不高。相比金正、步步高等以推广见长的同行，万利达在推广上确实略逊一筹，所以产品销量一直不见增长，可以说这是万利达的弱势。

为了改变劣势，万利达将"歌王"影碟机作为重点推广对象，一是为了提高产品销量，二是想借此机会重塑品牌形象。

广告策划团队接到这个任务后，开始对"歌王"影碟机进行了多方面的了解，发现它的核心技术不在于它的硬件，而在于它的软件。这个软件是指每年花钱向中国音乐家制作协会去购买音乐版权的使用权，里面储存了近两万首歌。由于版权费较高，所以"歌王"的定价也比较高，如果把"歌王"当成影碟机去卖的话，即使质量再好，消费者也会因为价格原因望而却步。

找到"歌王"销售量不佳的原因之后，策划团队经过讨论，决定转换思路，利用以往万利达的产品在消费者良好的口碑，把"歌王"的软件当歌王卖，使万利达两万首歌成为它最大的卖点，换一句话说就是：不要把DVD当作DVD来卖。于是，"歌王"影碟机的广告语"请把我的歌带回你的家"应运而生，并同步推出了电视广告。

在电视广告里，策划团队用当时经典歌曲《歌声与微笑》的曲调加上改编的歌词作为背景音乐，围绕"请把我的歌带回你的家"的广告主题，将"歌王"影碟机拥有两万首歌的歌的事实转化为一个新的认知，让消费觉得物有所值。此外，再加上广告里一家人围坐一起歌唱等场景，让消费者觉得非常温馨动人，都忍不住想买一台"歌王"影碟机，以享受家庭的欢乐。

通过这则广告，万利达的品牌形象焕然一新，"歌王"影碟机的销量也开始有了大幅度增长。

合家团圆喝汇源

——汇源果汁广告语

大家都看过贺岁片，每年春节的时候就会有许多电影导演拍出一些电影来，用电影给同胞们拜年，这就是所谓的贺岁片。演员、导演可以通过电影来拜年，那么产品怎么拜年呢？当然是贺岁片广告了。

在中国的所有节日中，春节无疑是最被人们所重视的。几乎所有的人都会在大年三十这一天团聚在家中吃年夜饭，而吃过年夜饭之后最重要的一项活动，就是观看春节联欢晚会。可以说，春节联欢晚会的收视率在中国是无人能及的。

而许多商家也看准了这个机会，尽管这其中的花费并不是一个小数目，但商家依旧试图抢占春晚这个制高点，纷纷推出"贺岁广告"，以期收获不凡的广告宣传效果。

2007年，春晚这个宣传平台"花落"汇源集团。为了让汇源的贺岁片广告更加贴合春晚的气氛，广告设计者将广告语定为"合家团圆喝汇源"，用劝导式的方式，告诉大家，在全家团圆的时刻，喝汇源果汁是很不错的选择。在广告表现上，大胆地采用了大红大绿的民俗风格，音乐上则选用了大俗大雅的《喜洋洋》变调演奏。在广告人物的选择上，也是经历了千挑万选，最终选了两个可爱的宝宝作为片子的主人公。

最终呈现在观众面前的广告是这样的：在一幅年画上，有一对可爱的金童玉女，金童的眼睛眨了一下后，他们竟然变成了真的小孩儿，从年画里跳了出来，开始闹新春。他们一起来到超市里采购，推着装满汇源果汁的小推车欢快地从人群中跑过，引得超市中人人争相购买汇源果汁。超市货架上原本摆得满满的汇源果汁，被迅速抢购一空。

接着这对金童玉女捧着汇源果汁笑呵呵地一边喝着，一边唱着童谣："有汇源才叫过年哪！"

"买"完了汇源果汁，就到了"送"的阶段。这对金童玉女一人抱着大盒汇源果汁，另一人提着礼品装汇源果汁。人们打开门，看到他们两个，乐得合不拢嘴，一齐亲了玉女一下。

接着就是大家坐在一起"喝"汇源果汁，金童玉女喜气洋羊地为每个人斟满汇源果汁。然后齐举杯，干杯的瞬间果汁四溅。

最后字幕显示：合家团圆喝汇源。同时，金童玉女拉开"汇源果汁"横幅。

广告通过买、送、喝三个重要环节，着重提出了贺岁的表现形式，一方面迎合了春节喜庆的气氛，另一方面用充满中国年味的元素表现了汇源果汁产品。另外，在宣传片里，汇源果汁借鉴了可口可乐和百事可乐两个品牌的风格，使广告在充满了春节贺岁气质的同时，也不乏时尚性和现代感。

再者，利用春晚这个平台进行宣传，就等于是站在了"巨人"的肩膀上。尽管在整个广告中对产品的描述不是很多，甚至看起来汇源果汁像个"配角"，但却让人们在欢快的气氛中轻而易举地记住了汇源这个品牌。

快给你的肠子洗洗澡

—— *碧生源常润茶广告语*

碧生源是一家集研发、生产、销售于一身的保健茶企业，旗下有碧生源减肥茶、碧生源常润茶等产品。碧生源茶将自己定位在保健茶上，它尊崇中医"药食同补"的理论，在人们饮茶的同时，可以起到滋补身体的功效。碧生源茶主要以绿茶、土茯苓等为主要原料，茶里不添加任何泻药以及添加剂，能够快速清除宿便，排除体内沉积垃圾，同时，还能有效改善因宿便引起的口臭、面色灰暗、乏力、腹胀和习惯性便秘等疾病。

碧生源创建于 2000 年，刚开始由于推广力度不够，碧生源茶销售量平平，影响力也不大。这种情况一直持续到 2006 年，有位老人喝了碧生源茶，觉得效果不错，特意来告诉碧生源的管理人员，要他们为碧生源做一些宣传。

这位老人能主动为碧生源提建议，说明他十分认可碧生源茶。因此，碧生源决定拍一则广告，让更多人知道碧生源茶。之后，碧生源进行了一系列的市场调查。根据消费者的反馈发现，碧生源在过去的广告中把宣传重点更多地放在了"清宿便、润肠道、去口臭"这些治疗方面的特点，这样一来，就会让人误以为碧生源茶是一种近似医药类的产品。试想，作为一个身体健康的消费者，谁愿意平白无故地去喝这样的茶呢？

找到过去广告的缺点之后，碧生源决定就以此为突破口，让消费者了解碧生源最大的特点不在于治疗，而在于保养身体。为了能让消费者一目了然地了解碧生源茶新的利益诉求点，广告语就必须主题明确而且通俗易懂。经过大量的征集和筛选，碧生源最后决定用"给你的肠子洗洗澡"作为主题广告语。

接着，碧生源围绕"快给你的肠子洗洗澡"这句广告语，拍摄了一则电视广告。在广告中，一位白领女士说："喝碧生源常润茶，祝口气清新，神清气爽"；家庭主妇说："喝碧生源常润茶，祝肤色细腻，气色越来越好"，最后男女老少集体列队，每人手里捧着一盒碧生源常润茶，异口同声说："快给你的肠子洗洗澡吧"。这则广告由不同年龄、不同职业的人出镜现身说法，各自说出自己选择碧生源的原因和适合自己的功效，内容覆盖不同层次的目标人群，广告的功效放到了最大。尤其是最后集体喊出的"快给你的肠子洗洗澡"的广告语，创意奇特，将茶和洗澡放在同等位置，说明喝此茶如同给肠子洗澡一样，有清肠的功效。另外，这句广告语风趣幽默，没有丝毫的强迫感，让人比较容易接受。

该广告播出后，得到了消费者巨大的积极响应，市场上竟然出现了排队购买碧生源常润茶的现象。就这样，碧生源常润茶在市场上创造了销售神话，当月销售额就突破了千万。

珍品，值得用心收藏

——中国网通电话卡广告语

自2001年北京申奥成功到2008年奥运会举办期间，不论哪个行业的企业都想通过自身的实力争取成为奥运会的赞助商，从而借助此次盛会进一步扩大品牌的知名度。

2004 年，通过最大努力的争取，中国网通击败对手，成为唯一成功获得 2008 北京奥运会赞助商资格的基础通信运营商。这就意味着，在奥运会开始举办之前，中国网通可以最大程度地利用奥运赞助商的独特身份去宣传自己具有鲜明差异化的产品。于是，经过一段时间的筹备，由中国网通精心打造的奥运电话卡诞生了。

对于这张电话卡来说，奥运身份给其拓展了一个专属的市场发行渠道和特定的消费人群，因此，它的纪念意义和收藏价值已经远远超过了它的使用价值。中国网通希望在通过这张电话卡成功打入市场的同时，开辟一个新的市场渠道，力图争取更多有实力、有购买力的消费群体，并借此提升企业的品牌形象。

但经过对目标市场以及消费群体的调查后，中国网通发现，很多人在生活中有收藏的爱好，他们是新鲜事物的忠实拥趸，只要在收藏市场上发现具有纪念性意义或者好玩的东西，就会毫不犹豫地买下来，作为自己的收藏品。

调查结果让中国网通觉得将电话卡打造成收藏品的想法切实可行。因此，为了引起那些爱好收藏的人的关注，中国网通开始将电话卡打造成中网网通专属电信卡，以增加它的收藏价值。

为了在广告上凸显出中国网通电话卡的收藏价值，中国网通制作了一则平面广告。广告画面从收藏者的角度出发，运用收藏爱好者必备的镊子和放大镜，以第一视角表现出了收藏爱好者进行收藏的生活细节，准确诠释出奥运电话卡的珍贵和精致，让人清楚直接地感受到收藏的过程和乐趣，引起了人们的共鸣与认同。

在平面广告画面的下方，一句"珍品，值得用心收藏"的广告语点明了主题，成功地将奥运电话卡值得关注与收藏的核心概念准确地送达消费者的心中，也达到了提升企业品牌形象的目的。

小胃病，请用三九胃泰

——三九胃泰广告语

提起李默然，老一辈的人应该都不陌生。20 世纪 90 年代，由李默然代言的三九胃泰广告可谓是家喻户晓，而他也是当时全国首位为产品代言的明星，因此引发了明星是否可以代言的争论。姑且抛开争论不说，三九胃泰却因此走红，连续畅销十几年，受到广大胃病患者的好评，享有"胃药之王"的美誉。

然而，随着时间的流逝，在胃药市场上，不同品牌的胃药如雨后春笋般冒了出来，每个品牌都大张旗鼓地宣传，想在胃药市场上占有一席之地。而此时的三九胃泰虽然依旧保持着较高的知名度，但销售量却是江河日下，重塑品牌形象已经是当务之急。三九企业将这个任务交给广告公司完成。

广告公司的策划团队接到这个任务后，并没有急于定方案，而是对三九胃泰以往的广告进行了一番分析。结果，他们发现三九胃泰的广告一直表现平平，在创意上没有太多突破，从而导致消费者对产品本身没有形成统一的品牌认知。

在找到三九胃泰以往广告的弊端之后，策划团队又在市场调查中发现，胃病已经是社会上最常见的一种疾病，在接受调查的消费者中，超过一半的人都有轻度的胃病，而且胃病易发人群多为20~35岁的年轻白领，因为这个年龄段的人正处于事业的打拼期，长期饮食不规律，所以最容易患上胃病。而且这个群体对轻度胃病并不大惊小怪，都一致认为，小胃病挺一挺就过去了，没有小题大做去医院的必要。

于是，策划团队根据市场调查，结合三九胃泰的特点，将产品销售对象定位在20~35岁的消费群体，并以"小胃病"为核心概念，将三九胃泰打造成专治"小胃病"的药物。为了能够很好地诠释出三九胃泰的广告创意，策划团队决定请男明星为三九胃泰代言。因为那些不太在意小胃病的人，往往都是为了家庭和事业在拼搏，男明星，尤其是以硬汉著称的男明星，一方面为了事业和家庭也十分努力，另一方面，他们身上的男子汉气概与小胃病能形成强烈的反差，这样一来，广告就能引起男士们的情感认同。

可是，在影视圈内，常以硬汉形象出现在荧幕上的明星很多，比如孙红雷、刘德华、黄秋生以及胡军等人。究竟选谁才能完美地体现出三九胃泰的理念呢？经过反复比较，策划团队发现胡军不论是外形还是气质都更胜一筹，于是决定邀请胡军担任三九胃泰的形象代言人。

经过几个月时间的拍摄，这个极具震撼力的广告终于面世了。在广告中，以胡军拍戏的片场为背景，随着镜头的移动，向人们展现了胡军工作时的情景：下雨的深夜、拍戏用的吊车、幽暗的灯光、汽车里扭曲的脸、冒着热气的茶杯……画面到最后，胡军用浑厚的嗓音说："男人，就得为家庭、为事业拼搏。工作熬夜，吃饭不规律，胃部难免有点小毛病。只要治疗得当，这点小胃病算什么？！三九胃泰颗粒，精选八味中药，治疗小胃病。小胃病，请用三九胃泰！"

这则硬汉气质与充满人文关怀并存的广告播出之后，引起了广大男性的认同，人们很快就将"小胃病"这一概念与三九胃泰统一起来，并在胃病发作的时候，会在第一时间里想到那句"小胃病，请用三九胃泰"的广告语。

就这样，三九胃泰以新的面貌出现在胃药市场上，获得了极大的成功。

光芒因你而聚

——中国电信"互联星空"网站广告语

互联星空是中国电信互联网应用业务的统一品牌，2003年正式运营。互联星空成立之初，面临的是国内飞速发展壮大的网站市场，当时一些综合类的门户网站，如新浪、搜狐、网易等都提供了游戏、教育、财经、影音等频道。更有一些专业网站提供专项服务，如联众的游戏平台、经典影视的影视，以及在线教育资讯等网站。

在中国网站呈现出百家争鸣的局面的时候，互联星空作为一个后起之秀，在网民中的知名度还很低，而其他的网站都已经具有一定的知名度，得到了众多网民的认可，并拥有数量可观的固定用户。当然，除去劣势，互联星空也拥有中国电信所有的资源。挑战和机遇并存的互联星空开始充分利用中国电信现有的资源，提供了包括游戏和影音服务在内的丰富多彩的娱乐服务内容。

接着，互联星空根据其产品功能，将目标消费群体界定为年龄16~35岁的互联网中、重度使用者。这个群体精力旺盛，富有活力，喜欢尝试和接触新鲜事物。网络是他们的生活中不可缺少的一部分，他们喜欢在网上聊天、购物、玩游戏等。他们认为网络是一个巨大的乐园，可以在上面找到他们想要的全部。他们做事喜欢干净利落，要求简单、方便、快捷的服务。

为了引导目标消费群体成为自己固定的用户，互联星空根据他们的心理需求制作了一条"光芒因你而聚"的广告语。光芒，是繁星满天的夜空，也是成为焦点而熠熠生辉的感受。年轻的消费者相聚在互联星空这一便利而广阔的网络平台，各展所长，各取所需。是互联星空网罗了这些用以娱乐的资源，更是互联星空提供了人们彰显个性的天地。光芒因你而聚，光芒因互联星空而聚。

接着，互联星空又围绕"光芒因你而聚"的广告语，分别制作了三篇"星空"系列平面广告。在《电影篇》中，璀璨的星空下，有电影胶片依稀投下皎洁的光。年轻人双手枕头，悠闲地仰望星空，远眺天空中的精彩。广告在梦幻的氛围中，给人以无限美妙的遐想。年轻人全心投入观看的，正是消费者好奇而渴望体验的。在不知不觉中，将消费者带入主动尝试的意境中去。

在《音乐篇》中，闪亮的星空垂下星星连成的线，那是带来悦耳音乐的耳机线，青年在星光下闭目聆听这真正的天籁，微笑着进入广博的美妙天地。广告风格一致地描绘梦幻的色彩，从模特全身心投入的体验之中带给消费者无限向往。"星空下，有你最渴望的声音在呼唤。"消费者仿佛能够从广告中阅读到这动听的呼唤。

在《游戏篇》中，深蓝的夜空里，流星闪动。流星们汇聚在一起，拼凑成青年游戏手柄的连线。青年兴高采烈地望着星空，那里有缤纷而刺激的游戏等待他。唯美的设计中，将一个个关于星空的故事娓娓道来，用星光汇聚出产品业务内容的精彩。消费者在赏心悦目的浏览中，对互联星空的业务内容一目了然，强调消费者体验感的表现方式，更令他们跃跃欲试。

"光芒因你而聚"这句语颇有诱惑力的劝导广告语，一下就击中了目标消费群体的心，再加上通过平面广告，互联星空向受众展示了一个梦幻多彩又好玩的世界，两者的结合更是让人们沉浸在美妙的奇幻世界中，都由不得去登录互联星空，寻找属于自己的那个多彩奇幻的世界。

彩虹相伴，一路平安

——云南白药急救包广告语

2008 年 5 月 12 日，四川汶川发生了一场震惊中外的大地震，此后随着余震的不断，给全国人民心头蒙上了一层阴影。为了防患于未然，从政府部门到普通家庭，都开始关心急救知识与急救应急措施。同年 9 月，教育部联合中央电视台进行了一次学生急救知识普及活动。这一活动的举办也恰恰迎合了全国人民对普及急救知识的期望。

也正是因为民众对急救知识的渴望，所以在急救包市场的各种产品无须做太多的产品推广和教育活动，就能得到消费者的重视。而在当时的急救包市场上，产品大致可以分为两类：一是海外进口产品。这类产品因研发成本较高，所以相对的专业性和使用功能也只适用于一些专业机构。二是本土产品。这类产品良莠不齐，多数是简单创伤外用药品，无法满足大众消费者。

针对此，云南白药急救包针对普通消费者研发出车载、家用、军用、警用、安全生产防护及户外运动六大类创伤用品。产品是有了，可是急救包作为一款冷冰冰和全新认知的医用产品，虽然有一些大型药店销售终端的支持，但想要快速让消费者知道应用型医药急救产品的上市并接受，并不是一件容易的事情。

汉川地震作为 2008 年的重大事件，虽然激发了消费者对急救的意识，为急救包的宣传奠定了一定的基础，可是如果直接以"急救"为广告诉求点的话，容易给大众消费者留下灾难、事故等不祥的印象，从而造成消费者对品牌产生反感。

出于以上考虑，云南白药急救包在已不需要对急救意识教育花费过多成本的前提下，将"急救"转换为"援助"，将"急救包"演绎为"护身符"，并确立了"彩虹相伴，一路平安"的广告语，以引导大众将"身边常备急救包"与"安全保平安的护身符"印象强关联，扭转大众以前"急救只是在突发事件来临时才需要"的思想观念。

接着，云南白药急救包围绕"彩虹相伴，一路平安"的三题广告语拍摄了一则电视广告。电视广告讲述了一家出游之前，可爱的小孙女像个小大人一样，开始检查长辈们是否带齐了出门所必带的物品，结果当问到云南白药急救包的时候，大人们却忘记带了，小孙女模仿着大人的口气说："你看你一点也不让我省心！"说完，打开汽车的后备箱，原来里面早就放了一只云南白药急救包。广告结尾时，出现彩虹援助标志的护身符吊挂在车里的画面，同时，旁白响起："彩虹相伴，一路平安。"

云南白药急救包的电视广告通过温馨、快乐和美满的家庭氛围，淡化了急救包产品本身给消费者带来的沉重印象。在这个基础之上，"彩虹相伴，一路平安"的广告语提醒消费者，云南白药急救包犹如一个平安符一样，随时提供保护。

在广告的宣传下，云南白药急救包上市仅两个月，在销量上就取得了一百三十多万的好成绩。

上新浪网，让世界看到你

————新浪网广告语

2008 年是百年奥运的中国之年，中国借助北京奥运会向全世界展示了中国改革开放三十多年的巨大成就。2008 年北京奥运会为中国经济和产业格局带来深刻的变革，让互联网变得空前重要。

新浪，一直是中国最大的中文门户网站之一，一直保持着大量优质的用户群。它见证了中国网络的发展，是对中国网民最有影响力的网站之一。新浪频道众多、产品丰富：新闻频道，是很多人开启电脑了解当天时事的第一选择；汽车频道，是购车者了解信息的首选；名人博客、播客、论坛、圈子等都吸引了大量网民。但也正是由于新浪陪伴着中国网民走过了十年之路，它在公众心中的形象逐渐老化。而后来居上的搜狐、腾讯等网站，也一直以各自的独门秘籍，如"腾讯QQ"等，抢夺用户。新浪网受到了很大挑战。

2007年，搜狐网成为奥运官方正式赞助商，这一赞助商身份，将令搜狐获得独家网络报道权，从而有机会占据从2007—2008年贯穿整个奥运前、中、后的网络广告投放市场的巨大份额。而此时，新浪必须以迅速而巧妙的"四两拨千斤"的方法，打好属于新浪的奥运牌，在保持现有用户忠诚度的前提下，引导更多人通过新浪网参与奥运，稳固自己的位置。

2008年奥运会是属于中国的，如何才能激发人们的主动性，让大家参与奥运这场盛会呢？新浪通过分析，认为在这个互联网的时代里，每个人都是自由的，都可以通过网络发表自己的意见。尤其是在中国奥运之年，每个中国人都会为此感到无限自豪和骄傲，他们的这种情绪需要到一个平台宣泄。新浪抓住国人这一心理，向社会大众、企业用户，向所有中国人，发出了这样一个大胆的声音：奥运，不只属于一个城市，不只属于商业运作，也不只属于新闻报道。当奥运牵手财经、科技、娱乐等生活的方方面面，它将不只在一个城市，更覆盖整个中国；不只持续一个月，更贯穿整个奥运年；不只是一番行动，更代表一种精神……新浪，让13亿中国人与奥运更近——2008奥运，属于每一个"我"；通过新浪，每一个人都看世界，也能让世界睁大眼睛看到我！于是，"上新浪网，让世界看到你"的广告语应运而生。

"上新浪网，让世界看到你"这句广告语抓住了每个人中国人内心的需求：即便有很多人不能到奥运会现场观看呐喊，但他们参与的热情却是自发的，也十分高涨。新浪正是巧妙而准确地把国人的这种需求融入到奥运和品牌当中，为他们提供了一个互相交流的平台，顺势引导，便成功地吸引了更多的用户。

只买对的，不选贵的

——纳爱斯雕牌洗衣粉广告语

日常生活中，我们在清洗衣物等生活用品的时候，常常会用到雕牌洗衣粉。除了包装袋上的一个苍劲有力的"雕"字和一只展翅翱翔长空的大雕之外，令人印象深刻的就是那句经典的"只买对的，不买贵的"广告语了。

纳爱斯公司的前身是创办于 20 世纪 60 年代末的丽水"五七"化工厂，经过多年的发展，纳爱斯公司已经成为世界上最大的洗涤用品生产基地。纳爱斯能获得今天的成功，与其广告宣传有莫大的关系。

当初，雕牌洗衣粉在做广告宣传的时候，经过了一番细致的市场调查，结果发现，高价并不一定能在人们心目中带来优质的形象。而当时，洗衣粉市场上，雕牌洗衣粉的实力并不强，如果一味和其他实力超强的企业比产品、比品牌、比形象，最后只能是作茧自缚、自寻死路。

在认清洗衣粉市场的形势后，雕牌洗衣粉放弃了与竞争对手进行正面竞争，另辟蹊径地采取优质低价策略，在最短的时间内以最快的速度将纳爱斯洗衣粉打入市场。这样一来，纳爱斯在先入为主地抢占市场的同时，也能争取到广大的消费者。

优质低价的策略定下来后，雕牌洗衣粉打出了"只买对的，不选贵的"的广告语。这句广告语从建议消费者如何选择的角度出发，暗示消费者，市场上洗衣粉品牌众多，质量效果有所不同，价格也有高有低，那么到底该如何去选择呢？当然是选择价格公道、质量又有保障的洗衣粉了。而对于这两点，雕牌洗衣粉全都符合。所以，雕牌洗衣粉是最能令消费者满意的洗衣粉了。而对于消费者来说，对商品的要求永远是高质低价。雕牌洗衣粉的广告有效地引导了消费者的购买行为。

这条广告打出后的一年后，雕牌洗衣粉的销量就超越其他同行跃居第一。

你值得拥有

——欧莱雅化妆品广告语

欧莱雅集团是世界上最大的化妆品公司，它在全球拥有超过 200 家分公司、42 家工厂、100 多个代理商，以及 5 万多名员工，曾被英国的《金融时报》和美国的《商业周刊》誉为最受尊重的法国公司。

欧莱雅有一句非常经典的广告语——你值得拥有。不论是在电视上的还是在网络上的广告里，以这句广告语结尾已经是欧莱雅的惯例。这句像是女性朋友之间互相推荐彼此中意的化妆品的广告语，看似十分简单，却在欧莱雅全球化的进程中发挥了不可估量的作用，它不仅引起了全球爱美女性的情感共鸣，更为这家拥有百年历史的公司赋予了一层靓丽的色彩。

1971 年，是欧莱雅成立的第 64 个年头。这一年，欧莱雅经过大量的市场调研后发现，很多喜欢追逐个性的女性，都喜欢把头发染成自己喜欢的颜色。为此，欧莱雅经过研究，推出了自己的第一款新型染发剂。因为工艺复杂，生产成本较高，欧莱雅担心这款定价较高的染发剂不被消费者所接受，于是便推出了"你值得拥有"的广告语。这句广告语表面是给了消费者一个建议，而实际上，则是欧莱雅用此来解释其染发剂虽然比同类染发剂的价格要贵一些，但是性价比很高，所以"你值得拥有"。

后来，"你值得拥有"这句广告语成为欧莱雅广告中不可缺少的一部分。1997年，欧莱雅正式将"你值得拥有"作为其所有产品的广告语，它所传递出来的诱惑直击人的内心，引发了全世界爱美女性的广泛共鸣：欧莱雅不仅属于法国，更属于欧洲甚至是整个世界的。现在"你值得拥有"这句简单的广告语已经被翻译成四十多种语言，在全世界各个国家广泛传播，它如同一只美丽的蝴蝶，把欧莱雅的产品的美传播到世界的每一个角落。

"你值得拥有"这句经典广告语闻名全球的同时，也让欧莱雅的业绩急速攀升，一跃成为全球500强的企业。

有问题就问号码百事通

——中国电信"号码百事通"广告语

"号码百事通"是中国电信为消费者提供综合化的生活信息导航服务而推出的一项业务，用户只需拨打118114就可以查询餐饮、娱乐、家政等生活信息以及预订酒店、机票等。这项服务极大地满足了人们查询各种问题的需求，因此，只要一有问题，人们首先就会想到请号码百事通帮忙。"有问题就问号码百事通"这句广告语也因此成为很多人的习惯用语。

但回溯当年，号码百事通还只是一个单纯的114查号台。而属于中国电信旗下的114虽然有庞大的信息资源和用户群，但可惜的是，它并没有利用这些丰厚的资源为客户提供更多优质的服务，致使在后来的发展过程中遇到了瓶颈。

2005年初，中国电信做出决定，让114除了提供查号这项基本服务以外，要发展为全面的信息服务台，并提出了"把114做成语音谷歌"的设想。

在信息爆炸的社会，搜索已经慢慢形成了庞大的市场，互联网、通信等各个领域的"英雄"都想抢占属于自己的那块领地。当时中国网民的数量为1亿人左右，而电话用户总数则超过了 8 亿人。如此看来，能够上网搜索信息的相对还是少数，电话搜索的服务面要远比谷歌、百度等以网民为服务对象的搜索引擎宽广得多，使用也简单便利得多。而此时中国电信将 114 这个单纯的查号台，变为方便、快捷的语音搜索引擎，不仅是明智的，更是抓住了发展的机遇。

中国电信在 114 原有的查号基础上提供了衣、食、住、用、行和所有生活需要的综合信息服务，消费者可以不受通讯录、电脑或网络等条件的约束，不管身在何处，只要通过电话就可以随时随地查询自己需要的信息，犹如锦囊时时随身。根据这些服务功能的定位，中国电信又启用了"号码百事通"这个响亮的名称作为 114 重出江湖的名称。

为了让更多的消费者知道"号码百事通"，中国电信制作了"有问题就问号码百事通"广告语，并以此为主题，拍摄了一则广告。在广告中，一位身背旅行包的年轻小伙问一位漂亮的花店女老板，前面有订机票的吗？女老板说："问号码百事通啊！"紧接着，一名买花的青年和两名漂亮女孩分别问女老板："附近有没有旅店""今天哪家商场在打折？"女老板都回答说："有问题就问号码百事通！"

这则广告内容富有生活细节，亲和力十足，准确地找到了符合消费者生活、最容易让消费者接受的契合点。尤其是在当年世界杯期间围绕体育竞技嘈杂的广告环境里，这则广告更显得异常阳光和亮丽，让受众清晰地了解到"号码百事通"的服务功能的同时，也在漂亮话花店女老板的引导下，记住了那句经典的广告语："有问题就问号码百事通！"

美丽自己，爱施家人

——养生堂牌天然维生素E软胶囊广告语

养生堂药业有限公司创立于 1993 年，是一家融科研、生产、销售为一体的大型药品保健品企业，创立了包括天然维生素E在内的龟鳖丸、朵而、成人维生素等知名品牌及产品。养生堂天然维生素E是以天然维生素E、红花籽油、紫苏油、明胶、甘油为主要原料制成的保健食品，具有祛黄褐斑、延缓衰老的保健功能。

养生堂天然维生素E的目标消费群体是 25 岁以上的女性。为了让她们更好地接受天然维生素E，天然维生素E采取循序渐进的宣传策略，前期通过杂志软文广告，从各个不同的角度告知目标消费群体天然维生素E的功能和特点。之后，在目标消费群体十分清晰地了解天然维生素E的功能和和特点的基础上，天然维生素E开始围绕情感制造话题，引导目标消费群体与其产品理念产生情感共鸣。

养生堂知道，女性情感细腻、敏感，多数是讨论女性情感问题的节目或者杂志的忠实拥趸。她们热衷于生死相依、不离不弃的凄美爱情故事，并常常会为此流下同情的泪水。当然，感人的故事对于任何人来说都会引起情感共鸣，并没有性别之分。而对于天然维生素E的目标消费群体来说，她们多数已经进入婚姻生活，或者拥有稳定的爱情基础。对于这个年龄段的女性来说，她们变得更加成熟、有魅力，所追求的不是一段轰轰烈烈、至死不渝的爱情，也不是富贵奢华的生活，而是期望伴侣能带给她们一个温暖、平和的家庭生活。

根据目标消费群体的心理期望，养生堂天然维生素E围绕主题广告语"美丽自己，爱施家人"，拍摄了电视广告《呵护篇》。在广告中，一位气质优雅的女性望着远处互相扶持而行的年迈夫妇，不由得感慨："看到他们恩爱的样子，我在想，他们年轻时是否和我们一样。"紧接着，旁白响起，先是简短地介绍了天然维生素E的功能，接着又道出一段富有诗意的广告词："我在左，给你天使的浪漫；你在右，许我温暖的未来。美丽自己，爱施家人。"

这则电视广告除了在产品功能上关怀女性，更在情感上引起了女性的共鸣，尤其是"美丽自己，爱施家人"这句广告语给女性消费者提供了一个非常理性的建议：只有先学会爱护自己，让自己变得美丽，才能更好地爱家人。言语直接而不唐突，给人些许温暖的同时，也让人能够接受。

【同类范例】

正因为年轻，我，选择不一样。　　　　——禁烟广告语

生活，从爱家开始。　　　　　　　　——宜家家具广告语

请喝可口可乐。　　　　　　　　　　——可口可乐广告语

节约将带来幸福。　　　　　　　　　——中国工商银行广告语

好车用好油。　　　　　　　　　　　——中石化汽油广告语

每种款式都值得一试。　　　　　　　——铜牛服装广告语

节约电灯费用，应从选择灯泡入手。　——大亚节能灯泡广告语

加入人人网，找到老同学，结识新朋友。——人人网广告语

随时随地分享身边的新鲜事儿。　　　——新浪微博广告语

服从你的渴望。　　　　　　　　　　——雪碧广告语

倾听你的声音。　　　　　　　　　　——OPPO手机广告语

美丽不只一面，心动不只一刻。　　　——玫琳凯化妆品广告语

喝纯的，玩真的。　　　　　　　　　——珠江啤酒广告语

体验未来人生。　　　　　　　　　　——新华电脑学校广告语

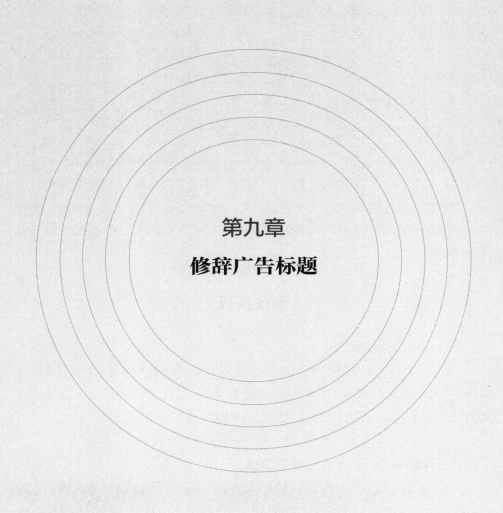

第九章

修辞广告标题

修辞广告标题，就是在广告标题中使用一定的修辞手法对产品进行诠释的广告创作方式。常用的修辞广告标题有比喻广告标题、拟人广告标题、对偶广告标题、谐音广告标题、顶真广告标题、夸张广告标题、幽默广告标题等。使用修辞类广告标题，能够在一定程度上增加广告标题的趣味性，令广告标题更加生动活泼，从而吸引消费者的注意力。

【 创作技巧 】

一、比喻广告标题

比喻广告标题，就是借用比喻的修辞手段将商品或服务比作某种事物或现象进行宣传的广告标题。这类标题能够更加生动形象地将商品或服务的特点表现出来，因而具有较强的吸引力，能够有效地引起受众的注意，从而刺激他们消费。

1.三种比喻方式，本体喻体不可缺

比喻通常有三种用法，即明喻、暗喻和转喻。相应的广告标题也就划分为三种类型，即明喻广告标题、暗喻广告标题和转喻广告标题。值得注意的是，每种比喻类广告标题中都不得缺少本体和喻体，即比喻的商品或服务为本体，被比喻的事物为喻体。

2.掌握典型例句，比喻不再难

在比喻广告标题中，最常见的典型词句为："像……""如……""似……""仿佛……"等。有时候，也可以根据实际情况省去以上的词语。

3.本体喻体之间具有可比性

比喻不是把张三比作李四这么简单，而是要将一种产品比作另一种与它有共同特性的产品，也就是说喻体和本体要具有可比性。但需要注意的是，虽然本体和喻体两者之间具有共同点，但这并不代表他们完全相同。因此，创作者要发挥想象力，多想一些喻体，然后进行比较，从中选择最合适的那一个。

二、拟人广告标题

拟人广告标题，是在广告标题中把广告的产品或服务比作有生命的人，从而使产品或服务具有人的情感思维。这种标题能够使受众对产品感到亲切，从而容易接受广告。国外的广告撰写人较多使用这种形式标题，因为拟人化标题具有生动、亲切、可爱、有趣的特点，巧妙恰当地使用能产生不可思议的强大力量。而国内的创作者则较少使用。

1.将产品赋予"人"的特征

拟人，就是将"死的产品"变成"活的人"，将人身上所具备的生动、亲切、可爱、有趣的特点移植到产品身上，使产品拥有人一样的各种情感、思维力、记忆力、语言、动作、体力等，甚至还可以像人一样拥有工作。

2.牢记典型句式，切忌生搬硬套

有些词语是在拟人的广告标题中比较常见的，比如：

情感类：温柔、相亲相爱、面慈心软、宽厚、感谢等。

动作、工作类：朋友、秘书、助手、仆人、干活、不知疲倦，工作等。

最后还有忘记、记忆、语言等。

在将这些典型的词语运用到广告标题时，不要牵强附会，而是要求拟人的"主体"（产品）和"客体'（人的各种情感等）之间一定要恰当自然。而要做到这一点，就需要创作者认真研究拟人主体（产品）的各种特征以及使用、操作方法，全面掌握产品的各种信息，并在此基础上捕捉对消费者具有吸引力的有价值的信息，之后再将以上那些词语恰当地运用其中。

三、幽默广告标题

幽默广告标题，就是令人发笑、使人觉得有趣的广告标题。幽默广告标题的特征之一，就是广告标题充满着智慧和想象力，是有趣或可笑的语句，并含有意味深长的内容。既然是幽默，就不能一本正经，也不能为了逗人发笑就使用滑稽、庸俗的词语。

在广告标题创作中，幽默广告标题被广泛使用的原因是人类的心理需要轻松、快乐来调剂。因此，这种广告标题常常具有吸引大众、使消费者对广告产品产生浓厚兴趣的优势。

1.多方面选择比喻对象

想要写好幽默广告标题，首先就要将自己的思维"倒置"过来，也就是说不能用常规的思维去思考和创作广告标题，而是要用一种与众不同的构思将产品表达出来。另外，幽默广告标题在内容的选择上很广泛，既可以将人的心情、好奇等作为幽默对象，也可以将某个事物、现象作为对象。

2.运用典型句式，轻松幽默

幽默广告标题大多使用虚拟语气，经常使用的句式有："如果……那么……"，有时也用"除了"等连接词。即使没有这类词，幽默广告中也常常含有虚拟成分。

3.结合产品，不做空幽默

幽默广告标题不像一般的幽默句式可以单纯地追求幽默，幽默用在广告标题中时，必须学会结合产品信息、广告内容或是服务去"幽默"。幽默只是宣传产品的手段，而不是为了幽默而幽默。

四、对偶广告标题

对偶的广告标题一般有两句话，而这两句话字数相等，结构、词性大体相同，意思相关，从而形成表达形式上的整齐和内容上的相互映衬。

字数相同，内容相似

在创作这类标题时，要把同类或对立概念的词语放在相对应的位置上，使之呈现相互映衬的状态，通常所用的字数相同，在内容上则表达的都是同一个或相近的意思。

五、谐音广告标题

谐音的广告标题，就是利用发音相同或是相近的字，代替广告语中的某个字或某一个词的广告标题创作方式。谐音，在修辞手法上，被归为'双关'，在我国古典文学作品和一些民俗文学中也经常使用。现在的商业活动和广告活动中，也在频繁使用谐音创作广告标题，以达到用幽默风趣的方式吸引消费者的目的。

音同字不同，一语要双关

我国汉字文化博大精深，同音字可以说是数不胜数，但是在利用谐音创作广告语时，却不能够胡乱使用。在选择谐音字时，要选择能够达到"一语双关"的作用的字，要求一方面能够凸显产品的品牌，一方面又能体现广告主题。

【创作赏析】

以心情调味

——统一方便面广告语

在香港TVB电视剧中，经常会听到"你饿不饿，要不要煮碗面给你吃"的对白，而"煮碗面"这句让人倍感温暖的话，被统一方便面拍成了一个系列短片——《小时光面馆》。

《栗子蛋糕》篇——不是甜点的甜点，尝过，就再也无法忘记。

一个女孩儿独自走进面馆，点了一份栗子蛋糕。

她第一次来这家店是在男朋友的带领下，原本她以为男朋友会带她去一个更加浪漫的地方，却没有想到是一家普通的面馆。有些失望的她在男朋友问她想要吃什么的时候，故意为难说"要吃栗子蛋糕"。

看着男孩儿为难的表情，面店的老板为他解了围，不一会儿便端出一盘用面条做成的"栗子蛋糕"。女孩儿埋头吃完，负气离去。

很多年以后，女孩儿不再是曾经那个任性的女孩儿，但是她的身边却已经没有了男孩儿的身影。她习惯到这家店点一份"栗子蛋糕"，一边吃，一边回味已经逝去的爱情。

短片末尾，旁白音说道："一个人有可能忘掉深爱的人，最后只记得爱情的滋味吗？"

与此同时，出现"用心情调味"的广告语。

《心碎的滋味》篇——给：在爱情路上，奋不顾身的人们。

每天都有很多人光顾好时光面馆。其中有两对常客，一对是威廉和老皮，威廉是一个很高很帅的男孩儿，而老皮则恰恰相反，每当威廉遇到追求他的女孩儿时，都是由老皮帮他打发掉；另一对是阿虎和小可，阿虎是一个有点"男人婆"的女生，而小可则是一个长相可爱、有些腼腆的男生。

这天，他们照旧来到了好时光面馆，威廉像往常一样，一进来就吸引了大批女生的注意，女生们纷纷借着这个机会与威廉套近乎，但是都被老皮揶揄走了。这时，一直坐在角落里的阿虎也走到了威廉面前，想要威廉和她出去一下。

阿虎遭到了老皮毫不客气的挖苦。就在阿虎当众难堪时，小可站了出来向阿虎表白，结果却被阿虎认为是故意出来捣乱，她一气之下离开了。从此，阿虎再也没有出现在这家面馆里，每次都是小可形单影只。

一天，小可又是一个人来到了面馆，他点了一份"心碎的滋味"，老板把面端上来时，却是两份相同的面放在一个碟子里，这仿佛预示了什么。结果不一会儿阿虎就来了，他们再一次坐在了同一张桌子旁。

老板的旁白声："常有客人问：'最多人喜欢的是哪一道菜？'我总是回答：'别人喜欢的一点都不重要，重要的是你自己喜欢的。'"

最后，广告语"用心情调味"出现。

《邂逅一碗肉臊面》篇——如果有一天，你遇到自己的翻版，你会？

这个世界总是充满了巧合。一男一女同时走进小时光面馆，同时叫了一声"老板"，同时要了一碗"肉臊面加卤蛋"并且不加韭菜，在面端上来后，又同时拿起同一罐佐料，各加了五滴，并且同样认为加五滴才好吃。

这样的缘分，让人怀疑地球上是否真的存在某种力量，将两个原本素不相识的人推到一起。面吃完后，男生率先掏出钱包结了账，并鼓起勇气约女生下个礼拜再一起到这里吃面。女生看了他半晌，慢慢说道："不好意思，我已经有男朋友了。"说完便离开了，只留下男生一个人落寞地坐在店中，要了一杯啤酒。

老板的旁白声：人生，你永远不知道下一秒会发生什么事，一个痛苦的结束，很可能是为了拥抱下一个幸福的开始。

《阳光佐夏威夷炒面》篇——什么料理让女儿笑了，却让父亲哭了？

一个身患先天性心脏病的女孩儿为了找回十年前最美好的回忆，在一个炎热的中午偷偷溜出医院，来到了小时光面馆点了一份夏威夷炒面，为此还特地为老板带了一个凤梨。

夏威夷炒面是老板的独门绝技，在他做面的时候，女孩儿播放了一首轻快的音乐并快乐地随声附和，她的好情绪也感染了老板。

然后几天后，一个老者来到面馆也点了一份夏威夷炒面，吃着吃着却哭了起来。原来前几天到此的是他的女儿，而女孩儿已经去世了。

老板的旁白声：食物，为什么存在呢？只是为了填饱肚子吗？只是为了附庸风雅吗？也许只是为了有一天，能温暖一个人，感动一个人。

广告语：以心情调味。

《不寻常的家常面》篇——看着小时光面馆已经经营 43 年、老板也有 43 岁了，但他还是孤单一人，热心的邻居都为他的终身大事担忧，经常为他张罗相亲对象。

这一次他要见的，是一家面店的老板娘。抱着"即便相亲不成，也能吃碗面，切磋一下厨艺"的心理，他来到了这家面馆。结果却意外发现　这看似平常的家常面味道很不一般。于是，一段姻缘就此开始。

老板的旁白声：缘分是很奇怪的，如果要凭空想象一个对象，谁都忍不住勾勒出俊男美女的样子，不过在现实生活中，要不要心动，好像由不得大脑决定。

广告语：以心情调味。

五个小故事都是用老板的第一人称来叙述每位顾客和自己身上的故事，他们或开心，或失落，或悲伤，而老板总是能做出符合他们心境的面。广告语中将心情比作了调味料，以此来说明人在不同的心情下，所品尝的食物味道也是不同的。同一种食物，不同的人、不同的心情品尝出的味道和留下的回忆都是不同的。这同时也隐喻了统一方便面一直用心做好面的宗旨。

你好，色彩

——佳能伊克萨斯IXUS 小型数码相机广告语

2009 年，小型数码相机市场的 3 大品牌"佳能""索尼""三星"的竞争呈现出了白热化的状态，无论是谁，都无法单纯依靠市场规模扩大带来自然成长的效果。如何更有效地扩大相对竞争品的市场份额，争取到客户群中的"浮动层"是佳能即将面临的挑战。

新产品伊克萨斯虽然已经获得"高性能"的定评，但是依旧无法与竞争对手区分开来。只要能够使伊克萨斯在"高性能"品牌资产的基础上强化时尚性及活力感等情感价值，就能够引起品牌与消费者之间的共鸣。

为此，佳能伊克萨斯新产品共推出了 5 种颜色变化，首先在视觉上就能达到让人眼前一亮的效果，弥补了外观上的不足。再加上大量佳能光学数码技术，使使用者能够充分享受到摄影的乐趣。为了使新产品的宣传效果最大化，广告设计者将整个传播活动分为了三个阶段。

第一阶段是通过大众喜见乐闻的媒体让新产品在一登场就给消费者留下强烈的印象，用"颜色"征服消费者。

在这个阶段中，消费者会看到以性感著称的明星莫文蔚与 5 位舞者一起跳舞的画面，每个相机对应一个身着相应颜色的舞蹈演员。背景音乐是好莱坞著名歌星 Jimmy Castor 的 *It's Just Begun*，动感的音乐加上活力的舞蹈动作，立刻将伊克萨斯产品的时尚鲜活表现了出来。

第一阶段着重用鲜亮的视觉表现力冲击消费者的感官，宣扬了伊克萨斯在"色彩"方面的特征。这一阶段过后，广告创意者立刻趁热打铁，进入了第二阶段的宣传活动。在第二阶段中，广告创意者在网站上提供了伊克萨斯的详细信息，让消费者对佳能伊克萨斯产品的高性能进行了更加深刻的了解。

当消费者既被伊克萨斯时尚靓丽的外观所吸引，又充分了解了伊克萨斯的产品性能后，剩下的就是如何让消费者从情感上接受伊克萨斯，这也是广告第三阶段宣传的主要任务。广告设计者在广告的第三阶段中，设计了 2009 年佳能伊克萨斯IXUS 小型数码相机"你好，色彩"广告舞者选拔大赛，在全国范围内进行海选，并在网络上公开海选过程，最终 30 名选手聚集上海集训营地进行特训和对决。

在这个过程中，选手们训练时的努力和坚持、被淘汰时的泪水和友情都被相机拍摄了下来，经过剪辑后在中央电视台、旅游卫视等电视和网络平台上进行播放。最后胜出的 5 名选手则出现在了"你好，色彩"的广告中。

通过这种海选比赛，消费者们会产生一种"广告与我有关"的情感，然后再通过层层选拔使消费者的眼球一直被其吸引，时刻关注这则广告的动态。在关注的过程中让消费者对品牌及产品有了强烈的代入感，从而在情感上倾向于伊克萨斯。

整个广告方案一步一步层层深入，在环环相扣中让消费者，尤其是伊克萨斯的目标客户群——年轻人，对产品由好奇到了解，再到深信不疑。可以说"你好，色彩"这则广告是理性与感性的结合体，充分体现了伊克萨斯"才、色"兼备的特点。

最后，其广告语"你好，色彩"，是将色彩当作了一个人进行问候，好像两个人初次见面那样，而这再一次深化了这个主题。这里的"色彩"具备两重含义，一重是产品绚丽的外观设计，一重是相机拍摄的照片呈现出来的艳丽"色彩"。

正在你身边

——方正产品广告语

提起"方正"，大多数中国人都会说："是个生产电脑的企业。"这种说法让方正集团哭笑不得，原因是方正集团确实生产电脑，但是其核心业务却早已超越了传统的 IT。大家都知道有个方正，却很少有人消费方正，这就是方正所遇到的尴尬局面和矛盾的现实。

如何改变这种状况，改变人们对方正固有和片面的认识，是方正此次"正在你身边"广告的职责所在。

《正在你身边》的方正 IT 广告分为四个小单元，分别为《医疗篇》《地铁篇》《电路板篇》《方正跨媒体阅读解决方案篇》。

《医疗篇》

"这一刻，你的心情我知道。

"我知道你无力奔波。

"我知道你无心等待。

"我知道你想对一切都了如指掌。

"我知道你要让遥远不再遥不可及。

"我知道你越多就为你做得更多。

"因为，你看医生，医生看我。

"我是谁？你看不见我。

"我是方正医疗信息管理系统。

"方正IT，正在你身边。"

《地铁篇》

"每天。

"我都在这里。

"向从不迟到的他说一声。

"早安。

"和刚刚踏上社会的她。

"讲一句，加油！

"或是跟离别的他们。

"道一句，珍重。

"这里只是大都市的平凡角落。

"人来人往中。

"我祝福所有的出发。

"也迎接所有的到达。

"我是谁？

"你看不见我。

"我是方正地铁售检票系统。

"方正IT，

"正在你身边。"

《电路板篇》

"我在这里，你渴望铭记的瞬间在这里。

"我在这里，你热血沸腾的感动在这里。

"我在这里，你了如指掌的旅程在这里。

"我在哪里，生活的亮点就在哪里。

"我是谁？你看不见我。

"我是方正智能电路板。

"方正IT，正在你身边。"

《方正跨媒体阅读解决方案篇》

"我发现。

"有些字写在手机上，也写在你的脸上。

"有些字写在屏幕里，也写在你心里。

"有些字写进了书本，也写进了你的思绪。

"你读懂了文字，我读懂了你。

"有字的地方就有我，我让阅读无处不在。

"我是谁？你看不见我。

"我是方正跨媒体阅读解决方案。

"方正IT，正在你身边。"

最后每个单元的广告都是以"我是谁？你看不见我，我是方正……"的广告语作为结尾。每篇广告中的镜头都是普通人的普通生活，真实而细腻，温馨而感人。凡是看过《正在你身边》这则广告的人都会被其深深打动，同时也会恍然发现，原来方正的产品已经渗透到这么多行业中，原来自己每天都会与方正的产品打交道。甚至有网友称，《正在你身边》是难得一见的温情广告。

没有炫目的明星助阵，也没有煽情的口号，方正只是用一个"见证者"的口吻把普通人的生活感受娓娓道来，让人们感受到来自方正的关注和支持，并看到方正依旧为改变人们的生活而努力的形象。广告的创意者通过四个篇章将方正打造成了一个人们看不见的"英雄"，它存在在每一个人们想不到的地方，为人们的生活提供着便利。

感冒时，还好有你

——泰诺感冒药广告语

感冒是一种最常见的传染性疾病。如今，老百姓自行购买感冒药已经成了一种十分普遍的行为。但市面上各种各样的感冒药广告铺天盖地，到了药店，感冒药更是可以占满一个柜台。如何选择感冒药是很多患者都会遇到的难题，没有专业的医疗知识，只能通过广告对感冒药进行了解，这是大部分人的选择。这就意味着广告做好了，销路也就不成问题了。

那么如何与市面上其他感冒药品的广告区分开来呢？泰诺广告从消费主张这一侧

面寻求到了创意点。

广告一开始，就是一个女孩准备乘车离开的镜头，紧接着就是她母亲的叮咛声："莹莹啊，你在那边要多注意，喏，全带上。"说完，便拿出一大包感冒药。这时，车进站了，女孩儿着急赶车，说了句："妈，不用了。"说完便上了车。

坐在车上，女孩儿望着车外不断倒退的风景，脸上露出开心的笑容，前方等待着她的是一种全新的生活。她相信，只要自己努力，就一定能够实现自己的梦想。到了新的城市，女孩儿努力地工作着，偶尔接到母亲的电话也是匆匆说上几句，就再一次投入到紧张的工作中。

女孩儿的努力渐渐得到了领导的赏识，对方开始将更多更重要的工作分派给她，为了完成工作，女孩儿常常熬夜加班。一天，已经很晚了，在女孩儿正埋头苦干时，手机收到了一条短信，是母亲发来的。打开来看，是一个链接，上面写着"妈妈不用你熬夜换升职，只要你健康不感冒，就是我最大的财富。"

第二天下起了大雨，女孩儿站在雨中等待客户，结果却被客户以"赶时间"为由拒绝了这次晤面。女孩儿当即从包中又掏出一份文件冒雨敲开了车窗，说道："我知道您很忙，所以特地打印了一份，给您路上看。"客户在稍稍惊讶后，收下了文件。车开走了，女孩儿却感冒了。偌大的办公室中，只有女孩儿的办公桌还亮着灯，并不时传来打喷嚏的声音。

工作的间隙，女孩儿看着桌子上放的包裹，自言自语道："妈又寄了什么？"终于，工作完成了，但是雨还在下。女孩儿不得不抱着包裹，冒着雨回家。结果在下楼梯时她不慎滑倒，手中的物品散落一地，包括母亲寄给她的包裹。包裹里面有围巾、母亲和女孩儿的合照，还有感冒药。女孩儿握着被扭痛的脚踝从地上捡起一盒感冒药，上面贴着一句话"给我爱感冒的小迷糊"，落款是"妈妈"。女孩儿看着手中的感冒药，想到了自己在家感冒时母亲照顾自己的情形。

就在这时，电话响了，女孩儿接起电话，里面传来了母亲关切的声音。女孩儿强忍着泪水，听着母亲对自己的叮嘱。母亲见女孩儿半天不回话，以为女孩儿正在忙工作，于是准备挂电话，这一次却被女孩儿制止了，女孩儿声音哽咽地说："别，妈，我想多听听你的声音。"

母亲当即听出了女孩儿声音中的不对劲儿，紧张地问道："怎么啦？生病啦？我给你寄了感冒药。你呀，一个人在外面，我又不在你身边……"

"妈，就你对我好。"随着女孩儿心情变好，雨也渐渐停了。

"傻丫头，我知道工作是你的全部，你就是妈妈的全部。你去哪儿呀，妈妈都想着你，支持你。"

"妈，我知道，还好有你。"随着这句广告语被女孩儿说出，新的一天到来了。

屏幕下方出现了"酚麻美敏片"的字幕，同时出现的还有女孩儿与妈妈的照片。

接着一只手伴随着画外音将一盒泰诺放到了桌子上："从鼻子到全身，缓解各种感冒症状。爱到极致，无微不至。"

这被拍成一部温馨的小短片的感冒药广告让许多观众为之感动。在这则广告中，那句"还好有你"将泰诺进行了拟人化的修饰，既指还好有妈妈的关怀，也指感冒时还好有泰诺感冒药。在这里，广告创意者将泰诺感冒药比作妈妈的关怀。

虽然每一个生病的人都要吃药，但是从泰诺广告的拍摄角度可以看出，创意者将目标客户群定位在了背井离乡的上班族身上，这些人工作繁忙，却缺乏来自亲人的关怀，生病时也没有亲人在身边照顾，这个时候，还好有泰诺感冒药在身边，能够给予他们"亲人"般的照顾。

除了在视频广告中大打亲情牌外，在网页广告中，泰诺的广告也温情十足，它推出了送"心意卡"的活动，也就是短片中妈妈发给女孩儿的那个短信链接。通过"心意卡"，消费者可以将自己的关怀写下来，然后它会被制作成精美的图文信息，发送到自己想要关怀的人的手机上。

这是许多药品广告都忽略的环节，它们只是一味地强调药品的疗效，却忽略了生病的人最需要的是关怀。而这一点泰诺广告做到了，并做得十分好。

我的眼里只有你

——娃哈哈纯净水广告语

"我的眼里只有你"不是说给情人的甜言蜜语，而是娃哈哈纯净水的广告语，一经问世，它就给人们留下了难以磨灭的印象。作为全国纯净水第一品牌的娃哈哈，在众多瓶装水以纯净、健康、卫生为诉求的情况下，娃哈哈力图塑造出一个不一样的产品形象，而这就意味着娃哈哈纯净水必须将其生命力张扬也体现出来。

为此，娃哈哈纯净水想到了一个"明星歌曲策略"的广告宣传方式，专门创作了一首名为《我的眼里只有你》的歌曲，并找了歌手景岗山来演绎。

在这则广告中，景岗山一副白马王子的装扮靠在一辆红色的跑车上，手中拿着一瓶娃哈哈纯净水放在眼前，四处张望。这时，人群中出现了一个长发美女，她的手中也拿着一瓶娃哈哈纯净水。看到景岗山后她嫣然一笑，然后将两人手中的纯净水当作"酒杯"碰了一下后紧紧拥抱在一起。

最后，画面上只剩景岗山一个人，他拿着一瓶娃哈哈纯净水，对着镜头说："看来看去，我的眼里只有你。"

广告中，景岗山帅气逼人，他的形象健康、青春，充满了活力，虽然不是大红大紫的一线歌星，但这却成为他代言这则广告的优势，因为这使广告避免了一线歌星所固有的"反感人群"，并能够得到大众普遍性的认同和喜欢。这正好与娃哈哈纯净水坚持"健康、青春"的宗旨相吻合。

娃哈哈纯净水接下来的广告同样延续了这则广告的风格。1998年，广告由毛宁代言，演唱同样是量身定做的歌曲《心中只有你》。1999年，青年歌星王力宏接着成了"娃哈哈纯净水"新的广告代言人，演唱《爱的就是你》。这三则广告就像是三步曲，从眼中只有你，到心中只有你，再到爱的就是你，一步一步，将消费者的"心"套牢。这就是"明星歌曲策略"最重要的地方，贵在轰动，更贵在坚持。娃哈哈纯净水的坚持，最终使得"健康、青春、活力、纯净"这一品牌核心内涵日益凸显出来。

广告语"我的眼中只有你"被赋予了双层的含义。狭义上，是将娃哈哈纯净水当作挚爱之人，眼睛里只有它。广义上，是在说明娃哈哈纯净水真正做到了纯净无杂质，所以即便透过它也看不到任何东西，只能看到"你"。

另外，广告的主题曲"我的眼里只有你"，其中的高潮部分"我说我的眼里只有你，只有你让我无法忘记，度过每一个黑夜和每一个白天，在你身边守护着你。我说我的眼里只有你，你是我生命中的奇迹，但愿我们感动天，我们能感动地，让我们生死在一起，永不分离……"从始至终一直萦绕在广告中。朗朗上口的歌词和先天浓郁的流行味道让这首歌瞬间唱红了大街小巷，也让人们一听到这首歌，就立刻想到了哇哈哈纯净水。

你好，幸福

——可口可乐广告语

在几十年前，中国老百姓对于可口可乐的印象是"黑色带气的糖水"，几十年后的今天，可口可乐已然成为家喻户晓的饮品，甚至成为一些人生活中不可或缺的一部分。多年来，可口可乐一直将自身定位在青年一代的身上，象征着青春和活力。但在新广告中，可口可乐却一改往日的宣传套路，走起了温情路线。

广告中，一群穿着东南亚服装的男子提着行李等待着大巴车。

字幕显示：每天成千上万的南亚劳工来到迪拜寻找更美好的未来。

车来了，他们陆陆续续地上了车。坐在车上，他们说："如果在这里打工能让我们的家人过得更幸福的话，那我就一辈子都在这里打工。"

在迪拜，他们住在简陋的房子里，那里拥挤而潮湿。

一个打工者说："我做这些是为了让孩子可以有受教育的机会。如果他们能生活得更好一点，我也就值了。"

他们每天吃着粗茶淡饭。

一个比较年轻的打工者说："我希望每天都能听到他们的声音，哪怕几分钟。如果能听到的话，我就太开心了。"说完，他拿出一张照片，上面有他的一对儿女。

字幕显示：他们日工资 6 美元，打电话回家要 0.91 美元/分钟。这让他们不可能经常与家人联系，可要是每瓶可乐都能带来几分钟的幸福呢？

屏幕变成一片红色，就如可口可乐包装上的颜色。接着镜头转换，出现了一个在纸上画设计图的画面，接着设计师开始在电脑上设计效果图。效果图做好后，产品便被投入到了制造当中。随着电焊工人、技术工人、油漆工人的努力，一个外形似放大版可口可乐的电话亭出现在了大众面前。接着电话亭被可口可乐的厢式货车运到了打工者的居住区，在众人惊讶的眼光中被分放在各处。大大的红色电话亭上印着"你好，幸福"，这引来了许多人驻足观望。

字幕显示：我们将可口可乐的瓶盖变成了货币。

第一个人走进电话亭，第二个、第三个……他们将手中的可口可乐瓶盖像投钱币一般放进"投币口"，电脑自动扫描无误后，他们就可以打电话了。

电话亭门口的人越来越多，那里渐渐排起了长龙似的队伍。每个从电话亭里走出来的人都面带着幸福的笑容。

一个人对着镜头开心地说："我又多攒了一个瓶盖。这样明天我就又能给我老婆打电话了。"说着，他从上衣贴近胸口位置的口袋里掏出一个红色的瓶盖。每一个站在电话亭外的人，手里都拿着一个瓶盖。

另一个人说："我周末给弟弟打电话了，今天又打了，他可高兴了。"

又一个人说："我老婆生气了，所以我换了个号给她打，她很惊讶，但可高兴了。"

字幕显示：因为快乐就是可口可乐和一个打回家的电话。

最后，屏幕变得漆黑一片，只有一点亮光从可口可乐的电话亭里透出来，里面站着一个人正在打电话，屏幕下方写着广告语："你好，幸福。"

遵循"一则广告只能有一个诉求点或说明一个问题"的铁律，可口可乐的此支广告没有将宣传重点放在宣传产品口感或是带来的享受上，而是将情感作为主要的诉求点。整则广告看似是为打工者所拍摄，但实际上却感动了所有人。每一个看到这则广告的人在购买可乐时，都会想到可口可乐做过这样一个充满了人情味的广告，从而情感天平就会倾向可口可乐。

甚至有很多网友大呼："可口可乐把广告拍成这样，让其他卖汽水的怎么活？"事实确实如此，广告语"你好，幸福"，将原本一瓶很普通的汽水赋予了人的特质，它成为外来务工人员联系亲情的"大使"，为大家提供了免费的打电话服务，让人们时刻感受到家的温暖，满足内心的幸福感，这确实是其他饮品广告没有做到的事。

再加上广告的背景音乐从一开始背井离乡的感伤，到后来电话亭被建成投放逐渐由缓慢沉重变得轻松欢快。这从侧面体现出了打工者想家时的难过，和能给家里打电话后心里的开心。这就是成功的营销，除了创意之外，还能够将自身的社会责任融入营销的创意之中。

省优，部优，葛优

——双汇火腿肠广告语

一提到火腿肠，人们首先就会想到"双汇"这个品牌。作为知名的火腿肠品牌，双汇并不是最早进入火腿肠市场的，但是却后来者居上。双汇之所以能够在短时间内占据全国的市场，与那部"省优、部优、葛优"的幽默广告有很大关系。

广告中，葛优坐在一张大桌子前若有所思。这时，冯巩走了过来，充满关切地问葛优："冬宝，想谁呢？"

葛优头也不抬，无精打采地回答说："想戈玲呢！"

"别想戈玲了，我给你介绍一位新朋友——双汇。"冯巩语气温和，拿出两根双汇火腿肠，放到葛优面前。

葛优拿起火腿肠，一字一句念道："还是中国公认的名牌产品呢！"

过了一会儿，冯巩指着一桌子的火腿肠问葛优："还想戈玲吗？"

葛优面露不解之色，反问冯巩："戈玲是谁？"

最后广告语出现——省优、部优、葛优。

冬宝和戈玲是我国第一部情景喜剧《编辑部的故事》中男女主角的名字，这部电视剧在当时引起了播放热潮。其中葛优饰演的冬宝对吕丽萍饰演的戈玲进行死乞白赖的追求的桥段，给人们留下了深刻的印象。

不管是在电视剧，还是在广告中，葛优的"葛式"幽默都是打动观众的利器。作为一则极具幽默风格的广告，这则广告对幽默运用的尺度把握到位，始终围绕产品主线而幽默，并未出现因想表达幽默而忽略产品本身的本末倒置的现象。冯巩和葛优巧妙地再现了《编辑部的故事》中的喜剧特性，抓住了冬宝与戈玲的感情纠葛做文章，并通过对冬宝性格、外貌和举止等特征的表现，让大众在轻松愉快之中接受了产品的信息。

例如，广告中冯巩那句"别想戈玲了，我给你介绍一位新朋友——'双汇'"，将品牌带入得十分自然，而后来的"还想戈玲吗""戈玲是谁"则起到了画龙点睛的作用，让观众们忍不住想，双汇究竟有多好？让冬宝把戈玲都忘了。

最后末尾处，冯巩念出广告语"双汇火腿，省优、部优、葛优"时，葛优配合的呆萌表情和大智若愚的"傻笑"，更是喜剧效果十足。与商业味浓烈、缺乏艺术情趣、不够生动、刻板僵硬的传统普通广告相比，不难想象为什么这则广告能够在社会上引起强烈的反响，并能够成为大学生们最喜欢的广告了。

温暖在手，感谢在心

——康师傅经典奶茶广告语

公共号的出现，令微信、微博等平台成为广告宣传的又一有力工具。其中，康师傅就搭上了微信营销这一趟早班车，利用微信平台给用户带来了不少惊喜，粉丝量多达近两百万。2014年冬天，康师傅经典奶茶推出了"温暖在手，感谢在心"的宣传广告，在寒冷的冬季，为消费者带来了丝丝温暖。

为了令宣传效果更佳，广告创意者还制作了五张图片，放在了微博的讨论平台上。图片上不但有"温暖在手，感动在心"的广告语，还有康师傅经典奶茶的产品及新装，并且还表达了一定的主题思想。

《闺蜜篇》

图片上，两个女生背靠背坐在一起。

文字信息：闺蜜是——今天吵，明天笑，近了闹，远了想。

《同事篇》

图片上有很多只手，举在一起，每只手都竖起了大拇指。

文字信息：同事是——比朋友更多相处，比家人更多理解。

《同学篇》

图片上有四个年轻人，他们怀中抱着书，在校园里边走边说笑。

文字信息：同学就是——一起经历青春，未来一同怀念它，

《知己篇》

图片上两个小孩站在一个车轮子做成的秋千上玩耍，背后是落日的余光。

文字信息：知己就是——像面对一面镜子，让自己更看清自己。

《兄弟篇》

图片上是一群男孩子的背景，最近的两个人中，其中一人手里抱着吉他，边走边弹奏。

文字信息：兄弟，虽有很多种称呼，但兄弟间只说："放心，有我呢！"

这五张图片的内容都来自真实的生活中，色调无一例外都是暖暖的暖色调，让人看了后马上就会心生暖意。在每张图片的下方都有信封，信封上印有一个二维码，二维码上面写着："码"上写下你的感谢。粉丝们只需要用手机扫描一下二维码，就可以参与其中。

与微博不同，微信上的宣传虽然少了一点"暖"意，但是制作感谢信的过程，却更加有新意。粉丝们只需要点击官方账号下面的"感谢信"，然后上传照片，并写下感谢语，就可以制作专属的感谢信，最后只需要@自己想要感谢的人，就可以将感谢信送给他。

现在人们的生活步伐越来越快，这导致大家很容易忽略身边的人，尤其是那些帮助过自己的人，此次康师傅经典奶茶的广告，唤起了藏在人们心中那份久违的感激之情。冬季里，人们最需要的就是"温暖"，不管是一杯温热的奶茶，还是一两句贴心的话语，它们都能给予人们抵御寒冷的能量。

广告语"温暖在手，感动在心"运用了对偶的修辞手法，表达了康师傅奶茶能够通过温暖双手来满足消费者内心的产品诉求。广告不管是在微博上的宣传，还是在

微信上的宣传，都没有离开"暖心"这一主题，当下，这样的主题十分讨巧，它不但能增进朋友、同事之间的情谊，还能在递出感谢的同时，送出岁末的祝福。

　　微博和微信的受众面不如电视广告或者户外广告大，但是却也是不容忽视的宣传力量，拥有微博和微信的用户大部分都是年轻时尚的一族，与康师傅经典奶茶的目标客户群相吻合，因此运用微博和微信是借用了粉丝的力量，实现了精准营销，并快速扩大了公共号在微博和微信中的影响力，可谓是一举多得。

为爱注入"唐"分

——比亚迪新能源汽车"唐"广告语

　　2015 年，比亚迪汽车继《载爱回家路》后再一次打出了感情牌，以"为爱注入'唐'分"为主题，制作了两则平面广告。第一则是将人类这种"承前启后"的爱用一组平面广告表现了出来；另一则是将行业中的竞争对手，用"唐"黏合了起来。"唐"是比亚迪新能源汽车的名称，而"唐"字音同"糖"，代表着甜蜜和幸福。"为爱注入糖分"后，这爱就会变得更加甜蜜和幸福，意在告诉消费者，让比亚迪新能源汽车"唐"走进他们的生活，生活就会变得美满甜蜜。

　　第一组平面广告表现的是安全感，小时候父母给我们的安全感，和长大后汽车"唐"给我们带来的安全感。

　　图片中，一张是表现儿时学骑自行车的场景，自行车车把上，一只小手放在一只大手上。

　　文字信息为：记忆里，他在身旁，我便拥有最温暖的依靠。

　　另一张图片是长大后娶妻嫁人时，从汽车上下来那一刻，新郎为新娘穿鞋的情景。

　　文字信息为：如今，我的身旁，有你便有触手可及的安全感。

　　下面一排小字：唐，超级全时电四驱。

　　第二组平面广告表现的是牵挂。

　　第一张图片中，一双沧桑的手正在往行李箱中放行李。

　　文字信息为：记忆里，初次离家，行李箱塞满了她的牵挂。

　　第二张图片是汽车后备箱的特写镜头，里面塞满了礼物，还有一个可爱的小孩儿。

　　文字信息为：如今，每次回家，车尾箱塞满了我的思念。

　　下面一行小字：唐，超大容量的后备箱。

第三组平面广告表现的是心愿，儿时父母完成自己的心愿和自己长大后满足爱人的心愿是自己努力的最大"动力"。

第一张图片的内容是一家三口坐在一起看相册的情形。

文字信息为：记忆里，我说过的话都住在他们心里。

第二张图片的内容是一男一女的食指各顶着一枚放在汽车上的戒指。

文字信息为：如今，你所说的话，我都用心去体会。

下面一行小字：唐，超级三擎，强劲动力。

第四组平面广告表现的是味道，儿时妈妈做的饭的味道和长大后自己为儿女准备的每一餐。

第一张图片的内容是一双手在包饺子的情形。

文字信息为：记忆里，家的味道，全是我最爱的佳肴。

第二张图片的内容是一家三口坐在郊外野炊的情形，身后停着比亚迪新能源汽车。

文字信息为：如今，家的味道，是为你准备的美味。

下面一行小字：唐，超级双模技术。

第五组平面广告表现的是家庭的团结，不管是过去还是未来，一家人共同进退。

第一张图片中的内容是儿子毕业了，紧紧拥抱自己的母亲。

文字信息为：记忆里，幸福源自于他们的忆苦思甜。

第二张图片的内容是一家四口人拉着手在草地上奔跑的欢乐情景，背后同样停着比亚迪新能源汽车。

文字信息为：如今，幸福，是与你共同守望未来。

下面一行小字：唐，百公里加速 4.8 秒。

爱的表达方式是一代又一代人的沿袭，不管人们是否承认，它就是这样的存在。一个人在儿时"接收"到什么样的爱，长大后，就会"释放"出什么样的爱。尽管时代在发展，社会在不停地变革，但是唯一没有改变的，就是人与人之间的"爱"。比亚迪新能源汽车的这则广告将"唐"作为隐喻的线索，把人们记忆里的生活和现在的生活通过两组图片连接到一起，揭示了无论是在过去、现在抑或是在将来，亲情都是永远不变的爱。这一方面能够让大众从中找到情感共鸣，另一方面向大众说明了比亚迪新能源汽车"唐"是一个"承前启后"的产品。

另一则广告中，比亚迪做起了"红娘"，将行业中的死对头"拉"到一起，有些搞笑的同时，也让人感受到了浓浓的温情。

第一组平面广告中，是红罐凉茶加多宝和王老吉手牵手坐在"唐"里。

文字信息为：不管你行还是我行，新年我们一路同行！

第二组平面广告中，是杜蕾斯和冈本抱在一起坐在汽车的后座上。

文字信息为：不管用什么方式进出，最重要是待在里面久一点。

第三组平面广告中，是腾讯的小企鹅和支付宝的淘公仔一同站在"唐"汽车前。

文字信息为：春节，为对方"支付"爱！

第四组平面广告是可口可乐和百事可乐坐在"唐"的车顶上干杯庆祝的画面。

文字信息为：不管什么可乐，春节一切都要可乐！

第五组平面广告中，是天猫和京东一同坐在"唐"汽车中，身后是一堆礼物。

文字信息为：不做好快递的电商，不是好宠物。

第六组平面广告是国产手机中兴通讯和华为荣耀两个"人"站在"唐"前面握手。

文字信息为：成就梦想，"为兴中华"！

第七组平面广告中，是外国手机苹果和三星坐在"唐"汽车上。

文字信息为：春节的祝福，少不了你们帮忙传递接收！

每个行业中都存在着"死磕"的竞争对手，但多数人都采取"事不关己高高挂起"的态度，比亚迪却"蹚了这浑水"，用调侃、幽默的文笔和规劝式的语气，引起了无数大众的情感共鸣。更重要的是，比亚迪在"管闲事"的过程中，也没有忘了做"正事"，那就是在广告中从各个角度展示比亚迪"唐"汽车的车型和内饰，让大家在看"热闹"的同时，也深深记住这颗"唐"。

去旧迎新，新"脸"快乐

——韩后化妆品广告语

2005 年，以"有机"为卖点的韩后护肤品问世，十多年来，它受到了很多中国消费者的欢迎，为了进一步扩大市场份额，韩后将目光锁定在了春晚这一宣传平台上。自古以来，关于春节，我国有着很多习俗和传统，吃饺子和去角质就是其中之一。而作为外来品牌的韩后护肤品就将这两种习俗以一种巧妙而又啼笑皆非的方式联系到了一起。

广告中，一个留着光头、戴着眼镜、围着红围巾的男子给自己的女朋友打电话："喂，宝贝，在干啥呢？"

女朋友一边往脸上涂化妆品，一边回答："去角质。"

而男子却听成了"吃饺子"，于是高兴地说："你也在吃饺子啊。"

"去角质！"女朋友再一次强调。

"吃饺子啊！"男子对女朋友再一次说"吃饺子"而感到不解，手在光溜溜的脑袋上摸来摸去。

"去角质！"这一次，女朋友加大了分贝。

旁白音：脸滑溜溜，新年就顺喽。韩后去角质素，新"脸"快乐。

最后出现韩后的标识。

这个只有14秒的广告是韩后花了1亿元与春晚特约的。"吃饺子"的台词多次出现在大年三十的晚上倒是很应景，同时这也沿袭了韩后广告一向不按常理出牌的风格。

化妆品广告通常都是以"明星美女+无敌功效"的形象出现在大众面前的，像韩后这种将民俗引入广告的化妆品广告可不多见。

"去角质"是我国另外一种独特的过年习俗，在新年到来之际，女人想要交好运，除了除夕那天要沐浴更衣、摆桌拜祭招待好各路神仙之外，还要认真彻底洗脸、去除脸部角质，寓意有新脸，如此做了之后能保证新年财旺、人旺、桃花旺，事事都旺了，好运自然也到了。了解了这一习俗，就不难理解广告中透露出的"去角质，年就顺了"这一信息了。

而如果只在广告中强调韩后去角质这个功效，恐怕是很难令人记住的。一来以此作为产品诉求的产品不在少数；二来在喜迎新年之时，人们更关注与新年有关的事物，各大品牌的广告也都充满着"年味"。因此，广告创意者很巧妙地将"去角质"与"吃饺子"联系到了一起，因为这两句话在发音上有一定的相似之处，很容易混听。然后再在广告中设计一对小情侣打电话的情节，男主角三番两次将对方的"去角质"听成"吃饺子"，这让电视机前的观众也忍不住为男主角的听力感到着急。在达到了一定的喜剧效果的同时，也让观众清晰地记住了"去角质"这三个字。

广告语"新'脸'快乐"与"新年快乐"发音相似，喜欢看韩剧的观众就能发现很多韩星在说"新年快乐"时，由于发音不准，就变成了"新'脸'快乐"。这一方面是韩后化妆品在向中国的消费者拜年；另一方面，告诉消费者使用韩后能够让你的"脸"变得年轻，那自然也就快乐了。

这则广告的成功之处在于利用了消费者在新的一年中求好运心理，启用"习俗营销"战略，将时尚的美妆文化和传统的习俗文化对接，从而创造一种新的消费关键，即不但要在新的一年漂漂亮亮的，还要辞旧迎新交好运。

【同类范例】

王者享受，享受之王。	——酒品广告语
创造美味的艺术大师。	——味精广告语
步履似春风。	——制鞋公司广告语
它对眼睛是如此的宽厚仁慈。	——台灯广告语
燕京啤酒，清爽宜人。	——燕京啤酒广告语
美加净护手霜，像妈妈的手，温柔依旧。	——美加净护手霜广告语
邮政是您的聚宝盆。	——中国邮政储蓄银行广告语
东西南北中，好酒在张弓。	——张弓酒广告语
中国人的生活，中国人的美菱。	——美菱冰箱广告语
上天猫，就购了。	——天猫网站广告语
电话就是你的高速公路。	——贝尔电话广告语
它工作，你休息。	——凯歌全自动洗衣机广告语
用爱好来写作，写作就会成为你的爱好。	——爱好牌铅笔广告语
一握农行手，永远是朋友。	——中国农业银行广告语
康必得，得必康。	——康必得感冒药广告语

第 十 章

市场定位广告标题

市场定位广告标题就是根据产品市场和消费者的心理及购买行为，将某件产品或某项服务确定为消费者需要的东西。

　　市场定位广告标题形式广泛，有的标题也会配合一些电视广告来为某件产品或某项服务做宣传。不过，就广告标题本身而言，人们多数能够通过标题表面看出其定位。有的广告标题就是根据企业形象定位的，比如"世界在变，创新不变"。这是方正集团的广告语。在这句广告语中，方正集团简明扼要地告诉了广大消费者，方正集团是一家致力于高科技技术创新的企业，不论世界如何变迁，方正集团将永远保持创新活力，为社会提供最先进的科技产品。有的广告标题是从心理上定位的，比如美特斯·邦威的广告语"不走寻常路"。能体现出这句广告语的特质或者有这样追求的，必然是充满朝气的年轻人。所以，这句广告语十分巧妙地抓住了年轻人追求个性的心理，其市场定位以及目标消费群体不言自明。

【创作技巧】

1. 根据产品、服务的特征定位市场

　　在创作定位广告标题之前，创作者首先要明确某件产品或某项服务的最大优势，而这些优势最好是其他产品或服务不具备的。用这些优势作为市场定位，不仅新颖奇特，而且能够有效地吸引消费者的目光。

2.以不同的消费群体定位市场

随着现代产品和服务功能的细化，定位广告标题也可以从年龄、性别、身份等多有不同的消费群体上定位。这样一来，产品或者服务的受众就显得格外明确，从而减轻了受众群的盲目性，有利于消费者的选择。

3.根据不同心理定位市场

不同年龄段的人群会有不同的消费心理和追求。对于年轻男女来说，他们崇尚个性，追逐潮流，喜欢"我就喜欢"之类的充满个性和活力的广告语。对于中老年人来说，他们喜欢高品质、简约的生活，所以，他们更青睐一些简单、温情的广告语。以此看来，根据不同的消费群体的心理去创作市场定位广告标题，也是一种高明的创作技巧。

【创作赏析】

世界在变，创新不变

——方正集团形象宣传片广告语

方正集团由北京大学于 1986 年投资创办，是中国改革开放以后成长起来的著名高科技企业。方正集团拥有 6 家在上海、深圳、马来西亚及香港交易所上市的公众公司和遍布海内外的 20 多家独资、合资企业，员工 1.5 万余人，名列国家首批 6 家技术创新试点企业之一，500 家国有大型企业集团之一，120 家大型试点企业集团之一。

因为有北京大学投资的背景，所以从一开始，方正集团在技术人才方面就占有着得天独厚的优势，很快就发明了激光照排技术并形成独家垄断。因此，方正集团得到了高速成长，成为一家"巨无霸"的企业。但是，随着发展速度的变快，管理制度得不到完善，再加之企业管理人员都是技术出身，公司的各种弊端开始显露，这严重阻碍了到方正集团建立现代企业制度的步伐，于是一场变革势在必行。

除了内部需要进行优化和改革之外，方正集团首先要做的就是重塑企业形象，以一个全新的面貌面对公众。广告策划团队接到这个任务后，首先对方正集团进行了深入的了解，结果他们发现，方正集团具有强大的研发能力，从过去的激光照排技术一直到电子书出版、数字广电等领域，方正集团开发了多种技术和产品，引领了整个中国信息产业技术的潮流。方正集团毫无疑问是一家富有创新精神的高科技企业。

但是，在进行市场调查的时候，策划团队发现方正集团给公众的普遍印象是品牌老化、没有活力，甚至还有人对其的认知仅限于一家电脑生产商。公众之所以会对方正集团有这样的印象，是因为早期的方正集团一直专注于技术的创新，所以忽略了广告宣传的重要性。

抓住问题的根源后，策划团队经过讨论一致认为，方正集团是一家创新型企业，并从其"创造科技与文明"的经营理念中提炼出"创新"的核心观念。正是因为创新，方正集团才得以发展壮大，一步步走到今天。可是，从改革开放以来，很多企业都是以创新为口号的，所以这致使"创新"二字沦为一个空洞的口号，如今策划团队要考虑的是，如何推陈出新，使其再度爆发出力量。

策划团队经过讨论，都认为方正集团是用创新改变世界，改变是创新一个很好的概念延伸，而这个世界什么都可以改变，唯一不变的就是改变，于是方正集团的形象广告语终于浮出水面：世界在变，创新不变。

形象广告语既定，关于方正集团的形象宣传片也很快出炉。广告画面始终紧扣"世界在变，创新不变"的主题，将中国古老的文明和现代科学技术或层递展现，或突出传达，其目的都是在向世人说明：方正充满活力，持续创新。方正是民族的，也是世界的。

通过这则形象广告，方正集团以一个全新的面貌出现在公众面前，并有效地区隔了竞争对手，确立了现代创新型企业的定位。

立足中国，融入生活

——肯德基广告语

在当下的中国，不论走到哪个城市，总能在繁华闹市区发现一家肯德基店。有人不禁要问了，一家来自美国的连锁餐厅，为何能够轻而易举地立足中国餐饮市场并把连锁店开到全中国？

其实，肯德基之所以能立足中国并受到国人的青睐，是与其所提出的"立足中国，融入生活"的广告语分不开的。这句广告语看起来平淡无奇，一时又难以找到可圈可点的地方，但这是肯德基专门针对中国提出的经营理念，并行之有效。也正是在这句广告语的指导下，肯德基才会取得今天辉煌的成就，这不能不让人折服和震惊。

1987 年，肯德基在中国的第一家餐厅开业。其后的二十多年中，肯德基始终秉持着本土化的经营理念，不论是在广告宣传方面还是在产品方面，都会根据中国人的爱好来创新。尤其是在产品方面，肯德基从未停止过创新，一直围绕着中国人的口味源源不断地开发了鸡肉卷、十全如意沙拉、玉米沙拉、番茄蛋花汤等新产品。肯德基还结合了中国的饮食文化传统以及不同地域的不同风味，推出了具有浓郁中国特色的"京、川、粤"等口味的产品。此外，肯德基还打破了过去只卖鸡肉产品的传统，也开始出售其他肉类产品，比如深海鳕鱼、黄金蝴蝶虾、桑巴虾球、照烧猪排堡等。

除了在产品方面努力之外，肯德基还在不断研究和总结中国人的生活习惯和方式，因为肯德基知道中国人讲究养生，尤其在意食物里的营养价值。为了迎合中国人的生活方式，肯德基于 2000 年成立了"中国肯德基食品健康咨询委员会"，专门研究食物里所含的各类营养以及食物搭配的合理方式，以供消费者参考。

"立足中国，融入生活"这句广告语虽然十分朴实，但是肯德基却身体力行地用自己的实际行动将它落到了实处。这也许就是肯德基在中国长盛不衰的原因吧。

百变，所以美丽

——百丽女鞋广告语

"百变，所以美丽"这句略带俏皮的广告语，令观者在看第一眼的时候，就能通过"百变"和"美丽"这两个关键词，轻而易举地判断出这是一则关于女性产品的广告语。

不错，这确实是国际知名女鞋品牌百丽的广告语。百丽于 20 世纪 70 年代创办于香港，在 90 年代由香港著名设计师、实业家邓耀引入内地，并针对国内市场对品牌重新进行了包装和定位，获得了消费者的极大欢迎。百丽主打时尚女鞋，以"舒适、简约、职业、成熟"为主流，但又不乏新潮、时尚和前卫，确立了鲜明的品牌形象。

百丽（Bally）的名字取义法语"美丽的女人"，那么怎么才能算是"美丽的女人"呢？百丽在平面广告中给出了这样的答案："没有美的欲望，就没有美的希望。光彩不一定来自太阳，有时也来自于自信。开放的思想比绽放的花儿还美。百丽，百变，所以美丽。每一分钟，我的年龄在变；每一季，我的目标在变；每一年，我的梦想在变。百变，所以美丽。"

通过这段如诗歌般富有韵致的广告词，百丽宣扬了一种生活态度和生活方式：现代社会潮流变化速度很快，在各种时尚概念更换交替中，女性要想变得更加美丽、动人，就要学会适应变化，这里的适应指的不仅仅是跟上潮流，而是强调女性都要保持独立以适应不同的环境，这样才能彰显出其独特的魅力，从这个层面来讲，这也是一种时尚和潮流。同时，"百变，所以美丽"这句广告语也告诉了广大女性，百丽始终紧跟国际潮流趋势，提供丰富多样的产品，是自信和热爱生活的女性最佳的时尚选择。这恰好与百丽的品牌内涵不谋而合，可谓是天衣无缝。

更令人叫绝的是，"百变，所以美丽"这句广告语，巧妙地将"百丽"品牌名称嵌于句的首尾，再加之语言活泼，很容易令人联想到一个青春而又时尚的女性踩着百丽的高跟鞋游走于各种场合之间，言谈之间从容淡雅，自信十足。这或许就是这句广告语深得人心的原因之一吧。

不走寻常路

——美特斯·邦威广告语

美特斯·邦威是一家集研发、生产、销售于一身的本土休闲服饰公司，成立于1995年。经过多年的发展，美特斯·邦威已经成为中国休闲服饰企业中的翘楚。

美特斯·邦威拥有如今成绩，是与其创立之初的产品定位有着莫大关系的。美特斯·邦威初创之时正值中国休闲服饰市场的蓬勃发展期间，各大服饰公司忙着抢占市场，根本没把美特斯·邦威这个后起之秀放在眼里。

而当时的美特斯·邦威因为资金缺乏，发展极其艰难。美特斯·邦威知道，要想在休闲服饰市场站稳脚跟，当务之急就是对品牌进行定位。因此，在进行了一系列的市场调查后，美特斯·邦威发现，一个服饰品牌是否具有个性化的特质，会直接影响到消费者的购买行为。这也从侧面说明人们已经开始追求个性化的生活方式，因为他们在选择一件服饰的同时，就是在展现一种生活态度以及个人品位。据此，美特斯·邦威把仅有的流动资金全部投在了产品的形象设计和品牌的塑造上，以期尽量扩大自己的知名度。

很快，美特斯·邦威就制作出了一条极具品牌个性的广告语：不走寻常路。美特斯·邦威把消费群体定位在20~25岁的青年男女。这个年龄段的年轻人不论身处何地都喜欢按照自己的想法去生活，从而摆脱随波逐流的枷锁．发出自己独立的声音向社会证明自己。而美特斯·邦威"不走寻常路"这句广告语极大地迎合了他们的心理，将年轻人的心理感触刻画得淋漓尽致，因而吸引了很多年轻人的关注。

美特斯·邦威正是通过"不走寻常路"这句符合目标消费群心理的广告语，成功走出困境，迎来了属于自己的成功。

感应魅力，触亮明日生活

——老板"尚品"油烟机广告语

随着现代人生活质量的不断提升，人们越来越意识到：厨卫空间的环境设施不仅影响着一个人的生活习惯和生活质量，也是健康生活的保障和前提，因此人们对高品质的厨卫电器产品关注度越来越高。

老板电器作为中国厨电行业的领航者深刻洞悉这一市场需求，在历经近 7 个月的市场调研、潜心研发后，推出一款全新高端吸油烟机产品"尚品"。在油烟机高端市场，老板电器虽然已占据了一席之地，但并不具备令消费者对其拥有高记忆度的能力。面对激烈的市场竞争，老板电器需要具有强势、独特记忆点的能够代表品牌形象的强势产品，以把握高端市场，吸引消费者关注。

一直以来，老板电器都秉承着"老板，更懂生活"的品牌主张，"更懂生活"不仅意味着老板凭借专业实力所引领的高品质生活，更体现了老板品牌为消费者营造的个性化、随心的高品质生活的核心价值。而此次"尚品"的上市依然会坚持"老板，更懂生活"的品牌主张，持续为目标消费者打造专属于他们的高品质生活体验。可是如何依托产品核心卖点，向消费者呈现出老板所倡导的高品质生活，并打动他们呢？

为此，负责"尚品"推广的广告团队针对厨电行业进行了一次调查，结果发现吸力强劲、免拆洗作为吸油烟机的基本功能已非高端机型所独有，所以"尚品"如果一如既往地以高品质、高价格形象上市，已经无法打动目标消费者。那么除了功能之外，还有什么能支撑起高端感受呢？通过深入的消费者调查，老板电器逐步找到了答案。

对于老板"尚品"高端新品的目标消费者——高收入人群而言，消费已经超越了价格、功能层面的考虑，他们更注重的是商品品牌的档次、形象、理念和气质是否与其自身相吻合。换言之，这部分消费者希望产品能够带给他们超凡的价值体验与高品质的生活感受，彰显个人的身份与价值，并获得社会的尊重与认同，这些需求恰恰都能够在"尚品"产品卖点上得到满足。

经过讨论，广告团队一致认为，唯有对于未来生活的无尽遐想方能将此种价值体验完满地诠释出来。因此创意沟通的概念最终用"感应魅力，触亮明日生活"这句广告语表达了出来。"触动"既是打开吸油烟机的开关的一个动作，又蕴含着开启一种全新生活体验的意思，将消费者使用商品的体验与心理感知融合在一起，"明日生活"既将目标消费者所设想的商品所带来的高品质生活完美呈现，也将前所未有的高端产品印象牢牢印刻在消费者心中。

广告投放后，迅速在市场上引起了极大的反响，不仅令商品在消费者心中留下了"触动明日生活"的无限遐想和深刻印记，并且通过形象、创新化的高端商品打造，再次奠定了老板电器在行业内的翘楚地位，提升了老板整体的品牌形象。

我就喜欢

——麦当劳广告语

"我就喜欢"取代了麦当劳连续用了近五十年的"常常欢笑，尝尝麦当劳"这句广告语。广告语的更换，意味着麦当劳在转换形象的路上又成功地迈进了一大步。这句广告语有效地抓住了年轻人追求个性的心理，引起了他们广泛的共鸣。也正是凭借这句广告语，麦当劳这家来自美国的老牌连锁餐厅成功地走出了困境，重新铸就辉煌。

2002 年，是麦当劳的危机之年。这一年，在美国本土，麦当劳被日本新品汉堡王抢去了不少市场份额；在亚洲、中东等地也有隐隐不敌"宿敌"肯德基之势……总之，分布在世界各地的麦当劳连锁店的业绩不同程度地出现了下滑。

面对危机，麦当劳没有陷入惶恐，也没有像没头苍蝇一样盲目寻找解决办法，而是十分冷静地开始自我反省。麦当劳自 1940 年成立以来，将主要精力放在在全球扩张上，多少有些忽略了品牌形象的维护，结果就出现了品牌老化的问题。

抓住问题的关键后，麦当劳便针对 20~35 岁的主要消费群体推出了"我就喜欢"这条广告语。对于年轻人来说，"我就喜欢"代表着我行我素，代表着一切都由自己做主，这种毋庸置疑的语气、不容否定的态度，就是年轻人和麦当劳共同需要的元素。麦当劳将"我就喜欢"这句口号以及附属系列广告推向了世界各地，以期重新引起年轻消费群体的关注。

麦当劳围绕主题广告语"我就喜欢"，拍摄了《玩具男孩篇》《跆拳道篇》《调酒师篇》等系列平面广告。以《跆拳道篇》为例，画面中，一个身穿白色跆拳道服、黑带束腰的女孩正与教练对练，她英姿飒爽，一脸霸气。下面是一行自白：我就喜欢跟老师动手。从我学跆拳道的第一天起，老师就教我认清了唯一的敌人——我自己，于是我就毫不留情地出手，打败了一个乖乖女。

这一系列广告画面、介绍之语虽然简单，却个性十足，在令人忍不住再三玩味的同时，也让受众明白了"我就喜欢"广告语所包含的意义。也正是通过这句广告语，麦当劳不露声色地将品牌升华为一场全民"找回自我，我就喜欢"的运动。

该系列广告投放后，麦当劳再次名声大噪，很快重新找回了"江湖地位"，在快餐领域继续与老对手肯德基角逐。

海信空调，变频专家

——海信空调广告语

中国空调行业竞争十分激烈，各大空调行业为了抢占市场，都使出浑身解数来开发更完美的空调，以增强自身的竞争力。海信空调也不例外。为了抓住消费者，它推出了变频空调，并凭借"海信空调，变频专家"这句广告语在众多空调品牌中脱颖而出，成功打开了市场。

海信的这句广告语十分简单，让人一看就能明白，海信不仅是变频空调，更是变频专家。所谓变频空调，就是比常规空调多了一个变频器。别小看这个变频器，它可以有效地控制空调的系统，使其一直保持良好的运转状态，从而达到节能的目的。所以，海信这句广告语虽然表面上说的是变频，而实质上强调的是节能。

此外，海信空调领先其他空调品牌率先提出了"变频"的概念，在牢牢抓住消费者的同时，也能让消费者将"变频"和海信品牌统一起来。只要一想到变频空调，人们就会想到海信空调。

变频空调因拥有巨大的节能优势而受到消费者的广泛关注。全球第一台变频空调是由日本东芝公司推出的，而中国的变频空调则是由海信集团于 1997 年研制成功的。从此，海信在"变频专家"的定位下，不遗余力地进行技术创新。经过多年的发展，海信的变频空调成为支撑国内空调整体市场的关键品种，并凭借出色的市场表现和销售业绩多次获得"全国畅销空调品牌""全国畅销节能空调品牌""全国畅销变频空调品牌""最值得信赖空调品牌"等荣誉。

"海信空调，变频专家"，海信空调，真的是名副其实的"中国变频老大"。

生活新篇，从此展开

——奔驰B级豪华运动旅行车广告语

不论在世界哪个地方，凡是在大街穿梭的汽车里，都能不时看到德国的奔驰轿车。作为世界知名汽车品牌，每一款奔驰汽车都能体现出其独特的人文气息和技术文化。从儒雅、大方的外观到性能优良的发动机，奔驰汽车近乎完美的工艺都能体现出德国人对完美的不懈追求。因此，在汽车领域内，"奔驰"二字成了高贵和品质的代名词。

2008年底，奔驰在中国推出B级豪华运动旅行车（B-Class）。这款车除了拥有超大的内部空间和独特的外形之外，依然承袭了奔驰品牌高贵典雅的气质。除此之外最令人瞩目的是，奔驰将这款车的价格定位在28.8万~31.8万元。

相比奔驰以往令人望而却步的其他车型的价格，此次B-Class的价格定位显得十分亲民，它让有一定经济基础的年轻消费者心生了购买的欲望。而这也恰恰说明了B-Class对目标消费群体定位确实十分精准。

B-Class还未正式上市之前，奔驰就进行了大量的市场调查，结果发现很多中青年人群虽然对奔驰汽车情有独钟，但因为价格的原因，他们最终还是选购了价格和性能相对比较合适的其他品牌的汽车。而他们之所以被B-Class锁定为目标消费者，是因为这个年龄介于30~39岁的群体在事业上取得了一定的成就，有的可能准备结婚，也有的准备要孩子，或者准备挑战新的事业。总之，他们不安于现状，渴望自己能有更多的进步空间，以实现理想，翻开生活的新篇章。而他们心中的期望，B-Class是完全可以满足的。因为B-Class是首度进入中国市场，如果拥有它，就预示着新的生活开始。此外，对于目标消费群体中的年轻夫妇来说，他们十分欣赏B-Class动感十足的外形及其独特的品牌文化；而对于年轻的父母来说，因为有孩子，他们十分重视B-Class的车内空间、舒适性以及安全度。基于此，B-Class的广告语呼之欲出："生活新篇，从此展开。"

为了让更多消费者知道B-Class上市的消息，奔驰在围绕主题广告语"生活新篇，从此展开"开展路演、网络宣传活动的同时，还制作了电视、平面以及户外广告。

在B-Class电视广告中，在夜幕的掩映下，悠扬的小提琴声如泣如诉，仿佛为城市里灯火辉煌的大楼披上了一张无形的纱帐。在大楼的某一个空旷办公室里昏暗的灯光下，一位身穿粉色连衣裙的女孩正低着头一副若有所思的样子。这时，大楼对面的屏幕上滚动出现了一行行的求婚誓言，真切而动人。女孩起身来到窗户前，一副惊讶而又幸福的样子——她看到了楼下的男友。之后，他们幸福地驾驶着B-Class，穿梭于繁华的都市，奔向属于他们的幸福新生活，而这十分完美地诠释了"生活新篇，从此展开"的主题广告语。

随着广告的播出，B-Class的上市引起了更多消费者的关注。尤其对于准备结婚的年轻情侣来说，B-Class求婚的广告让他们坚信：B-Class不仅是求婚的见证者，更是人生每个重大时刻的见证者，所以值得拥有。再加上物有所值的价格，使得B-Class成为很多有意购车的人的第一选择。

网聚人的力量

——网易宣传片广告语

成立于1997年的网易是中国领先的互联网技术公司，在开发互联网应用、服务及其他技术方面，网易始终保持国内业界的领先地位。网易对中国互联网的发展具有强烈的使命感，网易利用最先进的互联网技术加强了人与人之间信息的交流和共享，实现"网聚人的力量"。

"网聚人的力量"这句广告语是网易于2000年提出来的。这一年，中国互联网行业遭遇了一场前所未有的寒流，很多互联网公司受到冲击而纷纷倒闭，而网易当年7月在纳斯达克上市时遭到停牌。在这种大背景下，互联网行业哀鸿遍野，网易更是艰难度日。为了扭转局势，网易投资拍摄了形象广告，于是广告片《网聚人的力量》应运而生。

《网聚人的力量》由五个不同的场景组成，背景音乐激昂厚重，画面恢宏大气，十分震撼人心。画面一中，在太阳的照耀下，群山延绵起伏，雪花飞舞，天寒地冻，一位古装打扮的老者背着装满了石头的背篓，艰难地往上爬。此时旁白响起：要是长城只有一人建造。接着镜头拉近，老者将一块石头缓缓放在城墙上，城墙上傲然挺立着一只雄鹰，神情肃穆，与老者疲惫的神色形成鲜明的对比。最后，镜头拉远，老者回身站在烽火台旁边，头顶云海翻滚，远处大雾锁山，整个画面荒凉、孤寂。

画面二，在一个古战场上，旌旗飘扬，远处尘土飞扬，一支骑兵浩浩荡荡地杀来，将一位身穿重甲的将军围住。那位将军虽然势单力薄又身陷重围，却毫不畏惧，脸上浮现出一丝不为人察觉的诡秘笑容。等马队走近，将军从容不迫地将手里的火药弹抛向敌军。此时，旁白响起：要是火药的使用没人知道。接着，镜头拉近，火药弹滚落在敌军的马蹄边，马却纹丝不动。

画面三：一个舞龙者在宫墙内腾空而起，虽然身手十分矫健，但最终却被龙身缠缚，苦苦挣扎始终无法挣脱。旁白响起：要是节日只有一人庆祝。

画面四：一位满脸是汗的乒乓球女运动员从容发球，球轻快地越过栏网，却没有对手回应。旁白响起：要是只有乒而没有乓。接着镜头拉远，强烈的灯光照射下，整个体育场空旷无人，球台和女运动员变成虚像。

画面五：一位龙舟手奋力划桨，船桨拍打得水花四溅，龙舟手匆匆放下桨，擂鼓助威。旁白响起：要是面对挑战，都是孤军奋战。最后镜头拉远，不论龙舟手怎么努力，船依然在江心打转。此时，旁白和字幕同时出现：唯有同参与共分享，我们才能超越 12 亿倍的强。这就是互联网的力量。网易，网聚人的力量。

在广告中，网易并没有向大众炫耀新兴网络如何高科技、如何神乎其神，而是定位在以人为本，根植于人民大众之中，号召更多的人参与。网易意在揭示出这样一个道理：任何高科技离开了人，都一无所有。也只有全中国人民同参与，共风险，网络才会红红火火地发展。

这则广告播出后，网易知名度在一夜之间得到了极大的提升，虽然这并未扭转整个互联网行业的局势，但众多互联网从业人员从网易身上找到了信心，并开始坚持自己的梦想。

就这样，凭借广告积累的人气顺利地挺过停牌事件后，网易开始步入正轨，终于实现赢利。

大眼睛的小秘密

——强生美瞳隐形眼镜广告语

成立于 1886 年的强生公司，是世界上最具综合性、分布范围最广的卫生保健产品制造商、健康服务提供商，其产品畅销于 175 个国家和地区，生产及销售的产品涉及护理产品、医药产品和医疗器材及诊断产品市场等多个领域。

2005 年，强生公司旗下的隐形眼镜正式登陆中国。一经推出，产品就受到广大女性消费者的青睐，纷纷抢购。而当时中国隐形眼镜市场品牌林立，竞争激烈，强生隐形眼镜却能够在短时间之内迅速打入中国，对隐形眼镜市场进行了一次大洗牌。那么，它究竟是如何做到的呢？

俗话说："凡事预则立，不预则废。"强生公司作为世界知名保健品企业，能发展到如今的规模，绝非偶然。每次在新的产品上市之前，强生公司都要针对目标市场进行大量的考察和调研，以确定推广策略，而这次也不例外。

通过调查，强生公司发现，中国隐形眼镜市场在快速发展的同时，产品技术也是日新月异，各大隐形眼镜品牌都专注于技术上的领先，没有品牌差异点，因此产品的制造成本越来越高，价格也越来越贵，以至于消费者对其又爱又恨。强生公司知道，自己的隐形眼镜进入中国后，如果一味地追求市场占有率，只会加剧整个隐形眼镜市场的竞争。

根据消费者的反应，强生决定重新定义隐形眼镜市场，不断挖掘自己品牌和产品的差异性。因此，强生牢牢地把握住了中国女性内心最渴望的需要——美丽和漂亮。

除了提供隐形眼镜的安全卫生的功能利益外，强生隐形眼镜还具有美瞳功能。对于女性来说，没有人不在乎自己的仪容。尤其对于职场里的女性来说，有相当一部分人不愿意戴传统的框架眼镜，都选择了功能较为单一的隐形眼镜。她们认为"仪容"是构建自信的一部分，只有具有良好的"仪容"，她们才有自信去接触更多的人并愿意去做一些具有挑战性的工作。可见，自我形象是否良好会影响到个人的心态，甚至可能影响事业。中国女性虽然有爱美之心，表现得却十分含蓄，她们所追求的是自然之美。"眼睛是心灵的窗口"，一双明亮动人的眼眸，往往能够增加个人魅力。所以，很多女性一直都在寻找美目的方法，以彰显自己的个性和自信。

强生美瞳隐形眼镜极大地迎合了女性消费者的爱美之心，所以在推广方面，强生利用系列平面广告，直接将产品的美瞳效果表现出来，以突破女性消费者对价格的保留。其中，《大眼睛的小秘密》平面广告中，强生请同一位女模分别展现了使用强生美瞳隐形眼镜前后的效果，以强烈的反差印证了广告主题：大眼睛的小秘密。

强生用一句简单的"大眼睛的小秘密"的广告语和一幅简单的展示图，在精准地定位出消费群体的同时，也道出了产品有效的利益点，给爱美的女性一种购买的信心。这就是强生美瞳隐形眼镜成功的原因所在。

要，就来真的

——三星打印机广告语

三星作为一个世界性的品牌，旗下的笔记本、显示器、手机等多种产品都是各个领域的佼佼者。除去这些，三星也有自己的打印机品牌，只是因为没有做过广告，所以一直默默无闻。

2003 年，三星想通过广告提升其打印机的知名度，而当时的打印机市场除了佳能、爱普生、惠普这三大打印机品牌外，还有十几家中小打印机品牌，竞争十分激烈，而且这些品牌都有一群忠诚度很高的消费群体，三星打印机的广告该如何做才能快速争取到消费群体呢？

三星经过调研发现，不论是国外还是国内的打印机品牌，在做广告的时候，无一例外地把产品的卖点集中在色彩、清晰度、速度三个方面，三星如果也这么做，就意味着要进行一场同类化竞争。除了竞争激烈之外，三星将要付出更多的金钱和时间，而且还没有胜算的把握。面对这个不利因素，三星决定走差异化竞争路线，把消费群体重新定义为年轻的消费群体，然后通过树立品牌形象让年轻人喜欢上三星打印机。

定位了消费群体，接下来三星要做的就是确立一个能够传达三星打印机品牌态度的主题。对于年轻人来说，自由是他们最大的追求。因为只有自由，才能让他们展现本真、不受束缚，毫不犹豫地去做自己的事情。于是，一个全新的概念浮现了出来：尽情打印真我本色！既符合年轻人的个性特征，同时也将打印机的色彩还原性巧妙地做了诉求。然而这个概念还不够上口和有力，三星为此量身定做了一条广告语——要，就来真的。这句广告语将年轻人的口头禅演绎到打印机的形象广告，贴切而机巧。三星还以这条广告语为主题，拍摄了一则电视广告。

电视广告描述了一个纯美的爱情故事：在大学校园里，一个女孩气呼呼地跑过来不断地将贴在公告栏及道路两边的海报撕下来，几个男生从围墙边探出脑袋好奇地观看，只见海报上面是女孩的特写并且写着：I Love You！女孩怒气冲冲地撕下海报，跑到一个工作室前，踢开门大声质问里边的男孩这是怎么回事，男孩示意女孩回头：只见大门关上，之前海报的画面上多了男孩正在亲吻女孩的图像，在醒目的位置上写着"嫁给我"的求婚之语，女孩转怒为笑。电视广告将三星打印机"要，就来真的"的广告语与校园爱情完美地联系在一起，在大学生中引起了强烈共鸣。

这则电视广告投放不到半年，调查显示三星打印机品牌知名度得到了迅速提升。三星打印机把品牌形象切入到产品广告中，在短时间内赢得了新的消费群体。

【同类范例】

不同的裤，相同的酷。　　　　　　　　——李维斯牛仔裤广告语

男人的世界。　　　　　　　　　　　　——金利来服饰广告语

时尚小资的购物天堂。　　　　　　　　——苏州美丽新世界商场广告语

渴了，喝红牛；困了，累了，更要喝红牛。　——红牛饮料广告语

昔日宫中膳，今天百姓尝。　　　　　　——京都宫廷烤鸡广告语

蓝领人的啤酒。　　　　　　　　　　　——美国米勒啤酒广告语

男人应自己的声音。　　　　　　　　　——阿尔卡特手机广告语

垂直网站，深层服务。　　　　　　　　——垂直网站广告语

有见识的人都在此。　　　　　　　　　——天涯博客广告语

每一滴都透出最高贵的气质。　　　　　——麦氏咖啡广告语

小家小户好帮手。　　　　　　　　　　——单门冰箱广告语

新华服装，儿童世界。　　　　　　　　——新华服装广告语

网坛举步，名将风度。　　　　　　　　——风度网球鞋广告语

最动女人情，最懂女人心。　　　　　　——迪薇娜女装广告语

第十一章

情绪调动广告标题

情绪调动广告标题，又被称作诱惑广告标题，是假定使用某产品后能够给人们带来欢乐、美感、激动等体验，直接诱使消费者产生购买行为的标题。这类标题由于直接激发了消费者的情感，是一种运用广泛且富有效果的广告标题。与承诺类的标题相比较，情绪调动广告标题更强调给受众带来精神愉悦，而"承诺标题"则更突出产品给消费者带来的物质利益。

【创作技巧】

1.换位思考，了解顾客心理

想要打动消费者，首先要知道消费者的诉求是什么，而了解消费者心理最好的办法就是换位思考，假设自己是消费者，在看到这个广告后会不会产生购买的欲望，如果答案是否定的，那么这个广告标题就是失败的，因为连自己都吸引不了的广告标题，怎么可能吸引消费者呢？

通常情况下，能够诱使消费者采取购买行动的原因，不外乎使用某产品后能够带给他们欢乐、美感、激动或体验，也就是说能够令他们获得精神上的愉悦。但是，创作者不能为了吸引消费者，就在广告中进行虚假的承诺，欺骗消费者的情感。

2.主打"感情牌"，渲染温情气氛

标题中要多以家庭人伦亲情、甜蜜爱情和朋友之情作为内容进行创作。在使用亲情作为主题时，要突出亲情中所固有的血缘关系，如父母与子女之间的感情；在用

爱情做主题时，要突出异性之间那种热烈的情感；在用友情做主题时，要突出友人之间高尚的情谊，并且在广告内容中表现出一些人们日常生活的状态，这样就能引起消费者的情感共鸣，从而达到吸引消费者促进消费的目的。

3.巧用关键词，增加煽动性

在进行情绪调动类广告标题的构思时，可以将类似于温馨、甜蜜、幸福、美满、完美、亲爱的朋友、深情、妈妈……这样美好的词语运用其中。因为这些词语的出现，能够令广告标题更具有煽动性，更能够打动人心。

【创作赏析】

畅享中华地道滋味

——康师傅方便面"中华美食"系列广告语

在中华传统文化中，人们一直奉行着"酒香不怕巷子深"。但是随着市场产品的日益丰富，等着人们主动发现的时代已经渐渐远去了，几乎没有产品不是依靠做广告来打开知名度的。在方便面市场里，新品牌一波又一波，很多老品牌都被"拍在了沙滩上"，而康师傅却一直稳坐中国方便面生产厂商的龙头位置。除了其美味又多变的口味外，广告宣传也起到了不容小觑的作用。

2006年，广告策划者为康师傅方便面以"畅享中华地道滋味"为广告主题制作了一系列精彩的广告，将"华东美食""西北美食""西南美食""华中美食"等中华各地美食囊括其中。广告的具体内容如下：

1.感受美，感受美食——华东"江南美食"系列

广告一开始，是在一片充满着江南特色的绿色竹林中，一对俊男靓女看着一个老农在竹林里采摘竹笋，女生拿起一个新鲜的竹笋，闻着新鲜竹笋的味道。画面转换到一个现代家庭的厨房中，女生和妈妈用新鲜的竹笋做了一碗热气腾腾的面。画面再次转换，男生和女生依然站在竹林里，不同的是两个人每人捧着一碗康师傅方便面，在竹林里尽情地享受美味。

旁白音：我喜欢江南的青翠，空气中充满淡淡的甜味，还有那股浓郁的菜香。康

师傅"江南美食"，笋干老鸭煲，鲜香浓郁；东坡红烧肉，酥软滑嫩。这个味儿美，康师傅"江南美食"。

在这一个单元主要突出了江南之美无处不在。如信步在竹林中般，满目的青翠，空气里弥漫着竹叶的清香。康师傅"江南美食"口味的方便面选自江南名家私房菜，经过精心烹调，散发着曼妙的香味。整则广告综合起来看，可谓是形美、色美、味美，在美的氛围中，让受众感受到"江南山美、水美、人美，美食更美"的美食与美景融为一体的感受。

2.畅快够劲油辣子歌——西北"油泼辣子"系列

广告中是又一季辣椒丰收时，几个青春热情的年轻人驾车郊游，看着红红的辣椒，唱着现代又融合西北腔调、畅快嘹亮的油辣子歌。画面一转，红辣椒已经下了锅，飘出辣椒独特的香气，几个年轻人，一人捧着一碗康师傅方便面，感受着康师傅"油泼辣子"的香喷喷的美味。

广告歌曲：油泼辣子香喷喷，香喷喷，香喷喷，油泼辣子那个红，那个红哪。香喷喷，香喷喷，油泼辣子那个红，看着那个红呀。香喷喷，香喷喷，看着那个红呀……

旁白音：康师傅"油泼辣子"麻辣牛肉面，麻辣过瘾；香辣牛肉面，香辣入味。这个味嘹咋咧，康师傅"油泼辣子"。

这个单元的广告着重体现了康师傅"油泼辣子"系列方便面的浓香劲辣，无处不体现出西北的人文特色，就连广告歌曲也散发着浓浓的西北风情。

3.泡泡交响曲，奏出真滋味——西南"陈泡风云"系列

广告一开始就是地道的巴蜀地区风景，青山绿水，这里就是泡菜的发祥地。巴蜀泡菜鲜、嫩、脆，其滋味的真，就源自于好坛、好水，活水在泡菜坛中发出那"咕噜咕噜"的泡泡声，就好像一首欢快的泡泡乐曲。画面中几个背包客一样的年轻人，感受着"陈泡风云"掀起的味蕾风暴，感受着这里的霸道滋味儿。

广告歌曲：泡……泡泡……

旁白音：活水酝酿万物，好坛水泡出地道真滋味。康师傅掀起"陈泡风云"，泡椒牛肉，劲道十足；酸菜牛肉，酸辣对味。这个味儿霸道，康师傅"陈泡风云"。

这个单元的广告内容主要体现出了一个"真"字，利用巴蜀泡菜的工艺地道，向

受众展示了康师傅"陈泡风云"系列方便面"好坛水，真滋味"的理念。

4.万种风情，千椒百味——华中"千椒百味"系列

两湖地区——湖南和湖北也是我国喜吃辣的地区，那里除了风景秀丽、物产丰盛外，就连辣椒也分多个品种。同样是辣，但辣的滋味却不尽相同，有多少种辣椒，就有多少种辣味。做辣方式更是多种多样，其味道也多滋多彩，鲜椒、爆椒、剁椒、泡椒等各具特色。

广告中，就向受众展示了各种各样的辣椒，除了形态不同，颜色也有不同。一位摄影的年轻人将辣椒的生长过程以及加工过程都用相机记录下来，同时记在脑海里的，还有那丰富又多样的千椒百味。

旁白音：这世界非常精彩，吃在嘴里的味道也要很精彩。康师傅"千椒百味"，汇集各地椒香美味，酱椒鱼头，味鲜美；爆椒牛肉，辣畅快。这个味儿精彩，康师傅"千椒百味"。

这个单元的广告展现出了康师傅方便面"多样而精彩"的特点，荣获了 2006 年世界拉面大会最佳作品奖。"千椒百味"问世，不但彰显出多种辣之美味，还让美食世界更精彩。

广告语"畅享中华地道滋味"中，用"美食"作为诱惑，引发消费者的购买行为。对于很多人而言，也许一辈子都没有机会走出自己的家乡去看看外面的世界，因此，更不要说去品尝各地的特色美食了，而康师傅的这则广告却让人们实现了"足不出户"就能够"畅享中华地道滋味"梦想。作为一则食品广告，康师傅没有单纯地从食品角度描述产品如何美味如何好，而是将理念上升到了各地的美食文化中，让人们在了解产品的同时，也了解了中华的传统饮食文化。广告中将泡面的食材一一展现在消费者面前，不但引发了电视机前观众的食欲，还获得了观众情感上的认同。尤其是当镜头转换到自己的家乡时，更能唤起消费者对本地美食的印象、回忆，甚至是骄傲。

至此，康师傅方便面广告的强调重点，已经不再是质量，而是康师傅所能带给人们的生活的美感。广告中，不管是通过对江南水乡的描述，还是对红辣椒的镜头特写，无不让人感觉到生活的幸福和美满，这就是康师傅"畅享中华地道滋味"系列广告的成功之处。

我的地盘我做主

——中国移动"动感地带"广告语

2002 年 3 月，中国移动通信针对用户市场进行了科学的细分后，推出了针对年轻群体的客户品牌"动感地带"。该则广告由拥有着众多支持者的青年偶像周杰伦做代言人，并由周杰伦演唱了与广告同名的主题曲《我的地盘》。

在广告中，小兰是一名狂热的"拇指族"，她是周杰伦的忠实粉丝，平日里最喜欢的事情就是用动感地带聊天交友，还因此交到了很多朋友，其中一个名叫"Jay"的人跟小兰聊得很投机。

一天夜里，小兰在周杰伦演唱会的现场发了一天短信给 Jay，告诉他自己正在听周杰伦的歌。短信刚刚发出去，舞台上的周杰伦停止了唱歌，竟然取出手机按着键盘发了一条短信。几乎是与此同时，小兰的手机收到短信，是 Jay 发来的，他说："我正在唱周杰伦的歌。"

原来一直跟小兰聊天的 Jay 就是她的偶像周杰伦。与此同时，广告主题曲《我的地盘》响起："在我的地盘这，你就得听我的。把音乐收割，用听觉找快乐。开始在雕刻，我个人的特色。未来难预测，坚持当下的选择……"独特的发音方式，节奏感强烈的曲调，再加上周杰伦融武术与舞蹈为一体的炫酷舞姿，立刻引爆了全场的气氛。

伴随着《我的地盘》这首歌曲的走红，"动感地带"在短短一年之内已经初具规模。广告中，周杰伦说的那句"没错，我就是 M-ZONE 人"也变成了当时年轻人的口头禅。

"动感地带"这则广告的成功之处，首先在于慧眼独具地选择周杰伦为品牌代言人，无论是在港台还是在内地，周杰伦都拥有非常多的歌迷。《我的地盘》是周杰伦为"动感地带"量身定做的新歌。

"那弹钢琴的孩子，正用他们的手指，弹奏未来的历史，我用手机传中文字，那传输的速度绝对会让你们竖起大姆指……""照节拍，手放开，静下来，像一只天鹅把脚尖踮起来，讲究速食的这年代，也可以很天真地说说爱。"在这首快节奏的歌曲里，如果仔细玩味儿每一句歌词，可以看出周杰伦对动感地带的看法与态度，那就是"走自己的路，让别人说去吧"，要活出自己的人生，一个不一样的人生，而这正是很多年轻人所追求的生活理念。"我的地盘我做主"这句广告语用宣誓"主权"的方式，带动起消费者们追求个性生活的情感，通过这种情感认同，达到了让消费者选择"动感地带"的目的。

广告中，女孩儿小兰就代表着千千万万周杰伦的粉丝，与自己的偶像面对面接触，是多少少男少女所追求的梦想？而"动感地带"就是为六家实现这个梦想的纽带。从利用消费者"追星"的心态，到满足消费者追求梦想的心理，广告在一步步升华中，为消费者打造了一个亦真亦幻的世界，让大家在这个世界中找到情感归属。

追求更好的生活

——大都会保险广告语

大都会人寿保险公司创建于 1863 年，其当前为财富 100 强中的 90 家公司提供服务，市场遍及全球超过 12 个国家。此次大都会保险拍摄了一部以父爱为主题的广告，被网友誉为"催泪弹"。广告内容如下：

一个小女孩儿在上学的路上将手中的作业交给了爸爸，爸爸高兴地接过，看了起来。第一句写的是："爸爸是世上最好的爸爸。"

看到这句，爸爸与女儿相视一笑。

"爸爸是最帅的。"

画面呈现出每天早晨爸爸照着镜子梳理头发，女儿竖起拇指夸赞的情形。

"最聪明的。"

画面出现爸爸教给女孩儿写作业的情形。

"最机智的。"

画面中，爸爸忽然做出鬼脸逗笑了女孩儿。

"最善良的。"

镜头为爸爸在用过餐后，付小费给服务员。

"他是我的超人。"

在给女孩儿买雪糕时，爸爸像魔术师一样，让雪糕在手中变来变去；爸爸还可以将女孩儿高高地举过头顶，带着她"飞翔"。

"爸爸希望我在学校是最棒的。"

女孩儿在学校里获了奖，爸爸在台下激动得快要跳起来。

"爸爸是最好的……但……"

到这里，出现了转折点，爸爸和女孩儿都停下了前进的脚步，脸上的神色也开始变得凝重起来。

"他说谎。"

画面上，爸爸把女儿送到学校门口，两人欢快地告别，看着女儿走进校园，爸爸转身向人群中跑出。不料，这一切都被女孩儿看在眼里。

"他说谎，说他有一份工作。"

事实上，爸爸并没有工作，每天把女孩儿送到学校后，爸爸都会去面试。

"他说谎，说他有钱。"

但事实上，爸爸连乘坐汽车的钱都没有，经常跑着去面试。靠帮人家擦玻璃、扛麻袋、发传单挣一点生活费。

"他说谎，说他永远不会累。"

结束了一天的重体力劳动，爸爸还要背着女孩儿玩耍，实际上，他曾累得坐在地上不想起来。

"他说谎，说他不饿。"

在餐厅里，爸爸看着女孩儿吃着美味的事物，却在女孩儿喂他吃时，说自己"不饿"。

"他说谎，我们什么都没有。"

爸爸找工作一再被拒绝，尽管他很努力地去争取。

"他说谎，说他很快乐。"

实际上，爸爸只有在对着女孩儿时才会笑得很开心。

"他说谎，都是因为我。"

女孩儿看着爸爸在狭窄的走廊里为自己做饭，眼神里流露出难过。爸爸累得满头大汗，向面试官争取机会，在卫生间独自伤神，与女孩儿玩耍时的画面交错出现。

"我爱爸爸。"

看到最后，爸爸脸上的表情已经由愉快变成了难过，女孩儿转过身，扑进爸爸怀里，父女俩抱在一起流下了眼泪。

最后，字幕出现："孩子的未来值得每一次付出。"

画面中再次出现父女俩一边说笑，一边远去的镜头。

广告语出现——"追求更好的生活"。

这则广告是由香港大都会保险公司所拍摄的，广告与周星驰拍摄的电影《长江七号》有着许多类似之处，同样都是单亲爸爸带着孩子生活，同样都是城市中最底层的人的生活状态。广告中爸爸为让女儿能够对生活充满热爱，努力为女儿创造良好的成长环境，为此，他求职、擦玻璃、发传单、扛麻袋，他身兼多职，困窘而落魄，但是在女儿面前，他永远是西装革履、意气飞扬的样子。广告借一个小学生的作文，烘托出了一个伟大的父亲形象。开始时父女俩欢乐和谐的场景，将观众带入一片温暖的氛围当中。然而一句"但……他说谎"，将故事情节立即带入了另一种悲伤的氛围中。整个表现真实而不做作，最后广告语的带入也很自然。

广告中虽然没有提及一句跟保险有关的词语，甚至拍摄的事情也跟保险毫无关系，但是看过整个广告，就会发现广告所表达出的理念，与广告语"追求更好的生活"不谋而合。谁不想过更好的生活呢？广告中父亲努力地工作，不就是在追求更好的生活吗？广告通过表现父亲对女儿的爱，引起受众的情感共鸣，再用这一句广告语调动起人们追求更好生活的想法。而更好的生活是什么呢？至少生活处处有保障，而这，不就是大都会人寿保险能够帮大家实现的吗？

来电，看得见

——步步高无绳电话广告语

随着科技的发展，通信工具已经渐渐被手机所取代，使用电话的家庭越来越少。电话时代的远去并不代表这个时代没有辉煌过，曾经，谁家拥有一部电话，那就是一件十分时髦且令人羡慕的事情。后来，无绳电话的问世成了革命性的产品，但只可惜科技发展的脚步太快，手机的出现令无绳电话成了昙花一现，但是这其中并不乏优秀的广告作品。其中步步高的无绳电话广告就给人们留下了十分深刻的印象。

广告中，一个梳着二八式分头、戴着近视小眼镜、素色花领带，穿着白衬衣、黑色背带裤，脚蹬黑皮鞋的"光鲜"男子，手捧着一束玫瑰花坐在家里的沙发上，焦急地等待着电话。

电话响了，他连忙接起，结果却是找他妈妈的。于是他继续等待，电话铃声终于再次响起，结果却是他小妹的电话。时间一分一秒地过去了，他也越发焦躁难忍，甚至无奈、泄气、撞墙。就在这时，电话响了，已经放弃希望的他习惯性地准备将电话扔到别人手中。但是当他看清楚来电显示的电话号码后立刻腾空跃起，将飞出去的电话握住，然后整个人趴在地上，满脸堆笑地柔声说道："喂，小丽呀！"

旁白音：来电，看得见，步步高来电显示无绳电话。

广告一经播出，几乎在一夜之间就红遍了大江南北。一方面是因为步步高无绳电话在技术上具有一定的优势，另一方面其广告语"来电，看得见"中，向消费者传达出了"只要拥有了步步高无绳电话，消费者就能知道对方的电话号码"的产品优势。另外，步步高的竞争对手TCL、万德莱、天时达等都没用"无绳方便""来电显示"等卖点进行诉求。技术与营销传播意识上的双领先，促使步步高无绳电话占据了市场先机。

在广告的拍摄手法上，《步步高无绳电话——等待篇》延续了1997年《尴尬篇》的风格，在搞笑的思路下突出了产品的方便特性，解决了步步高无绳电话上市后的第一步传播需求，并通过平民化的生活场景、日常尴尬，以滑稽的表述方式针对步步高无绳电话的来电显示功能进行了重点诉求。这令消费者只看过一遍，就能够记住该电话的主要功能。

另外，广告主角的选择也为这则广告的成功起到了推动作用。广告中这个油头粉面、处处透露出滑稽的男主角许晓力长着一张与刘仪伟相似的脸，当步步高无绳电话的广告创意者确定准备用幽默式的广告策略后，曾想到用喜剧明星代言，但最终还是选择了在生活中寻找与创意相符的普通人来担当这个幽默式小人物的角色。细心的观众们可以发现，这张脸早在步步高前几则广告中就出现了。

然而，令广告创意者没有想到的是，这个广告在如此成功的同时也令许晓力红遍了中国，尤其是他说的那句"喂，小丽呀"，那语气，那神情，不但引起了一阵狂热的模仿，还经常被大众在茶余饭后当作笑谈。

20 年后见

——保时捷 911 跑车广告语

有人说："开过保时捷的人，绝对无法再开别的车。"没有开过保时捷的人对此会嗤之以鼻，认为这不过是保时捷爱好者的片面之词。然而，当这些不相信的人看过保时捷911跑车的广告后，即便没有真正开过保时捷，也不会再质疑以上的说法。

以下是保时捷911跑车的经典广告内容。

课堂上，老师正在讲课。

"好了，同学们，让我们快速地浏览一下欧洲。谁能告诉我这个小岛是哪个国家吗？"

一个小女孩儿举起了手。

老师："诺亚，你说。"

小女孩儿："爱尔兰。"

老师："非常棒。"

伴随着老师的讲课声，楼下传来一辆汽车由远及近驶过来的声音。声音吸引了一位正在上课的小男孩儿的注意，他看见一辆保时捷911开了过来。老师讲课的声音越来越远，铅笔掉在地上了也没有察觉，男孩儿的目光追随着保时捷远去……

铅笔掉在地上的声音，引起了老师的注意，于是叫到了他的名字："威廉，你能说说窗外有什么事这么有趣吗？"男孩儿不知所措地站了起来，引起了全班同学的哄笑。

"注意力集中啦。"老师批评道。

下课后，小男孩坐在图书馆中，用笔将自己看到的保时捷911跑车的样子画了下来。

终于放学了，男孩儿背起书包就向学校外面冲去，一路上他飞快地骑着自行车，来到了他的目的地——保时捷专卖店。

一名男士迎接了他，"有什么可以帮你的吗？"

小男孩儿说："我想看一下新911。"

"可以。"男士回答，将小男孩儿带到了新911的面前。

"你想坐进去感受一下吗？"男士问道。

"真的吗？"男孩儿不敢相信自己的耳朵。

"当然！"男子回答。

小男孩儿坐进了保时捷911中，他环视着车内，用手摩挲着方向盘，眼神中流露出渴望的神情。最终，他依依不舍地起身离开。

"我能要一张你的名片吗？"小男孩儿问那位男子。

"可以，给你。"男子回答。

"谢谢。"拿着名片，小男孩儿离开了，在离开前，他对男子说："我20年后来找你哦。"

最后，广告画面中出现了保时捷911跑车，伴随着旁白音："保时捷很有意思，你想拥有它的那一刻和你第一次真正拥有它的时刻之间可能会有近20年的漫长等待。

"自 911 40 年前首次面世起，911 以保时捷独有的方式点燃了驾驶者的激情。今天它再度重新定义极限的可能。

"向您介绍全新 911 Carrera。它是对保时捷 911 最简单最纯粹的诠释。"

广告的内容浅显易懂，但是却又值得玩味。"20 年后见"这是小男孩儿对男销售员说的一句话，透露出小男孩儿心中的梦想，还有他那约定 20 年的自信。20 年可以改变的事情太多了，可能很多轿车经过 20 年的洗礼，早已经成为历史，或被其他轿车所取代。然而，保时捷却能够让人甘愿等 20 年，20 年后它依旧能够如当年一样迷人，并不会被其他车子所取代。广告创意者通过这一点，彰显了保时捷 911 跑车是个历久不衰的品牌，不管是 20 年前拥有，还是 20 年后拥有，都不会落伍。

广告虽然是以一个小孩儿的视角拍摄而成，但能够购买保时捷跑车的人绝对不可能是一个小孩子，一定是二三十年后有经济基础的成年男士，所以这则广告同样适合成年人观看。一个尚在读书年龄的小男孩儿都能被保时捷 911 所吸引，更不要说一个成年人了。况且，这个小男孩儿还可能是很多人的缩影。哪个男人曾经不是一个小男孩儿呢？哪个男人曾经没有向往过一辆名贵的跑车呢？小男孩儿那句"20 年后见"，又是多少人当年想说，却没有勇气说出来的梦想呢？然而 20 年后，又有谁兑现了自己当初说出的誓言？又有谁不遗余力地实现了曾经的梦想呢？或许，这则广告也在提醒着看客，你是否还记得曾经的梦想？你是否努力去实现你的梦想了？"20 年后见"用一种承诺的方式，激发了人们想要实现儿时梦想的冲动，而不管这个梦想是什么，人们都会记住这个梦想是保时捷 911 跑车激发出来的。

广告中借小男孩儿之口，将人们年幼时期的简单和毅力表现了出来，此处加入的人文情怀将广告的主题升华到了一个新的高度。保时捷所代表的已经不仅仅是拉风与帅气，还代表着一个梦想，而这个梦想只要你敢做，就能够拥有。

开启一份新意

——苹果产品广告语

每逢圣诞节，苹果公司都会制作出一条节日气氛浓厚的广告，这似乎已经成了苹果公司的惯例。然而在中国的传统节日——春节之前拍摄宣传广告，还是第一次。苹果之所以推出这样一则极富中国本土风格的广告片，也是别有用意的，因为现如今中国已经成为苹果最重要的市场之一，迎合中国的消费者成了必然的趋势。此次由中国著名导演许鞍华操刀执导的苹果广告片《老唱片》，以即将到来的新春佳节和阖家的团聚时刻作为切入点，通过讲述一段祖孙二人之间的特别故事，展现了苹果产品给人们生活中带来的创意和意想不到的惊喜。

广告在一声清脆的车铃声中开始，接着一个年轻的女孩儿背着大大的书包，脸上带着甜美的笑容，骑着自行车，像一阵风般骑过窄小的弄堂，引起邻居纷纷注目。

放假了，女孩儿来到了奶奶家。她一进门就帮奶奶打扫屋子，先摆一盆新鲜的水仙在桌上，又去清理积攒了多年杂物的储物间。在储物间内，女孩发现了一张老唱片，上面写着："李幼如，试音，一九四七年。"从笔迹中依稀能够看到当年岁月的影子。女孩儿将唱片放到了老式唱片机中，一首颇具老上海音色的歌曲从唱片机中缓缓流出，女孩儿的身体随着音乐摆动着。客厅里，一位满头银丝、戴着金边眼镜的老太太正在看报纸，唱片里收录的歌曲就是她的。

夜里，女孩儿坐在沙发上，脑海里依旧回响着白天听到的歌曲。突然她好像想到了什么，于是立刻起身将门关上，然后抱出了一把吉他，戴上耳机，打开面前的苹果笔记本电脑，轻轻拨弄起琴弦来。

第二天，女孩儿拖着地，看着依旧坐在客厅看报纸的奶奶，脑海里再次浮现出那张老唱片中的歌曲。闲暇时，她再次抱着吉他，随着音乐弹唱起来。第三天，女孩儿站在楼上，看着在楼下逗鸟的奶奶，手指在栏杆上敲出那张老唱片里的节奏……就这样，女孩儿白天陪着奶奶，夜里琢磨老唱片里那首歌的旋律。

多个日日夜夜过去后，一天，老太太走进房间，看见桌子上放着一个iPad mini，手机上还贴着一张纸条，上面写着："奶奶，点一下播放。"老太太戴上耳机，点击了播放。耳机里传来了她再熟悉不过的旋律，她的思绪也跟着回到了从前，画面镜头切换到屋里那些老太太年轻时的照片中，从中能够看出老太太年轻时的风华绝代。

接着，歌曲中出现了吉他的伴奏声还有女孩儿的合唱声，两种声音穿越了时空交错在一起。老太太感动不已，回头看到女孩儿，祖孙俩依偎在一起。

广告处处散发着浓浓的中国味儿，自行车、弄堂、老唱片……整个广告没有一句台词，但是却让人感动良久。因为有关亲情的温暖是永远不会过时的，在中国人最注重团圆的节日里，如此主题的广告对于任何年龄段的观众来说都十分受用。

背景歌曲《永远的微笑》是20世纪40年代闻名遐迩的歌手兼演员周璇所演唱的，她在演艺生涯中录制了超过200首歌曲，出演过超过40部影片。周璇的歌声颇具老上海风情，一下就把观众拉回到怀旧的情绪当中。广告中的老太太似乎在年轻时就是像周璇一样的人物，她们在那个年代红极一时，但是在现在这个年代却少有人知。广告中，女孩儿通过苹果笔记本电脑将自己的声音与奶奶年轻时唱歌的声音合成在一起，这种别出心裁的孝顺方式，不仅表达了自己的孝心，也提高了人们对老一代表演艺术家的关注度。

除了将亲情作为产品的诉求点外，广告创意者也有意无意地将产品的优点透露给了大众。如：苹果笔记本电脑拥有合成音乐的功能，这一功能在以往众多的苹果产品中都能显现出来；还有结尾处奶奶戴着耳机听音乐的桥段，能够反映出 iPad mini 高保真的音质，几乎与原音没有任何差别。

最后广告语"开启一份新意"，既表达了拥有苹果的产品能够给人们的生活带来一份新意，也能够体现广告中表达的主题，孙女对奶奶的"心意"。

让难得不再难得

——成都南湖房地产项目广告语

房地产广告中一定要卖房吗？答案是否定的。成都南湖地产项目的广告就用实际行动告诉了大家，在房地产广告中不一定要卖房，还可以插播电影，当房地产广告遇到人们耳熟能详的电影独白，广告就不再是广告，而是一大"湖"充满着文艺气息的心灵鸡汤。

《人生难得一知己》篇

结合的电影是章子怡与梁朝伟主演的电影《一代宗师》，这部电影播出后好评如潮，其中不乏经典之句。广告运用了宫二那句"我能在最好的时候遇到你，是我的运气"，被很多人铭记心中，人生难得遇到一个知己，能够遇到那是自己的运气。

《人生难得三万日》篇

结合的电影是《返老还童》，该片讲述了本杰明·巴顿这个怪人，他违反了大自然的规律，竟以老人形象降生人世，之后越活越年轻倒着成长的奇怪生命轨迹。广告引用了影片中那句"我在想，为什么世上没有永恒呢？"这句话无疑击中了大多数人的心灵。如果世上有永恒，那么被人留恋的事物和人就不会消失，然而"永恒"是不存在的。本杰明能够尝试一下逆转的人生，已经实属难得。

《人生难得是欢聚》篇

结合的电影是《亲爱的》，这部由赵薇和黄渤主演的、以"打拐"事实为蓝本的纪实性影片，讲述了六对丢失了孩子的父母在寻找孩子的过程中所经历的心酸与坎坷，以及找到孩子后面对面不相识的悲剧。

片中主人公赵薇饰演了一位自以为不能生育的母亲，她将丈夫"领养"回来的两个孩子视如己出，然而丈夫去世后她才被告知，孩子是被拐来的。当孩子被亲生父母接走后，面对骨肉分离之痛的，除了作为母亲的赵薇，还有尚未懂事的孩子。广告引用了那句"人来人往，勿失勿忘"，短短八个字，体现出了人与人之间能够相聚是件多么难得的事情，然而一旦失去了，除了怀念，别无选择。

《人生难得是纯真》篇

电影《天使爱美丽》中，主人公艾米丽有着不幸的童年，但是这并不影响她成为一个开朗乐观的女孩儿。戴安娜王妃的去世让她倍感人生的脆弱，于是她决定以一己之力去帮助别人，给他人带去希望和快乐。

艾米丽这种纯真的人在当今时代可谓是十分难得，广告引用了她所说的那句"深呼一口气，人生本来就是简简单单"，这句话体现出了艾米丽的纯真与简单。而正是因为她的纯真与简单，她的人生才充满了快乐。

《人生难得是无悔》篇

人生难免会遇到糟糕的处境，电影《美丽人生》就向人们展示了生活中残酷的一面。一对犹太父子被送进了纳粹集中营，为了儿子的心灵不受到伤害，父亲利用自己的想象力欺骗儿子，说他们正身处一个游戏当中，最后父亲如愿以偿保护了儿子幼小的心灵，但是自己却惨死在纳粹手中。

"人生是不完美的，但生命的每一刻都是美丽的"，剧中这句台词，是剧中父亲的完美写照，尽管他们遭遇了人生中最黑暗的事情，但还是尽力让每一刻都充满了美好的回忆。人生本就该这样，不管前路是何方，努力将这一刻过得美好，那么即便会遭遇不测也无悔于心。

一幅幅平面广告就如电影海报般制作精美、意境幽远，再配以电影中的经典台词和隐隐约约透露出来的人生哲学，让人们在看到广告的同时，就能想起看过的电影画面，从而对该则广告产生莫名的情感。

整个平面广告的下方，都有这样一句话——"让难得不再难得"，将主题定位在"难得"二字上，一方面深刻了广告语——让难得不再难得；一方面体现了这个地产项目绝无仅有的市场地位，那就是好得"难得"，意在告诉消费者，想要得到就要赶紧下手，拥有了"难得的湖"就能够让人生中一切难得的事物变得不再难得。

一口顺滑，遇见所有好心情

——统一阿萨姆奶茶广告语

2012 年，女星蔡卓妍为统一阿萨姆奶茶拍摄了名为《遇见 100 件好心情》的广告。广告中，已经年过三十的蔡卓妍依旧像一个少女般轻盈活泼，时而蹦蹦跳跳，时而笑靥如花。

广告以一个普通女孩儿的 100 件好心情作为线索，大约分为七个镜头，分别代表了一件好心情，以此来表达女主角在各个阶段喜欢上阿萨姆奶茶的心情。

第一个镜头：阿 Sa 戴着一副大眼镜在看世界，大大的眼睛散发出明亮的光彩，好像发现了一个十分新鲜美妙的事物。

字幕：我的 100 件好心情。

第二个镜头：在一个舒适的午后，阿 Sa 被围在一群蝴蝶中，悠闲地晒着日光浴，喝着奶茶。

字幕：彩虹色的星期天。

第三个镜头：阿 Sa 在摞得高高的床垫上面，兴奋地跳来跳去，跳累了便躺下休息。然后拿着一个水壶，对着一堵空墙作势浇水，在空白的墙上显示出玫瑰开放的影子。

字幕：发发白日梦 and 玫瑰的香气。

第四个镜头：一桌子的美味食物，一个大大的蛋糕摆在阿 Sa 面前，考虑良久，她终于举起手中的刀切下蛋糕，然后镜头切换到阿 Sa 穿着高跟鞋在林荫小道上跳舞。

字幕：向甜品投降 and 高跟鞋与小夜曲。

第五个镜头：看一本自己喜欢的书，在故事的王国里徜徉。

字幕：王尔德的巨人花园。

第六个镜头：阿 Sa 拖着大大的行李箱站在路边，看到喜欢的他也出现了，忽然他的箱子开了，里面掉出一个红色的心形抱枕。她开心地笑，他尴尬地笑。

字幕：喜欢他出糗。

第七个镜头：享受地喝着阿萨姆奶茶。

字幕：一口顺滑，遇见所有好心情。

镜头跳跃很快，初看时或许会令人感到凌乱，但是再看一遍，就会发现虽然讲了很多件不同的事情，但都是以女主角的"好心情"作为主线的。广告中提到的每件好心情其实都是一件微不足道的小事。只是人们的步伐太快，所以与这些快乐失之交臂。其实，"好心情"与阿萨姆奶茶并没有直接关系，但广告创意者旨在从心理上引导着人们追求快乐，激发人们追求好心情的欲望，然后间接地告诉消费者阿萨姆奶茶可以给他们带来好心情。

除了创意上的成功外，阿萨姆奶茶在选择广告女主角上也很成功。首先蔡卓妍在大众的眼中一直都是小女生的形象，青春气息浓厚，拥有着大批青少年粉丝。因此让她作为代言人能够明确地锁定客户群。另外，阿萨姆奶茶的名字也与蔡卓妍的昵称阿Sa很接近，使人们很容易就记住了"阿萨姆"这个本来并不怎么好记的名字。

另外，广告歌曲《夏宇的爱情》选自阿Sa的新歌，歌曲节奏轻快，歌词与广告所要表达的主题很贴合。

"呼吸巴黎，空气里有No.5的迷离。屋顶上她拉着小提琴，来跟着跳舞。在这一瞬间，闭上眼，时间停了，来听我的心跳。有了你，有好心情，蝴蝶飞满天空。想起了，这一首诗，是夏宇写的吧。小屋里，这杯里，奶茶的香味，喝了一口，就好像找到了爱的滋味……"歌曲中浪漫与甜蜜的气息与阿萨姆奶茶背后的"爱神"文化相衬，如此以情感作为诉求点，很容易就将目标消费群体青少年打动。

最后，"一口顺滑，遇见所有好心情"这句广告语给许多目标顾客留下了深刻印象，一方面"顺滑"的口感让人忍不住想要尝一尝，另一方面，也期待在一口顺滑之后，能够遇到好心情。再加上广告风格清新浪漫，娓娓诉说着小女生的内心世界，这很容易使消费者对产品产生一种"爱情青春联想"，从而生出情感共鸣。

综合来说，阿萨姆奶茶的广告在画面和音乐歌词上都是层层递进的，而且环环相扣，不失为一个成功的广告案例。

随时随地令娱乐更精彩

——英特尔处理器广告语

说到计算机处理器行业中的巨头，人们自然而然地会想到英特尔，因为家家户户的电脑处理器几乎都是由英特尔公司制造的。英特尔公司成立于1968年，他们生产的第一个产品是半导体存储器。1971年，英特尔公司推出了全球第一个微处理器，这一举措不仅让英特尔公司一跃成为行业中的翘楚，而且还对整个行业乃至全世界都产生了深远的影响。

多年来，英特尔公司一直致力于如何给用户带来更加便利的体验。酷睿TM2处理器作为又一新产品，具有非凡的性能和无与伦比的高效能，系统反应速度之快达到了令人难以置信的地步。更加吸引人的是，酷睿TM2处理器的系统速度不会再受到病毒扫描、多个计算密集型程序同时运行以及多媒体下载的影响，这就表示安装了酷睿TM2处理器的电脑性能可以提升高达40%。

然而，如此高效能的产品该如何让用户知道呢？广告创意者想出了一个极具创意的思路，即打破传统网络广告的限制，全页面显示广告创意，然后采用聚光灯的效果，让产品犹如明星登台一般呈现在用户面前。相比较用大段大段的专业术语对产品的性能进行渲染和吹捧，这样的方式能够很大程度上避免用户的反感，并且能够在凸显产品特点的同时，快速有效地达到宣传效果。

以下是广告创意的表现。

当用户点开页面，会看到有一束聚光灯在屏幕的上方左右摆动，屏幕下方是欢呼的人群，这场景就犹如群众在等待喜爱的明星登台一般。随后灯光聚集在屏幕一侧，中间出现广告语："拥有全世界都为之震撼的台式机处理器，随时随地令娱乐更炫彩！"接着人群再次欢呼，屏幕中间出现酷睿TM2处理器的标志和特点描述。

当聚光灯亮起时，谁都想知道出现在聚光灯下的到底是哪位"明星"，广告创意者很好地利用了人们的好奇心，让观众对即将出现的产品充满了期待。然后再利用聚光灯的效果，"强制"将用户的注意力集中在产品身上。

一则吸引人的广告除了在创意上出彩以外，选择合适的宣传平台也是十分重要的事情。

在选择推广和宣传媒体时，英特尔也进行了认真的筛选，最终决定选择网易作为英特尔酷睿TM2双核处理器的推广平台。选择网易的原因有两个，第一是因为网易在中文门户网站中处于领先的地位，其娱乐频道定位鲜明，以"形象力、生动性、时尚性、互动性"著称，围绕这个定位，娱乐频道分为36个栏目，每个栏目都有其鲜明的个性，这种内容细分的方式是网易所独创的。第二个原因是，网易娱乐频道的滚动新闻、娱乐圈、电影世界、音乐天堂等栏目以突出的原创性优势在国内同类网络栏目中居于领先的地位，每个栏目至少能够提供20篇原创性质的娱乐资讯文章，每周有至少700条咨询以及至少80张图片的更新量，几乎将各种娱乐资源一网打尽。如此强大的信息量，意味着每天都有不计其数的人浏览网易的门户网站。

再加上广告语"随时随地令娱乐更精彩"旨在告诉消费者，使用酷睿TM2双核处理器就能随时随地地浏览娱乐新闻了，这不但调动起了消费者的情感，也令消费者对产品的功能有了更深一层地了解。因此，英特尔酷睿TM2双核处理器广告在网易门户网站上推出后很快就被网友们记住了，再加上广告新颖而独特的创意，它给人们自然是留下了十分深刻的印象。

回家，真好

——宜家家具广告语

2015年新年伊始，各大品牌都将春节作为了宣传的载体，以此来获取消费者的关注，宜家当然也不例外。自古以来，最能打动人心的，往往是那些最平凡最真实的故事。此次宜家搭乘春节的"顺风车"，利用"回家"这个全民都在谈论的话题，选取了芸芸大众中最普通不过的一家人，向人们讲述了一段平凡而又感人的故事。

广告的拍摄手法类似于服务类的节目。两个老人坐在自己家中，对着镜头讲述自己的家庭。老人有四个女儿，第一个出嫁的是老大，第二个出嫁的是最小的女儿，第三个出嫁的是老二，最后出嫁的是老三。女儿一个接一个地嫁出去了，家里的人变得越来越少，大多数时间都是两个老人在家。看着昔日热闹的家变得冷清，老人的心里也备觉孤单。

他们希望家能变变样子，当女儿带着孩子回来后，有地方可以玩耍；餐厅可以变得大一些，不会做菜的女儿们可以跟着学学做菜，一家人可以坐在一张桌子上吃饭。老人将他们的愿望说出后，宜家的工作人员就开始了改造工程。

对于自己的娘家，几个女儿也有不同的看法。次女离家已经有八九年了，一直都在外面，很少住在家里。最小的女儿高中毕业就开始工作了，大女儿结婚也有七八年的时间了，回家次数最多的恐怕就是刚刚出嫁的三女儿了，她几乎每个月回家一次，每次都会问问自己的姐妹们要不要一起回家。在工作很累的时候，她们就会想念娘家的味道，她们也知道自己离开家后，爸爸妈妈会很孤单。

与此同时，在宜家工作人员的忙碌下，原本略显拥挤的家很快就大变样了，厨房变大了，客厅里多出了游戏区，女儿们小时候的照片被摆放了出来。当女儿们陆陆续续回来后，面对焕然一新的娘家，她们都流露出了不可置信的表情，连忙问宜家的工作人员："节目做完会不会拆走？"

　　"爸爸妈妈希望你们多回娘家，所以把家弄成更适合……"工作人员的话还没有说完，二女儿的眼泪就不由自主地流下来了。她想起她们出嫁时爸爸一直坚持的原则，那就是"不放鞭炮，不泼水"。这一在台湾地区女儿出嫁时很重要的习俗，在她们家被改变了，因为在她们爸爸的眼里，女儿是自己的孩子，即便出嫁了也是自己的孩子，所以嫁出去的女儿不是泼出去的水，她们什么时候想回家，就可以回家。

　　家，对于孩子而言，是个甜蜜的负担，是累时的避风港，不管它是大是小是旧是新，大家的感情才是最重要的，可以坐在一起聊天说笑，可以让自己完全放松。家，对于老人而言，是一家人团聚在一起，耳边有儿女们叽叽喳喳的吵闹声。

　　在中国，春节除了是一个传统的节日外，更代表了一种现象，那就是回家。在春节到来之际，"回家"是个极具情感煽动的词，因为只有回家了，年才能过得有滋有味。短片中的父母为了能让出嫁的女儿们多回家，将家里全部进行装修和改造，让家变得更适合团聚，让女儿觉得"回家，真好"。这句广告语以亲情作为诉求点，引起了人们"想家"的情感，从而生出"想要回家"的情绪。

　　这则广告用记录四个女儿返家的情形来提醒人们不要忘了回家团聚的美好。虽然在广告中并没有透露出一丁点宜家的产品信息，但是当大众看到模样大变的新家后，就会不得不感叹宜家家具的宜居适用性，既能让家里看起来更加简洁时尚，也拥有储物和收纳的强大功能。另外，还给大众提了个醒：如果过年回家不知道给父母买些什么，送父母一件家具也是不错的选择。

【同类范例】

人头马一开，好事自然来。	——人头马酒广告语
聪明你的旅行。	——去哪儿网广告语
北极熊耐寒之谜。	——北极熊冬装广告语
以"帽"取人。	——盛锡福帽子广告语
我心逍遥我心醉。	——逍遥白酒广告语
打，就打个痛快淋漓，爱打才会赢。	——中国电信广告语
展示成功男子汉的非凡气质。	——舒乐衬衫广告语
晶晶亮，透心凉。	——雪碧饮料广告语
梦中家园，璀璨绽放。	——夏威夷花苑广告语
遇见新城。	——林肯汽车广告语
有了肯德基，生活好滋味。	——肯德基广告语
做女人真好。	——太太口服液广告语
多C多漂亮。	——统一鲜橙多广告语
常常欢笑，尝尝麦当劳。	——麦当劳广告语

第十二章

说理广告标题

说理广告标题，顾名思义，就是在广告语中讲述一个科学或者生活中的道理。所谓科学道理，指的是经过某领域专家或权威人士研究总结出的一个客观规律。比如，喜临门床垫广告语"美丽是睡出来的"。这句广告语告诉广告女性这样一个道理：高质量的睡眠是保持健康的一个非常重要的因素。而生活的道理，指的是向大众指出一个普遍认同或者全新的道理。比如"人间自古多美味，不尝辛酸不知甜"，这是一句关于醋的广告语，这句广告语巧妙地把口中的味道与生活的滋味相互融合，揭示了深刻的人生哲理，只有经历了生活的磨难、艰辛，才能品尝到成功的甘甜。

【 创作技巧 】

1. 从实际出发，引发共鸣

创作说理广告标题时，不论是讲述科学道理还是生活道理，都要从实际出发，贴合消费者的利益，只有这样才能引起消费者的情感共鸣，增强广告的说服力。

2. 说理围绕产品进行

一切广告标题都是为某件产品或某项服务服务的，所以在创作说理广告标题的时候，不能为了讲述一个好的道理而与产品或服务脱离，这样南辕北辙的说理广告标题还不如不做。

【创作赏析】

美丽是睡出来的

—— 喜临门床垫广告语

喜临门集团是国内床垫行业的领军企业，它始终以"致力于人类健康睡眠"为使命，专注于设计、研发、生产、销售以床垫为核心的高品质家具。截至目前，喜临门床垫年生产能力已经达到 200 万张，拥有近 20 项国家专利，规模为亚洲第一。喜临门床垫还是宜家亚太区独家床垫供应商、亚太区跨国集团酒店的首选床垫。

喜临门床垫之所以能取得如此辉煌的成绩，除了其独特的经营理念以及产品的高质量之外，还有一个重要的原因就是它的广告做得非常优秀。

"美丽是睡出来的"，这是喜临门针对女性消费群体提出的一条广告，从字面来看，它朴实无华，没有特别引人注目的地方，但如果细细品味，就能品出一番道理。

爱美之心，人皆有之，尤其对于女性来说，保持姣好的容颜是毕生的追求。可是，在追求美丽的道路上，有的人怡然自得，有的人黯然伤神，几乎每个人都会问：美丽的秘密究竟是什么？针对所有女性的疑问，喜临门给出了答案：美丽是睡出来的。

喜临门这一说法并非空穴来风。据中华睡眠研究会统计，有高达 80% 以上的职业女性存在睡眠障碍。有专家表示，从午夜至清晨两点，是人的表皮细胞新陈代谢最活跃的时间，在这个时段如果无法保证充足的睡眠，就会导致肌肤老化，长此以往，更会对身体造成严重的危害。

有的女性意识到了熬夜的危害，因此她们也按时睡觉，但却并没有较高的睡眠质量。针对这个问题，喜临门对一些女性进行了睡眠测试，结果发现，由于选择床垫的不当，女性的血管神经受到压迫，导致其每晚翻身次数高达百余次，对身体造成的伤害很大；而在试睡喜临门的床垫后，每晚翻身次数直接降到三次左右，由于床垫的均匀受力和自动调节对人体的支撑，女性的身体受到自然呵护，血管通畅、皮肤代谢正常，睡得自然十分香甜。有了高质量的睡眠，女性自然会容光焕发。

喜临门结合社会所倡导的健康、美丽风尚，提倡着一种健康时尚的新概念，它用一句"美丽是睡出来的"告诉消费者睡眠是女性美丽的秘籍，而喜临门床垫正是保证高质量睡眠的最佳选择。

为了更好地诠释"美丽是睡出来的"这句广告语，喜临门还特意请来了家喻户晓的著名演员巩俐为产品代言。在喜临门形象代言人新闻发布会上，巩俐还曾向外公布了自己保持美丽的秘密：会睡的女人不会老，充足的睡眠是我的保养秘方，因此无论如何我都不会缩短我的睡眠时间。

巩俐有"全世界最美丽的东方女性"的美誉，她的美丽、高贵和健康让人心动，而且巩俐的国际化形象也与喜临门的国际定位不谋而合。在电视广告中，"美丽是睡出来的"这句广告语从巩俐的角度来表述无疑更具说服力，也激发了更多的社会关注度，聚焦了大众的目光。

梦想，是走出来的

——奥康皮鞋广告语

奥康集团有限公司是一家以皮鞋为主业的大型民营企业，创建于1988年。奥康皮鞋不仅有较高的质量，而且造型大方时尚，深受消费者的欢迎。

奥康有一句沿用多年的广告语"穿奥康，走四方"。这句朗朗上口的广告语曾红遍大江南北，至今依然有不少消费者记得。这句脱胎于20世纪90年代的广告语充满了时代的烙印。当时中国处于改革开放初期，人们肩扛行李、怀揣对幸福生活的向往离开家乡，踏上去往全国各地的绿皮火车；同时，在那个物资匮乏的年代里，混沌初开的市场被各种假冒产品充斥着，人们对产品的质量开始有了强烈的关注。总之，当时社会的种种现象都可以通过这句广告语窥见一二。

而进入21世纪以来，社会获得了进步发展，奥康这句"穿奥康，走四方"的广告语不仅不适合新世纪的市场需求，也会给消费者留下品牌落后的印象。因此，奥康重塑品牌形象已经是势在必行。

2003年，负责重塑奥康品牌形象的广告团队对奥康进行了深入了解后，发现奥康的总体形象十分男性化，拥有像中年男性所具有的成熟稳重、智慧大气形象，但同时也给人留下了品牌老化、缺乏亲和力的印象。那么，究竟该从哪方面重新塑造奥康新的品牌形象呢？广告团队又对奥康皮鞋的功能进行了深入的讨论，最后一致认为"鞋"与"人生"是有密切的联系的。人从学会走路起要走过漫长的人生路，而在这期间，我们每个人都会穿很多不同的鞋。正因为有了鞋，我们才不会在前进的道路上受伤。尽管路途之上充满坎坷，但这是每个人所必须去面对的，因为每个人都有自己的路要走，有自己的梦想去完成，而只要能够长期坚持下去，即使再平凡的人也能做出属于自己的不平凡的事。

赋予奥康皮鞋新的理念后，广告团队在轮番的头脑风暴中创作了出一句非常经典的广告语——"梦想，是走出来的"。

如果将这句广告语用在其他企业身上可能会显得不伦不类，但用在奥康和它的创始人王振滔身上却是再贴切不过了。纵观王振滔的创业经历，真可以用"梦想，是走出来"这句话来概括。家境贫困的王振滔虽然聪明好学，但因为家庭的原因他在16岁那年辍学，跟着当地一位有名的木匠师傅学习手艺。天生好强的王振滔仅用了一年时间就掌握了全部的木匠手艺，并成为师傅的得力助手，开始带徒弟。

一次，王振滔去看望一位卖鞋的朋友，通过那位朋友的介绍，王振滔发现卖鞋简单又轻松，远比做木匠轻松多了。就这样，王振滔开始进入鞋业，从销售员做起，开始积累人生的第一桶金。1987年，正当他干得顺风顺水的时候，在杭州武林广场发生了火烧温州鞋事件。一时间，温州鞋被人们与假冒伪劣联系到了一起，温州的鞋业也一下子跌入到低谷。就在别人纷纷退出的时候，好胜的王振滔却暗自发誓一定要创办真正的皮鞋工厂，为温州鞋业正名。就这样，一年之后，奥康正式诞生。

经过十几年的奋斗，王振滔这个始终不会退缩、不会逃避、永远坚持到底的男人，终于将奥康这样一个家庭式的小作坊发展成为一家拥有十几亿元资产的全国民营500强企业。

在充满光荣与梦想的新年代里，奥康的成长之路虽然充满坎坷，但它却始终自信向上，用实际行动证明了通过努力与坚持不懈是完全可以实现自己的梦想的。因此，奥康用"梦想，是走出来的"当作广告语，是当之无愧的。

接着，广告团队以这句广告语为主题拍摄了一则电视广告，成功地将"梦想，是走出来的"这一品牌主张传播给消费者，让每个人都从中感受到了梦想和奋进的力量，获得了很大的社会反响。

做最好的，我能

——中国移动全球通广告语

全球通是中国移动针对高端市场为商务人士量身定做的精英群体品牌。它作为中国移动通信的明星业务，经过多年的发展，已经成为国内网络覆盖面最全、国际漫游地区最多、功能最完善的服务品牌。

为了让品牌更加深入人心，全球通确立了"我能"的品牌理念，并围绕此邀请了刘翔、贾樟柯、王石等社会成功人士拍摄了一系列电视广告，虽然他们每个人的故事各不相同，但传递出来的都是一种自信和坚强的价值观。

在全球通《王石篇》的广告中，王石用略带沙哑的声音说了一段颇有哲理意味的广告语：每个人都是一座山，世上最难攀越的山其实是自己。往上走，即便一小步，也有新高度。做最好的自己，我能。

在中国，王石不仅是房地产的风向标，更是勇气的代言人。2003 年，王石准备攀登世界上最高峰珠穆朗玛峰。人们得知王石这一想法后，都不禁为他捏把汗。在房地产行业，王石带领万科做出了令人瞩目的成绩，这虽然充分地证明了王石在商业上具有非凡的头脑，但这并不意味着他能够成功登上珠穆朗玛峰。因为，对于一位登山者来说，年龄和体力才是他最大的敌人。

面对外界的各种猜测和质疑，王石没有回应，而是选择了马上行动，最后知天命的他终于成功征服了珠穆朗玛峰。而支撑王石完成房地产之外的壮举的力量，正是来源于他在广告里所说的：做最好的自己，我能！

王石用实际行动告诉我们：人生好比登山，不论你身处半山腰或者置身于山脚之下都并不重要，只要你拥有进取、乐观和不懈追求的"我能"精神和信念积极行动起来，那么终有一天，你会登上属于自己的人生巅峰。

王石之所以能在事业上取得巨大成功的原因也是和登山有着密切的联系，在他看来，在登山的过程中，所遇到的各种困难与挑战都是一种历练。时间久了，整个人就会变得更加自信、从容，而在商业上，需要的正是这种特质。王石用他的人生经历将"我能"演绎得淋漓尽致，在给人一种真实感的同时，也让人有了学习的榜样。所以，他可以毫无愧色地对自己说："做最好的自己，我能！"

全球通通过"做最好的自己，我能"这句广告语，意在向目标消费群体传达一种精神和道理，而这一广告语也得到了他们的认可和支持。"我能"作为全球通品牌的核心理念，包含着深刻而朴素的人生哲理，它表达出了坚持梦想者的执着、超越自我的勇气、不懈追求的动力和笑看人生的气度。

志·在掌握

——大众帕萨特"领驭"广告语

2004 年，中国车市一片冷清，各大汽车品牌也开始偃旗息鼓，不再向市场推出新产品。一直到 2005 年，车市才又逐渐恢复了热闹，各大汽车品牌都开始意识到只有推出新车型才能在最短时间内抢占市场，吸引消费者的眼光。于是，各大汽车品牌都开始陆续推出自己的新款汽车，大众帕萨特"领驭"就在这样的时势下应势而生。

作为上海大众全新推出的中高级车型的帕萨特"领驭"，是德国大众最新造型理念在中国的首次亮相。帕萨特"领驭"的造型特征是基于德国大众全新的、变革性的造型理念而设计的，它把豪华车的庄重和运动车的激情元素完美地结合了起来，整体造型在几何线条和机械质感的气氛中交织，并成功运用了人体美学，形成了刚劲有力、高贵非凡的整体风格。

帕萨特"领驭"将目标消费群体定位在 33~38 岁的社会精英人士。这个群体在事业上取得了一定成就，但他们并没有因此止步，而是依然非常务实，他们了解自身的位置和目标，相信自己有能力掌握事业与生活，并通过不断累积和提升赢得别人的尊重。此外，这个群体有强大的自信心和进取精神，他们注重厚积薄发，希望能够凭借自己真正的实力去掌握人生。

根据对目标消费群体的洞察，帕萨特"领驭"认为他们内心最向往的无非是"实力"和"掌握"，于是"志·在掌握"的广告语应运而生。

"志·在掌握"这句广告语一语双关，在表达出上海大众要赢夺汽车市场的自信和雄心壮志的同时，广告语有意用分隔号把"志"和"掌握"分开，意在强调二者间存在递进关系："志"含有"有志者事竟成"之意，意思是说，一个人如果拥有远大的志向，就会在前进的道路上无所畏惧，不断进取、突破。如果长期坚持，最终不论是在现实中还是精神上都能达到"一切尽在掌握之中"。二者相互依存，缺一不可，使得整条广告浑然天成。

"志·在掌握"这条蕴含哲理的广告语随着帕萨特"领驭"的上市，也受到了消费者的喜爱。

一切皆有可能

——李宁集团广告语

李宁集团由著名的"体操王子"李宁创办于 1990 年。李宁公司从单一的运动服开始做起，经过二十年的发展，逐步发展成为生产运动服装、运动鞋、运动器材等多个产品系列的专业用品企业。李宁公司所提出的口号"一切皆有可能"，不仅是李宁品牌历经多年发展的总结和完善之语，更是一种精神的体现。

作为国内知名体育用品品牌，李宁公司的发展道路可以用"跌宕起伏"四个字来形容。在这个过程中，李宁公司有过成功也有过挫败，更有无限发展的潜能。

李宁公司发展早期正值外国品牌如耐克和阿迪达斯刚进入中国不久，国人对这些外国品牌了解不够，购买性不强，所以整个市场不温不火，没有太过激烈的竞争。在这种大背景下，国内的许多企业对自己定位不够明晰，也没有明确的发展目标，身处其中的李宁公司也不例外。长期处于一种粗放型发展模式的李宁公司在没有明确品牌定位的同时也面临着许多诱惑，还曾尝试进入非体育用品市场生产李宁牌的西服和系列皮具，结果以失败告终。

此外，李宁公司这种没有目标的发展，还表现在早期的广告诉求上。从最早的"把精彩留给自己"到"我运动我存在"，再到"出色，源自本色"，李宁公司前后更换过八次广告语。随着企业的发展需要，定期更换广告语本来无可厚非，但李宁每次更换的广告语都不尽相同，让消费者难以对其留下统一的品牌印象。在"出色，源自本色"的广告里，李宁公司甚至请了瞿颖作为其形象代言人。这些广告内容基本与体育形象没有太大的关系，因此，消费者又认为李宁公司是一家朝多元化发展的企业。

由此可见，早期的李宁公司在发展战略上有三大误区。其一，没有明确的消费群体；其二，没有代表性的产品；其三，品牌个性不够鲜明。这三点往往是决定一家企业是否能够壮大的重要因素，而李宁公司则被这三点牢牢束缚住了，发展陷入了瓶颈。

不过庆幸的是，李宁公司也很快意识到了自身的问题，开始反省并陆续做出了改变和调整，重塑品牌形象。2002 年，李宁公司推出了一系列运动广告。广告以极具运动视觉的画面向人们传达了一个全新的概念———一切皆有可能。

相比李宁公司原来的广告语，"一切皆有可能"显得更有否理意味。不错，李宁公司也正是想通过这条广告语向外界传达一种人生信念和思想境界。它告诉人们，在生活中，不论遇到什么困难，只要保持信念坚持下去，总会有柳暗花明的那一刻。而对于年轻人来说，他们渴望自由，不想被各种条条框框束缚，李宁公司就抓住了年轻人这一心理，鼓励他们去突破各种限制，去实现自己的梦想，因为"一切皆有可能"。在道出这番让人热血沸腾话语的同时，李宁公司的消费群体自然也十分明确，那就是青年消费群体。

这句广告语十分新颖别致且饶有意味，让人浮想联翩，李宁公司也因此逐渐走上了腾飞之路。

没有愈合不了的伤口

——邦迪创可贴广告语

邦迪以广告语"没有愈合不了的伤口"为主题，围绕亲情、友情、爱情制作了三幅平面广告。在《亲情篇》中，一个小男孩哭着喊着伸出一只手要买他看中的奥特曼玩具，而他的妈妈则使劲拉着他另一只手，要将他带离玩具店。

《友情篇》中，在一个舞台上面，一个小女孩因自己扮演了一支毫不起眼的小花而伤心，而她的后方则是两个装扮成主角的女孩手拉着手看着她。

《爱情篇》中，一个把手中鲜花藏在身后的小伙子站在一棵树的后面，黯然伤神——他发现自己要表白的女孩已经有了男朋友。

这三幅广告皆以黑白为背景颜色，每幅广告的左侧都写着一句"成长难免有创伤"，右侧是邦迪的标识。这三幅广告像是穿越了岁月的洗礼而留下的黑白记忆，每一幅都能引起人们强烈的共鸣：小时候，谁都有过中意的玩具，但因家庭或者别的原因，父母还是狠心没给自己买；儿时的玩伴或者同学虽有总角之好，但有时候却因一件小事闹了矛盾；青春岁月里，心中虽然有中意的人，却因种种原因迟迟没有表白，最终饱尝暗恋之苦，又或者因表白被拒而痛不欲生……成长的路上，我们一路"受伤"，总觉得当下的伤心和痛苦永远也无法消除，日子永远是暗无天日的。而邦迪则像是一个历经沧桑的老者一样，恰如其分地给出了一个富有哲理的答案——成长难免有创伤，言下之意就是只要把当下伤心放到一个更长的时间节点来看，它就成了生命长河中的一个微不足道的痛点，所谓的伤心也不过是心情偶尔起了一丝波澜而已。

作为一个产品，邦迪把历史事件和个人联系起来，成功升华了"没有愈合不了的伤口"的广告主题：大到国家之间，小到个人，不论经历了什么样的创伤，最终都会有愈合的那天，只不过是时间长短的问题罢了。

这句广告语在令人深思的同时，也让更多人记住了邦迪创可贴。为了能够给更多人带来启示，邦迪至今仍然沿用这条广告语。

智慧人生，品味舍得

——舍得酒广告语

2008年，舍得酒电视广告大火。这则以雄壮的音乐贯穿始末的广告一开始，就是一幅波澜壮阔的云彩变幻的情景，接着镜头又切换到大海边，一瓶舍得酒在海面上激起浪花，字幕出现一句：天下智慧皆舍得。伴随着波涛之声，旁白响起："智慧人生，品味舍得。"这句广告语如同一杯香甜的陈酿一样，深厚悠远的文化穿越时空的隧道来到我们面前，娓娓道出了一个深刻的道理。对这句广告语，每个人都会有不同的感悟和解读，而这也恰恰传达出舍得酒的文化内涵，突出了"中华第一文化酒"的品牌个性。

舍与得是一个永恒的话题，也是人生的大智慧。舍得酒用"智慧"二字做文章，提炼出"智慧人生、品味舍得"这简练的八字广告语，精准地传达出了其品牌的核心价值。与传统白酒注重原料、产地以及历史的宣传手法相比，舍得酒的这句广告语不论是从文化内涵，还是从表现手法而言，都显然更胜一筹。

作为一款高端白酒，舍得酒把目标消费群体锁定于在事业上取得了一定成就的成功人士，而这些成功人士在前进的路上必然看尽了世间百态，尝遍了酸甜苦辣，而舍与得则始终贯穿着他们生命的每时每刻。正是因为他们有丰富的人生阅历，所以对舍与得的理解才格外深刻。

舍得酒如果用"高贵""辉煌""成功"等标贴去形容这个群体，未免有迎合之嫌，而且也不会对他们产生任何的心灵触动。而"智慧人生，品味舍得"这句广告语把"智慧"和"舍得"放在同等位置，既是给他们一种启示，也是对他们人生的高度概括，可以直抵他们内心深处，引发他们的情感共鸣，并留下深刻的印象。

这则包含品牌名称的广告语除了道出目标消费群体的智慧之外，又一语双关地传达出舍得酒深层次的文化内涵：舍与得是既对立又统一的两个方面，有舍才有得，善于且合理地舍去才能收获更多。

"智慧人生，品味舍得"这句广告语立意高远，内涵丰富，在有效地提升了品牌内涵的同时，也为人们提供了一个生活和思考的方式。

只要你想

——联想广告语

如果不想，纸飞机永远是纸飞机；如果你想，纸飞机就可能变成飞船。我们相信，只要你想，一切皆有可能。于是，联想在继"人类失去联想，世界会怎样""联想走近你，科技走近你"等著名的广告语之后，提出了一个全新的耐人寻味的广告语——"只要你想"。

2003 年，借"神舟五号"载人航天飞行的时机，联想推出了"只要你想"的品牌宣传口号。"神舟五号"表现了中国人敢于创新和努力实现梦想的精神，与联想的品牌内涵是一致的。说起这样做的初衷，联想集团总裁表示，联想在之前并未着重梳理品牌，没有一个清晰的品牌形象，今后将从"只要你想'这一内涵加速品牌的建设，为联想的国际化做好准备。

"只要你想"，这几个字被联想集团助理总裁李岚解释为：有想法就能创新，有想象就能创造，只要你想，一切都有可能。"只要你想"四个字深入人心，体现了联想之魂；"只要你想"代表着创新和超越，是联想品牌定位"科技创造自由""创新有活力"的外化和演绎；"只要你想"也是联想发展历程的深刻总结。回首 1990 年国内电脑市场上，联想的自主品牌电脑的市场占有率几乎是零，而在 2003 年的中国市场上，每卖出三台电脑，其中就有一台是联想电脑。这是联想用自己的实际行动、突出成绩来诠释"只要你想"的内涵和意义。

为了更形象地让消费者理解联想"只要你想"的品牌理念，联想集团还专门制作了以"只要你想"为主题的广告片。在广告中，一个小男孩儿用一张白纸折成了一个纸飞机，纸飞机飞过了高山、河流、草原……最后变成了一架航天飞机。广告的旁白随着前进的纸飞机响遍了山川大地：你的联想，为梦展开翅膀；你的联想，让希望远航；你的联想，改变世界；用想法改变世界，只要你想。尤其是那句"只要你想"的主题广告语，它给人一种鼓舞人心的力量，激发了每个人对梦想的渴望，从而有信心去不断追寻。

不闪的，才是健康的

——创维电视广告语

成立于 1988 年的创维初期主要生产电视机遥控器，1992 年获得彩电生产许可证后开始生产彩电、VCD、DVD 等产品。进入 21 世纪后，创维发布了"数码之春"的宣言，正式将创维品牌定位在以研发数字技术、网络为基础，数字电视为主导，带动传统彩电产业升级的国际化品牌。

相对于普通彩电来说，创维彩电在技术上拥有很大优势，它具有逐行扫描技术和倍速扫描技术带来的无闪烁画质，而创维彩电"无闪烁"这一技术特点能够有效地保护视力。为了取得彩电市场的占有率，创维彩电将这一技术作为利益诉求点，从而与其他同类产品以清晰为诉求点区别开来，并提出"不闪的，才是健康的"广告语。

为了增加创维健康电视的可信度，创维还与中华预防医学会达成了合作。作为国家权威机构的中华预防医学会认证创维健康电视能有效保护视力，并将创维电视纳入中华预防医学会健康金桥重点工程。创维健康电视有了这张王牌后巩固了创维健康电视与同类产品的差异化，在很大程度上增加了"不闪的，才是健康的"这句广告语的可信度。

为了让"健康电视"的概念深入人心，2000 年，创维特意邀请著名演员郑伊健担任其产品代言人。以健康清朗著称的郑伊健，能够很好地诠释出创维彩电健康的内涵。在平面广告中，身穿令人赏心悦目 T 恤的郑伊健微笑着说："不闪的，才是健康的。"

广告投放后，创维的"不闪的，才是健康的"广告语逐渐成了公众判定的标准，也成了公众购买电视机的一个心理预期，明晰简洁的健康标准的建立使创维电视机能够脱颖而出，也使健康电视机概念更容易传播，让人直接联想到创维电视机给人的利益点是保护人的视力，满足了消费者对健康的需求。

激情成就梦想

——青岛啤酒广告语

在每个人的内心里，都有一个五彩缤纷的梦想，也正因为如此，人生才有了追寻和拼搏的意义。而在这个过程中，只有始终保持激情，坚持不懈，最后才能成就梦想。

2006 年夏是一个激情洋溢的火热之夏，是一个成就梦想的热情之夏，这一年，"德国世界杯"闪亮登场。为了借助此次盛会的巨大影响力，青岛啤酒公司从 2005年底就开始筹划广告宣传。世界杯是体育界最重大的体育事件之一，世界杯也符合"青岛啤酒"品牌的定位、品牌诉求以及啤酒的销售节规律。

在"青岛啤酒 2005CCTV 梦想中国"电视活动的新闻发布会上，"激情成就梦想"这一全新的广告语首次公布。它为青岛啤酒建立起了完整的品牌战略理念，也为世界杯和青岛啤酒的完美结合奠定了基础。

"激情成就梦想"这句广告语意在说明，激情是创新的土壤、进步的动力、追求完美的催化剂。只有在激情的驱动下，梦想才可能起航，才可能去实现。与此同时，这句广告语也是青岛啤酒的发展历程写照：青岛啤酒坚持超越自我，追求卓越的品质与"高精严密"的执行理念，他们不懈追求高品质的激情是对梦想的坚持。百年的激情成就了梦想，他们用辉煌的成就写下了中国啤酒的骄傲，创造了中国啤酒业辉煌的记录，成为今日世界著名的中国品牌。

简约而不简单

——利郎男装广告语

利郎集团，是由王氏三兄弟王冬星、王良星、王聪星创建于 1987 年的国内首家倡导"商务休闲"男装概念的公司。经过二十多年的发展，利郎已经发展成为一家集产品设计、开发、生产、营销于一身的商务男装领军品牌。

多年来，利郎一直遵循着"简约而不简单"的设计思想和经营理念，而这恰好与成功人士、中产阶级、商务人士的追求不谋而合。所以，利郎的企业文化传承的是"简约而不简单"的概念，也因此，"简约而不简单"成了利郎的经典广告语。

利郎之所有能取得如今的成就，与中国著名影视演员陈道明的功劳是分不开的。陈道明，这位大器晚成的人物，在 35 岁那年因接拍《围城》而一举成名，随后又在《康熙王朝》《黑洞》《中国式离婚》饰演男主角，给观众留下了非常深刻的印象。也许正是因为经历了过大器晚成的各种磨炼，陈道明给人的永远是不急不躁、成熟大气、内敛简约的印象。也正是因为陈道明的整体气质十分符合利郎所提倡的简约智慧成功人士的形象，所以他顺理成章地成为利郎的形象代言人。

2003 年，在利郎的电视广告中，一群穿着时尚、得体的男士匆匆走在大街上。这时，广场上的屏幕里出现了手捧报纸一脸悠闲的陈道明。一位男士被吸引而驻足观看，接着是一群人都停下脚步观看。这时，身穿休闲装、手捧报纸的陈道明从人群中走出，依然是一脸淡然的神情，仿佛对这个世界早已经了然于胸。他的自信和淡然引起更多人的注目。紧接着，镜头一转，陈道明一马当先走在前面，身后紧跟着一大群人。与此同时，旁白响起："取舍彰显智慧，执着成就梦想。我们的时代，简约而不简单。"

这则极具锐利感和男人情怀的广告，不仅为利郎带来了巨大的销售利润和品牌知名度，并且再次验证了陈道明身上独有的男人魅力。广告词"简约而不简单"传达出来的不仅仅是利郎的设计理念，更是在述说一种人生哲学。所谓"简约"，就是不论遇到任何困难和问题都要有包容的心态，不会因此而斤斤计较，只有如此，才能宠辱不惊，增加生命的厚度，成就属于自己的"不简单"。

这则广告播出后，在利郎的品牌知名度得到了很大提升的同时，陈道明说的那句振聋发聩的广告语"简约而不简单"也给大众带来了很大的启示。

多一些润滑，少一些摩擦

——统一润滑油广告语

润滑油是用在各种类型汽车、机械设备上以减少摩擦、保护机械及加工件的液体或半固体润滑剂，主要起润滑、冷却、防锈、清洁、密封和缓冲等作用。也正因受润滑油的功能所限，它不是大众产品，目标消费群体局限在司机和机械维修人员。所以，多数润滑油的品牌知名度并不高，包括统一润滑油。

为了提升品牌知名度，统一润滑油公司曾经每年在广告上投入超过千万元，但效果甚微。一直到 2003 年，统一润滑油终于凭借一句"多一些润滑，少一些摩擦"

的广告语铁树开花。一夜之间，全国人民在对这句广告语津津乐道的同时，也记住了统一润滑油的品牌名称。当年，这句广告语被评为"十大最受欢迎的广告语"。那么，这句广告语为什么会如此受到人们的欢迎？关于它有一个故事。

2003年3月20日，伊拉克战争爆发。战争爆发不到24小时，统一润滑油公司就敏锐地意识到这是一个提升品牌知名度的绝佳机会。经过了紧张的筹备后，统一润滑油公司就以闪电般的速度在中央电视台推出了以"多一些润滑，少一些摩擦"为主题广告语的广告。

"多一些润滑，少一些摩擦"这句广告语巧妙地将产品的特征融入了备受关注的世界大事件之中，表现出企业对人类命运的关切，切合了人们对和平的期待，十分震撼人心。随着广告的播出，这个声音迅速传遍了全国，人们对这么有人文关怀精神的企业无不交口称赞。

这则带有公益性质的广告极大地提高了统一润滑油的企业形象和品牌知名度，最大限度地提升了品牌内涵，并产生了意想不到的效果。统一润滑油公司当年的销售额就达到了12.8亿元，成为行业领导者，品牌影响力超出行业范围。

【同类范例】

每个人的梦想均由"选择"开始。　　　　　——欧米茄手表广告语

只管去做。　　　　　　　　　　　　　　——耐克广告语

看成败，人生豪迈，不过是从头再来。　　——中央电视台公益广告语

人间自古多美味，不尝辛酸不知甜。　　　——山西老陈醋广告语

三分治，七分养，调理肠胃最理想。　　　——太阳神猴头菇广告语

只有纯净的水，才能孕育出健康的生命。　——育康矿泉水广告语

如果你知道你要去哪儿，全世界都会给你让路。——贵人鸟广告语

真知影响人生。　　　　　　　　　　　　——《羊城晚报》广告语

贫者因书而富，富者因书而贵。　　　　　——永汉国际书局广告语

其实，男人更需要关怀。　　　　　　　　——丽珠医药广告语

万丈高楼平地起，发展才是硬道理。　　　——发展银行大厦广告语

我有我要求。　　　　　　　　　　　　　——黑妹牙膏广告语

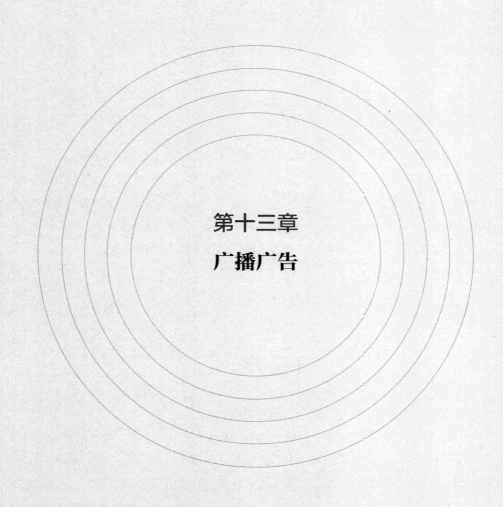

第十三章

广播广告

广播广告,顾名思义就是通过广播播出的广告,即通过电波向大众传播信息、提供服务和娱乐的广告方式。广播广告信息转换较简便,只要把声音变成电波,消费者就能够通过电波接收到。另外,广播听众不会受到语言感知和理解能力的限制,任何年龄段的听众,不管文化程度高低,只要具备一定的理解能力,都能够接收广告所传达出的信息。相对于电视广告,广播广告在制作上也要简单很多,相应的投资也会降低。

但任何事物都是有双面性,广播广告也是如此,除了具备以上优势以外,广播广告也存在一定的缺陷,如难以记忆、缺乏视觉形象、难保存等。

【创作技巧】

1.坚守"三便"原则,突出广告效果

广播广告的"三便"原则,即便于收听、便于塑造广告形象、便于听众产生联想。便于收听指的是广播广告的语言、音响及音乐都要适合于听,让听众能够听得清楚明白;便于塑造广告形象指的是要为听众塑造出真实可信、鲜明难忘的产品形象;便于听众产生联想指的是广播广告要通过音乐、声音等手段营造氛围,给听众营造一个广阔的想象空间。其中,能够为听众塑造出产品的形象,是广播广告是否成功的关键。

2. 运用不同方法增加创意

在广告的创意上，广播广告可以采用直接法、对比法、戏剧法、夸张法、比喻法等多种多种方式，令广告更有创意，从而达到出其不意的宣传效果。

3. "先声夺人"，在声音上下功夫

广播广告主要是针对听众的"耳朵"，从听觉系统入手，所以在"声音"方面要格外用心。首先重视播音，在播音方面掌握好音调、音量和停顿，还要做到话语亲切自然、生活化、口语化，力求言中有画，在关键字眼上，可做适当的重复，最后要做到尽量避免出现汉字同音字的歧义。

除此之外，还要在音响、音乐等方面用点心思。一来，选择好的音响能够营造出真实、立体的氛围；二来，选择好音乐，不但可以丰富广告的内容，活跃广告的气氛，还能够唤起听众对广告的注意。

【创作赏析】

快乐的走路族

——PUMA 彪马运动鞋广告语

自 1948 年成立以来，PUMA 在世界范围内一直享有第一线运动品牌的号召力和影响力。作为一个运动休闲品牌，如果在宣传方面只是单独强调功能性，是很难与竞争对手区分开来的，也就因此很难得到消费者的认可。

对于运动休闲品牌而言，消费者们最注重的是对运动能力的提升和对人体的保护作用，可以说，一双合适的运动鞋，是健康生活、健康运动的保证和象征。因此，此次彪马用一则广播广告以一个普通人对于运动的认知作为主线，对彪马的产品进行阐述，从而引发消费者对于产品功能的无限联想。

广告的内容自始至终都是一个青年男子的独白：

"我是个庸庸碌碌的上班族。不过在平淡的生活中。我倒有一件法宝——PUMA。

"星期一，我喜欢走仁爱林阴道来公司。借以平和我的'星期一忧郁症'。

"星期二，故意挑公司后的小巷道，多绕些路，只为了听听附近住家起床号的声音。

广告标题
创作与赏析

"星期三，我会从小学旁经过，看看年轻的生命活力，顺便感怀一下我自己消逝的天真童年。

"星期四，我索性来一段慢跑。"

男声渐渐变小，另一个声音接着说出彪马的广告语：快乐的走路族——PUMA——彪马运动鞋。

从广告的第一句话开始，听众就已经被吸引住了，大家都会好奇，男子说的"法宝"究竟是什么？随着男声独白的娓娓道来，听众可以想象出，男主人公每天都会进行一段运动。这些运动多种多样，充满活力，也令主人公对生活充满向往。能充分调动起听众的想象力是广播广告成功的一大标准。听到这个广告的人都会想象着自己像主人公一样，走在林荫道上，穿越在小巷中，甚至也来一段慢跑。在生活节奏如此之快的今天，每一个对生活有期待的人，几乎都会向往这样的生活，向往这种自由。

最后广告语——"快乐的走路族"出现，似乎是在告诉每一位听到该广播广告的消费者，如果你想拥有这样的生活，想成为一个快乐的走路族，那就选择彪马运动鞋吧。广告通过一段对拥有彪马运动鞋的人的生活的描述传递了彪马对于生活品质的追求，从而也吸引了消费者对品牌的认可。

70年代生人的专属座驾

——荣威750汽车广告语

2006年，上海汽车工业总公司推出了一款汽车品牌——荣威，寓意为"创新殊荣，威仪四海"，此品牌的汽车覆盖了中级车和高级车市场，将"科技化"定位为品牌的标签。其中荣威750拥有独特的雪茄车身，大气雍容又不乏高雅非凡。这些昔日只属于英国的经典元素在荣威750汽车身上彰显无遗，所以荣威750的广播广告也无处不散发着高贵的英伦气息。

广告的开始，是一段经典的欧洲风格的音乐。然后一个男声出现了："他，生于70年代，是社会的精英族群，工作与生活的平衡是他的执着追求。"

然后一个女声说道："它，荣威750，设计源于英伦，驾乘的操作性和舒适性达到了完美的结合。"

接着出现第一个场景，这个场景以工作情形为基调：

老年男：恭喜你，你的投资项目提案非常出色！加把劲！

青年男：谢谢，我会努力的。

声音渐渐减弱。

一个男声继续说道："面对激烈的竞争，他迎难而上从容不迫！"

背景声音中出现汽车点火启动，顺畅行走的音效。

另一个女声也继续说道："面对崎岖的道路，它操控自如，自由驰骋！"

男声："它，锐气风发。"

女声："它，气宇轩昂。"

男声："荣威750，助他把控一切于随心所欲之间，就如他处变不惊的从容姿态。"

第二个以家庭为背景的场景出现。

伴随着汽车的刹车声和关门声，一个小女孩儿说道：爸爸，爸爸，你回来了？

青年男：哎，宝贝！今天在学校表现得怎么样啊？

青年男的声音渐渐减弱，出现男、女叠声："荣威750，让他在事业与生活之间实现了。"

男声："实现了。"

女声："游刃有余的。"

男、女叠声："自主掌控。"

最后荣威750的广告语出现——荣威750，品位卓显贵雅．70年代生人的专属座驾——ROEWE。

广告语"70年代生人的专属坐骑"，清晰明了地将荣威750汽车的目标客户——70年代生人表现了出来，"专属"两个字，更是体现出了一种独特和高贵。这一代的人普遍拥有较高的社会地位，得到了来自社会各界的肯定，是能力和财富的象征。而荣威这段广播广告采用直白的口号，用对比的对话方式将荣威750汽车与70年代生人进行对比，不但说出了他们之间的相似之处，更是对70年代生人的社会地位的肯定，因此很容易令70年代生人动容，并对该车型产生深刻的印象。

另外，广告中描述的"合同签订成功"的工作情形，以及"上有老下有小"的生活情境，也非常贴合现在70年代生人的工作和生活状态，因此能够在很大程度上引起消费者的情感共鸣，从而产生荣威750就是自己的专属座驾的想法。

百年老街里，青岛劈柴院

——青岛旅游景点"劈柴院"广告语

劈柴院，顾名思义，就是卖劈柴的地方，但是经过几十年的发展，青岛的劈柴院已经成为一条商业小吃街，它位于青岛市南区中山路商业圈，是中山路、北京路、河北路、天津路围合的街坊。如今的劈柴院包涵着青岛的码头文化、建筑文化、饮食文化、传统文化和戏曲文化等文化底蕴。在众多旅游景点的广告中，青岛劈柴院的广播广告语要想"一鸣惊人"，就要将劈柴院这一特色体现出来，这样才能吸引听众前往。

广告的背景音乐是《咱的老街里》，在背景音乐中，一个小孩儿念着童谣："一二一，上街里，买书包，买铅笔，到了学校考第一……"

这时，广告里的音响效果起，混杂着各种声音。一个小孩儿问："爷爷，这就是劈柴院？这么热闹啊？"

一个老人回答道："对呀，这就是我常说的，有一百多年历史的青岛的老街里——劈柴院。小时候，我爷爷常带我来。"

小孩儿又说："哇！爷爷，这儿有这么多好吃的……"

老人回答说："这儿，有好吃的，好玩儿的，还有好听的呢！走，咱们先听戏去。"

小孩儿好奇地问："听什么戏？"

老人说："你看，那边就是戏园子，小时候我常在那儿跑着玩着吃着糖葫芦，听名角说书、唱戏……"

小孩儿听了，连忙说："爷爷，爷爷，我也想吃糖葫芦，也想听戏……"

老人说："好，好，今天咱们就好好逛逛劈柴院……"

音乐再次响起："咱们的老街里，咱祖祖辈辈的老街里。"

最后出现男声独白：百年老街里，青岛劈柴院。

开头出现的那首童谣再次出现："一二一，上街里……"

童声压住混响的音乐，并逐渐变弱。

广告语——"百年老街里，青岛劈柴院"将劈柴院的悠久历史体现了出来，同时也从侧面告诉听众，在一百年前，青岛的劈柴院就是个值得游玩的好去处。在广播中，老人略带沧桑的声音和小孩儿稚嫩的童音形成了鲜明的对比，首先从声音上就吸引了听众。然后再通过一老一小的对话，将劈柴院清晰地呈现在大家面前。

加之背景音效中各种声音的混合听起来十分热闹，让人们听了后身未动就已经想象出劈柴院大概的样子。尤其是爷爷回忆起他小时候的事，仿佛带着听众穿越了时空隧道也回到了那个年代，也想像老人那样，吃着糖葫芦，逛着街，听着戏。当被孩子的声音打断了想象时听众也许会还有些意犹未尽，恨不得立刻前往劈柴院，亲身去感受一下劈柴院的独特魅力。

健康美味，选好口味

——好口味酱油广告语

在中国，酱油是饭桌上不可缺少的一款调味品，产量占了调味品总量的一半之多。因为其在生活中拥有不可取代的位置，消费者对于酱油口味的追求自然也越来越高，对酱油种类的细分也更加在意。与其他调味料相比，酱油的消费特征最接近于日用消费品，因此在产品认知度方面，受广告宣传效果的影响很大。

广东好口味食品公司为了满足市场需求，从日本引进了世界先进的酱油、调味料生产工艺技术和设备，专业生产制造高盐稀态天然发酵酱油——烤鳗调味汁、水产品加工调味料、冷冻食品调味料、蔬菜加工调味料、民用调味品等系列产品。为了扩大在全国的销量，经过一系列的市场调查后，好口味酱油最终决定通过广播广告的形式对好口味酱油进行宣传和推广。

广告文案内容如下：

男声：民以食为天，食以味为先。

今天的调味大赛冠军会花落谁手呢？

让我们用热烈的掌声请出本届调味大赛的冠军。

（背景音效：掌声……）

男声：本届调味大赛的冠军得主就是……

（背景音效：击鼓声……）

男声：好口味酱油！

（背景音效：掌声、欢呼声……）

旁白音：好口味酱油采用非转基因大豆、小麦等绿色原料，经过180天纯酿造，含有300多种香气成分及20多种氨基酸。

广告语：健康美味，选好口味——好口味酱油。

　　这则广播广告虽然不长，但却用声音将一场大赛描绘得让人身临其境，因此达到了非常好的宣传效果。广告语"健康美味，选好口味"听起来简单易懂，读起来朗朗上口，并且还起到了一语双关的作用。首先，想要健康美味，要选择口味好的酱油；其次，想要健康美味，要选好口味酱油，因为好口味企业所生产的酱油口味好。

　　另外，品牌在广告中的带入方式也很独特，选用了"颁奖典礼"的方式，既调动起了消费者的好奇心，又不会让人觉得品牌带入太生硬。

美味传情更轻松

——必胜宅急送广告语

　　随着人们对生活水平要求的提高，各式各类的餐饮店如雨后的春笋般出现在大街小巷，放眼望去，比比皆是。美食广告更是几乎遍布了人们生活的每个角落，如何能在众多的竞争对手中脱颖而出是每一个餐饮业主都在思考的问题。除了食品味道要独特出众外，服务的作用也不得小觑。因此，必胜宅急送应运而生。

　　作为全球著名的美食外送专家，必胜宅急送与肯德基、必胜客同属于世界最大的餐饮集团之一的百胜餐饮集团。与必胜客餐厅不同的是，必胜宅急送仅提供纯珍比萨、焗饭、意大利面、沙拉及各式小吃和甜点。为了让顾客更快地享受到美食，必胜宅急送配备了专业的外送员工队伍与便捷的交通工具，并且为了确保美食到达顾客手中是"刚出炉"的，必胜宅急送还特地准备了"烫手包"运送食物。

　　如此贴心周到的服务，如何让消费者得知呢？除了电视广告外，必胜宅急送还制作了一则广播广告，以下为广告文案内容：

　　背景音效：门铃声1

　　男1（标准口号式激情语气）：必胜宅急送！

　　您好，这是北京李小姐给您订的至尊比萨！

　　男2：哇！真香啊！

　　背景音效：门铃声2

　　女1（标准口号式激情语气）：必胜宅急送！

　　您好，这里是深圳张先生给您订的加勒比烤鸡翅。

　　女2：嗯……看起来好诱人哦！

　　背景音效：门铃声1

男 1：必胜宅急送！

先生，北京李小姐又给您订了热辣鲜虾汤！

男 2：哦，辣得好爽！

背景音效：门铃声 2

女 1：必胜宅急送！

小姐，深圳张先生又给您订了经典芒果茶。

女 2：真不错，清清甜甜的。

背景音效：门铃声 1，门铃声 2

男 2 女 2：不会吧！又来啦？！

男 1 女 1：还有多款餐后甜点，要不要继续订购呢？

女 2：4008-123-123，必胜宅急送！

男 2：网上支付，美味传情更轻松。

背景音效的门铃声再次响起。

刚听到这则广告，人们会普遍认为这是一则简单的送外卖广告，继续听下去，就会发现广告中蕴含的故事：一对相隔两地的男女通过必胜宅急送的服务为彼此订购美食，虽然他们不在一个城市，甚至可以说相隔甚远，但是必胜宅急送的服务却缩短了他们之间的距离，让他们彼此之间的关爱更加及时。

广告语"美味传情更轻松"既体现了必胜客美食的美味，也体现出了必胜宅急送的及时和便捷。这则广告的优点是不仅在听觉上冲击了听众，还通过男女的对话勾起了听众的食欲，这是广告效果上更深一层的撞击和升华。

由必胜宅急送的广告可看出，餐饮广告想要出奇制胜，不但要有行之有效的宣传方式，还要将食品本身很好地利用起来，充分调动起消费者的感官，激起大众购买的欲望。

怕上火，喝王老吉

——王老吉凉茶广告语

2003 年对于红罐凉茶王老吉可谓是转折性的一年，仿佛一夜间全国人民都认识了王老吉，其销售额也奇迹般得猛增至 6 亿元。在各大中小城市里，不管是在超市、便利店，还是在饭店，王老吉都成了格外引人注意的饮料。

而王老吉最初的广告宣传并不成功，广告语"健康家庭，永远相伴"试图将王老吉印上温情的色彩，这是广告商们常用的手段，然而对于王老吉而言，却没能达到预想的效果。

究其原因，首先是在广告语中没有对王老吉的进行确切的定位，导致消费者对王老吉的认知不够，只是知道王老吉是一种药饮，而这恰恰就是限制王老吉继续成长的关键；其次，最初加多宝公司不愿意将王老吉以"凉茶"的概念进行推广，但是又没有体现出王老吉与其他品牌饮料之间的不同之处；最后，凉茶只是在两广地区知名度较高，地域局限性也限制了王老吉的市场发展。

认识到了问题所在后，加多宝公司在再次经过详细的分析后，认为继续这样打亲情牌的广告并不能够将王老吉的独特价值展现出来，明确王老吉的市场定位是首要任务，于是及时改变了宣传策略，将广告词转而变为一句"怕上火，喝王老吉"。这句广告语便于消费者理解，又容易记住，而且简单明了地确定了王老吉的定位，那就是"去火"。清晰的市场定位令这句广告语很快传遍了全国。

回顾王老吉凉茶的发源地——岭南，可知岭南人自古以来就有着喝凉茶的习惯，主要目的就是为了去火，王老吉作为"凉茶始祖"，其去火功效更是极佳。在岭南甚至流传着这样一句粤语："惊（怕）上火，饮（喝）王老吉啦。"王老吉"怕上火，喝王老吉"的广告语正是脱胎于此。为了让这条广告语深入人心，王老吉通过电视广告、网络广告、广播广告等多种方式进行了宣传。其中一则名为《加油篇》的广播广告令人印象深刻，下面是广播广告文案：

女（微笑着）：您好，需要加多少油？

男：30升。

略停顿。

女：先生，加好了。

男：哦，再来310毫升。

女（疑惑地）：不好意思，已经加满了。

男（略带一点调侃）：车喝了，我还没喝！

（音效：打开易拉罐的声音，咕咚咕咚的喝水声。）

旁白音：310毫升红罐凉茶王老吉，随时防上火，驾车更轻松！

各大加油站整箱购买更便利。

女（略带调侃）：先生，再来310毫升吗？

（广告歌：怕上火，喝王老吉。）

在这则广播广告中，商家通过男女对话的形式，向消费者准确地传达了"怕上火，喝王老吉"的诉求，语言明快活泼，充满了活力。尤其是背景音效中打开易拉罐的声音，更是充满了诱惑性，让人忍不住联想罐里的饮料究竟是什么味道，为什么广告里的人喝得那样畅快。于是，购买的欲望因此产生。

另外，这则广告的成功之处还在于广告创意者关注了人们的日常生活。现代化生活节奏越来越快，不管是工作压力、生活压力，还是人们的饮食习惯，"上火"成了"家常便饭"。而加多宝公司正是利用了这一点，为王老吉找到了新的市场突破点，并成功地将"怕上火，喝王老吉"这句在岭南流行的广告诉推向了全国，也将红色王老吉带出了地域品牌的局限，得到了全国消费者的肯定。

红罐凉茶王老吉的成功"转身"也给其他企业指出了一道"明路"，那就是要找到产品的独特性，并根据消费者的需求对产品进行重新定位，最后再加之以成功的广告宣传，产品大卖指日可待。

一按我帮您

——中国移动 12580 服务热线广告语

作为综合信息服务门户，12580 是中国移动基于语言、互联网、WAP（无线应用通讯协议）、信息、彩信、位置服务构建的，是中国移动从"移动通信专家"向"移动信息专家"转型的战略性脚步，意图将"最合适的信息，在最恰当的时间，提供给最合适的人"。

那么怎样通过广告形式将产品传达给消费者呢？广告创意者将目光投向了我国四大名著之一的《西游记》上。《西游记》作为我国的经典名著，承载了所有"80后"的回忆，除了被翻拍过多次外，也格外受广告商青睐。此次，中国移动为了宣传其新产品"12580"，就将《西游记》搬到了他们的广播广告中。

广告的背景音乐是动画片《西游记》的片尾曲："白龙马，蹄朝西，驮着唐三藏，跟着三徒弟……"

旁白声："唐僧师徒四人，前往西天取经。"

唐僧："悟空，咱们走到哪了？去探探路。"

悟空："是，师父。徒儿去去就回。"

背景音效：嗖……（孙悟空飞走的声音）

唐僧："八戒，为师有些饿了，去化些吃食来吧。"

八戒："唉，这就去。沙师弟，你好生照看师父。"

沙僧："是，二师兄。"

悟空：（按键音）1-2-5-8-0。

八戒：（按键音）1-2-5-8-0。

电话接通，12580 女声 1："你好，12580 为您服务。您目前在狮驼岭一带，前方有妖怪……"（声音减弱）

另一 12580 女声 2 起："你好，12580。翻过这座山，跨过一条小河，有位土地公，找他便可化缘。"（声音减弱）

旁白再次响起。

男："中国移动 12580，便民综合信息服务——查号、天气、餐饮、娱乐、交通、订酒店、订机票等，一个都不少，一拨全知晓。"

女："12580，一按我帮您！"

广告一开始，就是人们再熟悉不过的旋律，首先起到了"先声夺人"的效果，在引起听众的注意后，再用师徒"西天取经"的故事将产品 12580 引出来。"西天取经"的故事几乎是家喻户晓，唐僧师徒四人在取经的路上遇到的困难和麻烦，很多观众都能如数家珍，因此不用做大量的情节铺垫，听众就能够明白广告的用意了。

试想一下，12580 连何方有妖怪、何处能化斋的问题都能够解决，还有什么生活问题是 12580 解决不了的呢？那些困扰着大众的问题，如酒店预订、娱乐交通、旅游美食，等等，都能够在 12580 这里找到答案。

可以说，这则广告的创意充满了智慧，12580 是"一按我帮您"的数字谐音，通过广播展现出来比电视广告更具有传播效果，既简单又便于记忆，短短五个字，不但将 12580 的强大用途传达给了消费者，还能让消费者对这个广告久久不能忘记。

中国的，我的选择

——三立漆广告语

2010 年以来，三立漆做了一系列的变革。其中最大的改变就是将其产品的目标客户群定位为婚后女性，为此还特地邀请被誉为"中国第一媳妇"、当时最具人气的女演员海清作为形象代言人。三立漆希望借助海清深入人心的"媳妇形象"体现出三立漆的新主张——"为家，为家人"的文化内涵。

此次的三立漆广播广告选用了一家三口的对话作为宣传的切入点。

爸爸："宝贝，快来看看我们的新家！"

女儿："哇……这房子真漂亮，空气好清新呀。"

妈妈："老公，咱家不是刚油漆完，怎么一点油漆味都没有？"

爸爸："因为我们用的是特殊材料，三立牌有氧动态墙面漆。"

女儿："是环保型的吗？"

爸爸："宝贝真聪明。这三立漆，采用创新的微孔净化科技，能去除有害气体，杀灭致命细菌，净化室内甲醛，环保又健康。"

女儿："为家人健康，我要最环保的油漆，我选三立漆。"

妈妈："为经济适用，我要能增加空间感的油漆，我选三立漆。"

爸爸："为经久耐用，我要永不褪色的油漆，我选三立漆！"

最后，一个浑厚的男声说出了三立漆的广告语——三立漆，中国的，我的选择！

在这则广播广告中，一家三口的对话营造出了一种和谐温馨的家庭环境，引起了消费者的情感共鸣。接着抓住现今人们越来越注重"健康生活"，越来越重视"环保问题"的心理，让广告中每个对话都围绕着三立漆的品质展开，不管是使用的材料还是技术，都体现了三立漆环保、健康等诸多优点，使消费者对三立漆的产品特性有了很好的认识和了解。

尤其是家中有小孩儿的消费者，他们会对三立漆这个品牌更加信赖。再加上结尾处的广告语——三立漆，中国的，我的选择！不但表明了三立漆为国产品牌，还从侧面激起了人们的爱国情绪，强调了三立漆就是人们最佳的选择，保证了广告的宣传效果。

让你随心所浴

——万和热水器广告语

现如今，热水器已经是家家户户不可缺少的家用电器之一，因此，热水器的品牌也越来越多，布满了整个家电市场。作为一家有着十多年发展历史的企业，万和可以说拥有国内最大、最先进的燃气热水器生产基地，此次万和用了一个广播广告，再次成功地激起了消费者的购买欲望。

"啪"的一声，热水器被打开的声音，接着是淋浴放出水的声音，背景音乐《我爱洗澡》响起，一个女性的声音唱着：

"万和洗澡心情好好，

嗷嗷嗷嗷，

带上浴帽唱唱跳跳，

嗷嗷嗷嗷，

热水器是万和——"

女性歌声渐弱，另一个时尚女声旁白道："超高热能，均衡水温，洗浴轻松自在。"

背景音乐渐强，女性继续唱着：

"上冲冲下洗洗，

左搓搓右揉揉，

我家的万和好好用……"

女性的歌声被敲门声打断，传来一个男性的声音：

"老婆，用万和，也不用洗两个钟头吧？"

所有声音消失，一秒钟后，又响起"啪"的一声，热水器被打开的声音，接着是淋浴放水的声音，刚刚敲门的男性唱起：

"万和洗澡心情好好，

嗷嗷嗷嗷，

带上浴帽唱唱跳跳，

嗷嗷嗷嗷——"

男性歌声渐弱。

女性旁白说出万和热水器的广告语——"万和热水器，让你随心所欲！"

万和热水器的市场占有率连续多年处于行业前列，更是两度荣获"中国名牌产品"的称号。万和能够立足于市场的核心竞争力，在于他们在技术上创新，已经十多次填补了国内燃气热水器的技术空白。

如此品质优良的热水器想要在短短几分钟内将其性能全部展现出来，几乎是不可能的事情。所以，万和选用了广播广告这一宣传手段，没有过多地强调万和产品的优势和历史等，而是通过男女主人公一边唱歌一边洗澡的情景，向人们传达了万和热水器能够为消费者带来幸福生活和轻松心情的概念。

广告语"让你随心所浴",体现了用万和热水器洗澡,可以随心所欲,想洗多久洗多久,不必担心热水不够用的问题。广告中的对话很少,只有一句问话,"老婆,用万和,也不用洗两个钟头吧",而正是这句话起到了画龙点睛的作用,体现了热水器超高热效(可以连续洗两个小时)、均衡水温的性能。而这 也是吸引消费者的关键所在。

背景音乐范晓萱的《我爱洗澡》也被改编得十分巧妙,用在万和热水器上丝毫没有违和感。歌曲的轻松感与万和热水器的广告语"让你随心所浴"也十分契合,令整个广告更加具有情绪感染力。

唤起您温馨的回忆

——飞利浦音响广告语

在电视机还不普及的时候,人们都是通过广播广告来了解身边的产品的,其中飞利浦的品牌大众绝对不会陌生。飞利浦是世界上最大的电子公司之一,其于 1891 年在荷兰成立,距今已经有百年的历史。经过百年的锤炼,飞利浦的产品几乎遍布了全球各地,现在我们仍旧能够从广播广告中找到飞利浦广告的身影,其中有一则音响广告曾给人们留下了深刻的印象。

背景音乐是一首荷兰风格的乐曲。

一个男童问:"爷爷,您怎么了?"

一个老人从沉思中惊醒,感慨地回答:"哦,这是爷爷当年在荷兰留学的时候最喜欢听的曲子,那时候,我用的是荷兰飞利浦音响,它伴随我度过了多少思乡之夜啊!"

这时,老人的女儿说道:"爸爸,您说的荷兰飞利浦音响已经在北京安家落户了,咱们现在听的就是北京飞利浦音响。"

音乐再次响起,男声独白说出飞利浦音响的广告语——北京飞利浦,唤起您温馨的回忆。

通过这则广播广告,消费者至少从这一家三代人的对话中知道了三个信息。

首先,飞利浦音响是荷兰的品牌,这点从背景音乐中就能够得知。

其次,飞利浦音响有着悠久的历史,在老人留学时就已经有了,所以品质有保障。

最后，就是飞利浦音响已经走向世界，成为国际品牌，在北京也买得到了。

广告语"北京飞利浦，唤起您温馨的回忆"意在告知消费者，在北京也有飞利浦专营店了，而且就是消费者记忆中的飞利浦。

在广告中，老人通过那首荷兰音乐回想自己年轻时候的情景，为的就是在最大限度上引起消费者的情感共鸣。因为每个人都曾经年轻过，在年轻时，每天的生活都是充满了乐趣，充满了希望，而这是每个人记忆中最难以忘怀的美好时光。

广告中，老人每次思乡都会通过飞利浦音响来寄托情感，无形中又为这则广告增添了些许感慨。至此，飞利浦音响所代表的已经不仅仅是一个音响这么简单，而是老人年轻岁月的写真。老人对飞利浦音响的特殊情感，也是他对自己年轻时光的怀念和感悟。广告通过老人真情实感的表露，引导消费者对飞利浦音响产生兴趣。

惊喜价 99 分钱

——麦当劳 99 分早餐广告语

说起麦当劳，大家并不会陌生。这家在全球已经有将近三万家分店的快餐连锁企业在中国常常被当作是美国的象征，其主要产品汉堡、薯条等已经成为很多中国消费者经常食用的美味。

打开电视机，几乎每个频道都会有麦当劳广告的身影，或温情，或逗趣，总能吸引人的眼球。那么，麦当劳的广播广告又是如何的呢？下面就介绍一则麦当劳早餐的广播广告。

广告背景是 Chateau Le Foot 旅馆。

背景音效：铃声。

服务员："早安，××先生、太太。"

××先生、太太："早安！"

服务员："在 Chateau Le Foot 旅馆还愉快吗？"

××先生："愉快极了！"

服务生："我想你一定也会喜欢我们的早餐。"

××先生："早餐？"

服务员："是啊！土司加蛋，上头还撒了鲑鱼肉，只要 17 元 49 分，经济实惠。"

××太太："哦！不了，我们要去麦当劳。"

服务员："麦当劳？"

××先生："他们早上推出的特餐只要 99 分钱。"

服务员："99 分钱？"

××太太："奶油炒蛋两颗，英国烤松饼，外加一客香脆薯条。"

背景音效：脚步声渐远。

服务员："哦，原来如此，那祝你愉快。"

过了一会儿，另外一位先生出现。

服务员："嗨，××先生！"

××先生："早！"

服务员："要吃我们美味的特制早餐吗？"

××先生："特制早餐？"

服务员："一颗好大的蛋和鲑鱼肉一起煎得喷香，配上超厚土司，才 12 元 49 分。"

××先生："不！"

服务员："4 元钱……"

××先生："不，我要到麦当劳吃炒蛋，烤英国松饼，还有香脆薯条。"

服务员："啊，好极了！"随即又小声说道："有什么了不起。"

过了一会儿，又一位太太出现了。

××太太："早安！"

服务员："啊！　××太太，在我们这用早餐吗？"

××太太："不了，我……但是我……"

服务员："我把门锁上了，你去不了麦当劳了。"

××太太："救命啊！救命啊！"

背景音效：喧哗、喊叫、骚动不止。

旁白声音出现，说出麦当劳早餐的广告语——惊喜价 99 分钱，特制早餐就在麦当劳。

广告语"惊喜价 99 分钱，特制早餐就在麦当劳"，99 分，确实是一个能够给人带来惊喜的价格，麦当劳在这则广播广告中，用产品超实惠的价格深深地吸引了消费者。另外，这则广播广告的内容，也不乏可圈可点之处。旅馆的服务员从大清早就不断邀请客人享用他们的早餐，结果却屡遭拒绝，而且拒绝的理由都惊人地相似，那就是都要去吃麦当劳的早餐。最后，这位服务员为了阻止顾客到麦当劳吃早餐，将旅店的门锁上了，这个举动令人忍俊不禁，同时也给听到的人留下了深刻的印象。

广告通过顾客和旅店服务员之间的对话，用对比的方式体现出了麦当劳早餐不但价格低廉而且还相当美味的特点，物美价廉，自然能够吸引消费者前往了。

让你的大拇指随音乐起舞

——诺基亚5800手机广告语

2013年9月3日，微软收购了诺基亚的设备与服务部门，这意味着从此以后，世界上再也没有诺基亚手机了。诺基亚手机的陨落，并不能掩盖它曾经辉煌的历史。

诺基亚公司成立于1865年，在经过将近一个世纪的发展后，逐渐成为世界上最大的通信设备供应商。2001~2010年，是诺基亚手机最辉煌的十年。尤其是诺基亚5800，可谓是红极一时，被称作"街机"，即走到大街上随处可见其身影。

而这其中有很多人都是听了诺基亚广告的广播广告后，才加入了这个群体中的。诺基亚5800 Xpress Music是一部定位于中端的音乐全屏触摸手机，更是诺基亚第一部支持Come with Music（"乐随想"）服务的手机。为了配合"音乐功能"这个主题，广告创意者想到了跳舞这个创意点，以下是诺基亚广告的广播广告——《大拇指舞蹈篇》。

主持人：有请诺基亚舞蹈大赛选手大拇指出场。

啊，大拇指还会跳舞？

（背景音效：观众哗然声）

主持人：来吧，music！

（背景音效：华尔兹音乐响起）

大拇指一跃而上5800音乐触屏手机，跳起了华尔兹，随着节奏律动，优雅而神秘！

（背景音效：hip-hop音乐响起）

主持人：Oh，hip-hop，嘿！呦！呦！

大拇指居然在5800音乐触屏手机上，完成了高难度地板霹雳舞！（口哨、欢呼声）

主持人：大拇指，你好酷！

（背景音效：探戈音乐响起）

主持人：哇，Tango！

大拇指在 5800 音乐触屏手机上旋转，再旋转，精彩，太精彩了。（热烈的掌声）

女（旁白）：诺基亚 5800 音乐触屏手机，全屏触控，轻盈灵动。

让你的大拇指随音乐起舞！

科技以人为本——诺基亚。

可以说，这则广告很符合手机营销的精准化要求，即在正确的时间、正确的地点将广告推送给正确的人，这是避免广告受众对广告反感的重要手段。广告定位精准有两方面的原则：一方面是对广告的受众进行细分，即研究如何将手机广告推送到合适的人手中；另一方面是情景式推送，主要研究如何在合适的时间和地点将手机广告推送到那些需要手机广告的人手中。显然，诺基亚这则广告属于前者。

广告语"让你的大拇指随音乐起舞"，将大拇指比作了会跳舞的人，充满了趣味性。再加之这则广播广告中不停变化的曲风，将诺基亚 5800 的音乐功能巧妙地展现了出来，还有"主持人"生动活泼的语言，将一个可爱的舞蹈精灵形象塑造得活灵活现。在这段绘声绘色的讲解中，听众仿佛看到了一个大拇指在手机上跳舞的情景，从而也希望自己也能拥有一部能够让拇指在上面跳舞的手机。

让您一觉到天亮

——安宁牌蚊香广告语

夏季最让人烦恼的莫过于整夜在耳边"嗡嗡"乱叫的蚊子了，为了能够一觉安稳地睡到天亮，很多家庭都会选择点蚊香，可是蚊香该怎么选择呢？哪种蚊香驱蚊效果好，并且不会对人体造成危害？这是很多家庭都在考虑的问题。安宁牌蚊香在了解了顾客心理的基础上制作了一则广播广告，相信人们只要听过，在如何选择蚊香这个问题上就有了明确的答案。

以下是安宁牌蚊香的广播广告：

（背景音效：哈欠声）

甲（女）：怎么了，小张昨晚没睡好啊？

乙：别提了，昨晚……

场景：前一天晚上

（背景音效：男人鼾声……蚊子声）

丙（女）：老公，有蚊子！

（背景音效：击掌打蚊子声）

男人的鼾声再次响起，蚊子飞的声音也再次响起。

丁：爸爸，有蚊子！

（背景音效：击掌打蚊子声）

丙：老公……

丁：爸爸……

场景：第二天

乙：最后啊，我干脆脱光衣服，吸引了一宿的蚊子！

（背景音效：笑声）

甲（神往地）：你真是个好老公！

乙：好什么啊！你猜她们娘俩怎么说？！

场景回放前一天晚上：

丙：老公，一宿没睡啊，你真笨，这种事找安宁啊！

丁：是呀，老爸，安宁它的气味好，能让我和妈妈睡得更香！

场景回到第二天：

乙：对了，安宁是谁？！

（背景音效：笑声）

画外音：安宁牌蚊香，专业消灭蚊虫，清新空气，让您一觉到天亮。

"让您一觉到天亮"，在炎热的夏季晚上，这是多少人心中的向往！在这则广播广告中，当蚊子的音效声一出来，相信就会有很多人想到自己在夏天的夜里被蚊子困扰的场景，在一开始就引起了听众的情感共鸣。后来广告中"出场"的人物虽然比较多，但是却各具特点。通过对话，可以看出乙是一个爱妻爱孩子的好丈夫，为了让妻子和孩子睡个好觉，不惜整夜不睡地"喂"蚊子，结果却遭到了妻子和孩子的不理解和嘲笑，令听到的人忍俊不禁。最后广告语"让您一觉到天亮"，准确地抓住了人们的心理，以此作为突破点，对产品进行宣传。

同时，该广告的对话内容和说话语调听起来十分亲切，让听众在自然而然之中就记住了安宁这个品牌的蚊香，并深信有了安宁牌蚊香就能够一觉安稳睡到天亮。

【同类范例】

红梅味精，领鲜（先）一步。 ——红梅味精广告语

肯德基最新推出鸡柳汉堡，挡不住的诱惑，好吃听得见。
——肯德基广告语

点燃你想象与勇敢的激情。 ——醒目晨光夏令营广告语

摩力克，心之窗。 ——摩力克窗帘广告语

来自澳洲，珍品酿制，赫柏湾澳洲干红。 ——赫柏湾红酒广告语

让你管不住的味（胃）。 ——谭鱼头火锅广告语

动感在握，势不可挡。 ——别克新君威广告语

小康不小康，先要看厨房。 ——华帝集成厨房广告语

1062车主宝典，不用行不通！ ——1062车主宝典广告语

8点广告一位难求。 ——上海广播电台广告语

懂我心的手机是心机。 ——中国移动心机广告语

给你自然健康的声音。 ——金嗓子喉片广告语

天下无贼，高枕无忧，往家走。
——工商银行农民工特色服务卡广告语

美的空调，无声胜有声，心动亦无声。 ——美的空调广告语

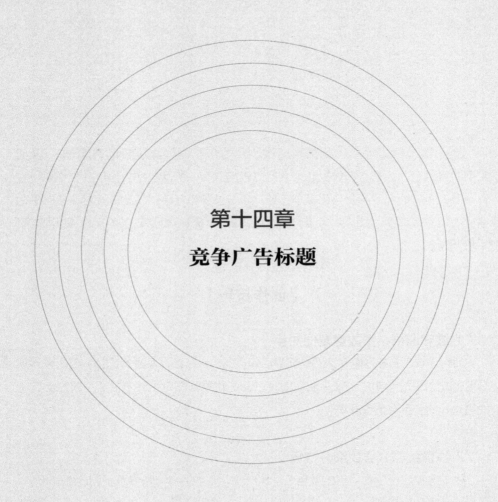

第十四章
竞争广告标题

竞争广告标题就是在广告语设计中把自己的产品与其他同类产品进行比较，从而证明自己的产品。这种广告标题因含有比较的意味，所以也称为比较广告标题。除此之外，也有的标题叫差异化竞争标题。所谓差异化竞争，就是通过对竞争对手的观察，发现其产品的优势和劣势，然后结合自己的产品和服务，在新的领域内与对手展开竞争。

【 创作技巧 】

1.遵守道德，不故意贬低对手

创作比较广告标题时，必然是将自己的产品与同行的产品进行比较，但比较并不是贬低。如果故意在广告语中利用同行产品的缺陷打击对手，不仅会引起社会舆论的谴责，而且也会招致麻烦。

2.独辟蹊径，寻找细分市场

除了比较广告标题，创作者也可以从产品、服务或者市场寻找不同的细分市场，以新的竞争角度出发，诉求自己的地位。比如，七喜汽水的广告语"非可乐"。通过短短的三字广告语，七喜就重新为自己定位，从一个新的市场角度与可口可乐展开竞争。

【创作赏析】

有问题，百度一下

——百度广告语

百度公司由李彦宏于 2000 年在北京中关村创立，它致力于向人们提供"简单，可依赖"的信息获取方式。虽然从一开始百度就专注于搜索领域，但这并不意味着百度是第一个"吃螃蟹者"。

当时，在国内互联网行业中，新浪、搜狐、网易都先于百度投身搜索领域。在这种情况下，百度作为一个后来者，势单力薄，如何能与这些已经颇具规模的门户网站竞争呢？因此，不少业内人士都一致认为百度在搜索领域不会有太大的发展。

在这种情况下，百度并没有因为外界的议论和质疑而动摇做搜索的决心。因为百度早就对当时的互联网市场进行了调查，结果发现，信息搜索市场初具规模，新浪、搜狐、网易虽然将搜索列为重点项目，但搜索功能仅限于目录搜索，实际搜索能力并不强，再加上综合网站身份的限制，也不会特别持续关注搜索服务市场。搜索技术因此成为综合门户网站的瓶颈。发现了这一奥妙的百度，更加坚信自己在搜索领域内一定可以做出一番成就。

为了提高自身的竞争力，百度从 2005 年开始就进入了品牌建设期，推出了"有问题，百度一下"的广告语，并以此为主题拍摄了一则电视广告。

在电视广告中，一堵城墙上贴着一张悬赏告示，一位外国男士带着一位女士，看着这则告示十分得意地说："我知道，嘿嘿嘿。"话音刚落，一阵周星驰式的笑声传来，随后，由一位男演员扮演的唐伯虎手拿一把扇子从城墙旁边的楼梯走下来，对那位外国男士说："你未必知道。"这时，围观的百姓和女人都大叫着唐伯虎的名字。接着，唐伯虎拿着一支毛笔对着告示"我知道你不知道"的内容进行断句，一边断句，一边念。那位外国男士十分不满地对唐伯虎说："我知道。"话音刚落，百姓和女人都冲他发出质疑的声音："咦？"那位外国男士不甘心地再次强调："我知道。"这时，唐伯虎转过身去，再次对着告示的内容进行断句，并告诉外国男士："知道你不知道。"这下，围观的百姓和女人彻底被唐伯虎征服，纷纷朝他涌去。这下那位外国男士被激怒了，声嘶力竭地说："我知道。"唐伯虎说："未必，"接着，又对告示内容进行断句。最后，就连陪外国男士一块来的那位女士也被唐伯虎的机敏所征服，主动来到他的身边。那位外国男士被气得口吐鲜血倒地。这时，唐伯虎与身边的人一起喊道："百度更懂中文！"唐伯虎接着说："有问题，百度一下。"

最后，旁白响起：最理解中文，特有中文分词技术，理解中文更精确；最明白中文，人性识别及音译关键词，合乎中国人习惯；最尊重中文，完全中文自然语言处理与网页分析技术；最专注中文，全球最出色的中文技术团队，无可匹敌；最享受中文，拥有全球最大中文社区——贴吧。

该广告通过唐伯虎的断句分别表达不同的意思，在充分展现了中文的奥妙的同时，也表现出百度对中文有着深刻的理解能力以及技术上的优势。该广告播出后，百度的竞争力逐渐增强，为日后成为全球最大的中文搜索引擎奠定了坚实的基础。

1∶1∶1，金龙鱼比出新天地

——金龙鱼食用油广告语

平常我们去超市购物的时候，会发现一种名叫"金龙鱼"的食用油满满当当地摆放在货架上，"金龙鱼"不仅口味独特，而且经济实惠，很受消费者的欢迎。"金龙鱼"是嘉里粮油旗下的一款食用油，而嘉里粮油集团是华裔郭鹤年于马来西亚创办的。

当初，金龙鱼进入中国食用油市场后虽然拥有一定的知名度，但销售量却一直没有增长。为了查明原因，金龙鱼进行了一系列的市场调查，发现金龙鱼的精炼程度虽然很高，但是几乎没有油香，这不符合中国人的饮食习惯。为此，金龙鱼将花生油、菜籽油与色拉油混合，生产了出符合中国人口味的食用油。

为了将"金龙鱼"打造成为强势品牌，"金龙鱼"在品牌方面不断创新，由最初的"温暖亲情·金龙鱼大家庭"提升为"健康生活金龙鱼"。然而，在多年的营销传播中，这些"模糊"的品牌概念除了让消费者记住了"金龙鱼"这个品牌名称外并没有引发更多联想，而且，大家似乎还没有清楚地认识到调和油到底是什么，食用它有什么好处。

2002年，针对先前不利的市场局面，"金龙鱼"再次跳跃龙门，创作了"1∶1∶1"的新广告语。初看这条广告的消费者可能不知道它代表什么意思，但正是如此，才能彰显出广告的独特性，接着通过解释，消费者又会恍然大悟，原来这是金龙鱼推出的调和油，"1∶1∶1"是最佳营养配方，即不饱和脂肪酸、中度不饱和饱和脂肪酸的平均比例为 1：1：1。

广告通过简简单单的比值形象地传达出了金龙鱼是由三种食用油调和而成的特点，又暗示了"金龙鱼"是同类食用油当中最好的，让消费者感受到它的好处，这样一来，金龙鱼油的销量大增，最后以绝对的优势成为食用油行业第一品牌。

牙龈出血，快用云南白药牙膏

——云南白药牙膏广告语

2004 年，有百余年历史的云南白药推出了新产品"云南白药牙膏"，这意味着云南白药正式向外界宣告进军日化用品市场。

而当时的中国日化用品市场被高露洁和佳洁士两大品牌牢牢占据，许多新诞生的品牌都曾尝试进入而不得。除此之外，国内知名的黑人、两面针、黑妹等经营多年的二线品牌也跃跃欲试，企图与高露洁和佳洁士同台竞技，打破二者垄断牙膏市场的局面。

在这种情况下，跨行业新生的云南白药牙膏要想在竞争中脱颖而出，就必须走差异化路线，在云南白药牙膏众多的功能里挑出一个别人没有说过的、潜在市场巨大的、竞争对手又不太在意的卖点进行单一精准诉求。云南白药历来以止血止痛而享誉海内外，而牙龈出血问题几乎每个成年人都有，而反观主要竞争对手佳洁士、高露洁系列牙膏的宣传卖点主要集中在千篇一律的美白、防蛀牙、口气清新上。如此一来，云南白药牙膏在功能定位上就有了广阔的区隔空间。根据此，云南白药打出了"牙龈出血，快用云南白药牙膏"的广告语，并围绕这条广告语拍摄了三则电视广告。

《情侣篇》讲的是一对恋人，男生为女友买了一支昂贵的哈根达斯冰激凌，女友咬了一口，不忍独享，转身回敬男友，男生正在感动之时，突然发现冰激凌上女友牙印留下的血迹，非常尴尬，并对难堪的女友说出"牙龈出血，快用云南白药牙膏"的广告语。

《家庭篇》讲的是早晨起床刷牙洗漱的夫妻，丈夫像往常一样刷牙，突然发现牙刷上印了一片血迹，这一幕刚好被拿着牙刷走过来准备刷牙的妻子看见了。丈夫面露窘色，妻子关切地对丈夫说出"牙龈出血，快用云南白药牙膏"的广告语。

《餐厅篇》讲的是商务谈判晚宴中的中外白领，大家举杯同贺。一位穿着端庄典雅的女士轻轻咬吃一片面包，面包上却留下了她牙印的血迹，这被一旁的外宾看在眼里，女士面露尴尬，于是外宾用并不熟练的中文对女士说出"牙龈出血，快用云南白药牙膏"的广告语。

"牙龈出血，快用云南白药药膏"是一句劝导和竞争的复合广告语。广告语中的一句"牙龈出血"就明确了云南白药牙膏的功能诉求点，十分有效地区隔了竞争对手。

果然，随着电视广告的播出，云南白药在市场上迅速走红，几乎到了供不应求的地步。因此，云南白药牙膏迅速成为牙膏市场的巨头。

非油炸，更健康

——五谷道场方便面广告语

随着社会的发展，人们生活和工作的节奏越来越快，因此方便面这种速食食品便受到了消费者的青睐。纵观整个方便面市场，虽然品牌林立，但都是油炸方便面，鲜有非油炸方便面。而油炸食品致癌风波的言论到处传播，这让许多注重健康的人开始停止购买油炸方便面。

在这种"垃圾食品"言论的冲击下，一些油炸方便面品牌也面临着信用危机和销售量下跌的现实，方便面市场开始萧条起来。在这种大背景下，五谷道场决定在广告上，不论是广告语还是广告内容，都要以健康为主题，这样就能够很好地迎合消费者追求健康的诉求。可是当时在方便面行业中，围绕"健康"二字做文章的，五谷道场还是第一家。如果不在广告上做到别出心裁、引人注目，广告就是失败的。所以，在选择代言人的时候，五谷道场就已经想到，代言人的形象和气质必须和该品牌浑然一体、互相匹配。最初，五谷道场考虑过陈道明、张国立、王刚等国内知名影视演员，但又因始终不符合产品的形象气质放弃，在又经过一番挑选后，五谷道场最后决定邀请陈宝国拍摄了一则电视广告。

在广告中，陈宝国以一身电视剧《大宅门》里白景琦白七爷的装扮亮相，断然拒绝吃由仆人端上来的普通油炸方便面："我不吃油炸方便面！"紧接着，他拿起五谷道场方便面说："这才是非油炸的健康方便面！"广告最后画面一行字："拒绝油炸，还我健康。"

广告中的陈宝国正义凛然地表明自己立场的同时，也不负众望地传达出五谷道场非油炸的品牌定位。该广告播出后，在全国引起了巨大的反响，也将五谷道场推向了风口浪尖，引起了方便面同行的集体声讨。因为五谷道场广告中一句"拒绝油炸，还我健康"将油炸方便面品牌定义为了不健康的食品。尤其在当时人们开始关注健康饮食的大背景下，这句明显带有贬低含义的广告语对同行的打击可想而知。

后来迫于压力，五谷道场将"拒绝油炸，还我健康"广告语改成"非油炸，更健康"。后者虽然显得温和了不少，但依然能十分明确地体现出五谷道场"非油炸"的品牌定位，而且有效地区隔了竞争对手，对五谷道场销量的提升起到了巨大的作用。

中国人的环球卡

——交通银行太平洋双币信用卡广告语

随着我国经济的发展，人们的生活日渐丰富，不少人在节假日外出旅游或者购物的时候，身上通常会带大量现金，这从一定程度上会给出行造成一些不便。基于此，各大银行纷纷推出各种信用卡，并以广告或者优惠的形式来吸引消费者前来开户。这样一来，信用卡市场的竞争变得空前激烈起来。

在这种情况下，交通银行于2004年推出的"交通银行太平洋双币信用卡"将会会面临许多挑战。而想要从这场竞争中脱颖而出，交通银行必须给太平洋信用卡一个清晰的品牌定位以与竞争对手区隔，在此基础上提高品牌知名度和偏好度以吸引更多的消费者申请并开卡，提高使用率。

根据此，负责交通信用卡推广的广告团队对银行卡市场进行了一次调查，结果发现许多消费者往往因信用卡收取年费，觉得没必要同时"养"好几张卡；而市场上的信用卡品牌越来越多，其促销活动和优惠的花样也越来越丰富，选择哪张信用卡往往会令他们眼花缭乱。由于招商银行信用卡自2003年以来'一卡双币，全球通用"的传播和影响，除建立消费者对于"双币卡"的认知外，对同行亦有一定的影响力。所以，"双币卡"对于消费者来说已不再是一个独特的卖点，对于信用卡品牌本身来说也不是独有的优势。尤其是一些历史历史悠久、信誉度高的国际性大银行发行的信用卡对于消费者来说更具有吸引力和信任感：他们希望自己所持的信用卡不仅在国内畅通无阻，在海外也同样能拥有充分的网点和优质的服务。消费者希望信用卡作为强大的后盾能给予最有力的支持，让他们以自己的方式尽情享受生活。同时，拥有一张时尚的国际信用卡也是身份的象征。

　　结合以上对消费者调查的结果，广告团队认为"交通银行太平洋双币信用卡"的独特优势在于交通银行和汇丰的强强联手：融合了交通银行的庞大服务网络和汇丰的国际管理经验、全面的技术支持、国际性的网络、众多的跨国性合作伙伴以及优质的服务，是一张真正意义上的全球信用卡，也是非常适合中国人、能让中国人感到骄傲的信用卡。无论身在国内还是海外，均可尽享购物及休闲的便利。周到的服务，畅行四海，感同本土，彰显全球通行的优势。经过反复推敲，交通银行太平洋双币信用卡的广告语"中国人的环球卡"新鲜出炉，广告团队还根据这则广告语拍摄了一则电视广告。电视广告由四个画面组成：

　　画面一：繁华的都市。酒店大堂里，一个商务人员打扮的男子走向前台，拿出一张交通银行太平洋双币信用卡的金卡结账。

　　画面二：欧式的露天西餐厅，一个白人侍者单手托盘，认真、庄重地从建筑间穿行而来。镜头特写：盘中并无食物，只有两双精美的中国筷子，分别装饰着锦鲤和凤凰。白人侍者来到一对中国夫妇的桌前恭敬地送上筷子，中国夫妇露出惊喜的表情。

　　画面三：欧洲时装名店街。时装店内，镜前一位母亲和女儿正在兴奋地试装，一白人女店员热情地接待母女俩。男士坐在店内的沙发上，静静地等候、欣赏着。镜头特写：白人女店员为一旁的男士奉上两杯中国茶，杯身分别印有锦鲤和凤凰的图案；大有收获的母女俩同时为男士送上亲吻。男士露出欣喜的笑容。

　　画面四：漓江山水。坐在船头的一对情侣伸手接空中飘落的雨滴。一把红色的伞伸入画中，为他们挡住风雨，伞上有锦鲤的图案。旁白："你到哪里，中国式的关怀到哪里。"字幕："交通银行太平洋双币信用卡，中国人的环球卡。"

　　整个电视广告分别选用海外商务旅行、用餐、购物和国内旅游的不同场景，结合了中国式筷子、茶杯、雨伞等元素，而且这些元素都印有交通银行太平洋双币信用卡金卡、普卡的卡面标志图案——凤凰和锦鲤，清晰地传达了"中国人的环球卡"广告语要传递的信息。

　　通过这则电视广告以及"中国人的全球卡"这句广告语，消费者十分清晰地了解到了交通银行太平洋双币信用卡的全球通用的优势，再加上广告里的中国元素是每个人中国人所熟悉的，因此，消费者很快就接受了交通银行太平洋双币信用卡。

七喜，非可乐

——七喜饮料广告语

喝过七喜饮料的人知道，七喜有个经典的卡通代言人——"七喜小子"。这个特殊的代言人看起来既可爱又有一种清凉的感觉，每当看到它，总是令人满口生津，忍不住要买一瓶七喜来解馋。

除了这个诱惑力十足的代言人之外，七喜还有一句广为人知的广告语——"七喜，非可乐"。在广告界，这是一条非常经典的广告语，备受业内人士的推崇。

众所周知，美国有两大品牌饮料，分别是百事可乐和可口可乐。这两大可乐巨头是多年的竞争对手，各自雄踞在饮料市场，别的饮料品牌想进入饮料市场无疑比登天还难，七喜就是其中之一。

一直到后来，百事出面收购了七喜，并开始大力推广七喜，但因处处受到可口可乐的掣肘，推广工作一度陷入困境。

就在这时，七喜开始重新调查市场，寻找突破壁垒的机会。通过一段时间的调查，七喜发现当时的饮料市场上，拥有绝对实力的可口可乐一直处于霸主地位，以美国市场为例，每三瓶饮料当中就有两瓶是可口可乐，剩下一瓶是其他品牌饮料瓜分。

通过这一番分析后，形势已经相当明朗。在非常成熟的饮料市场中，七喜如果硬要插一脚的话，不仅难以在市场上立足，反而可能会再次遭到可口可乐的打压。在这种情况下，七喜出了一记奇招，重新给自己定位——"七喜，非可乐"。

从严格意义上来说，七喜和可口可乐一样，都是碳酸饮料。但是七喜却打破常规，创造性地提出了一个新的经营理念，把饮料市场分为可乐和非可乐两种类型，而七喜就属于后者。这个奇特的定位不仅让七喜在市场上有了新的方向，而且轻而易举地杀入饮料市场，与可口可乐同台竞技，并最终取得了销售上的成功，一举成为饮料市场上的第三大品牌。

"七喜，非可乐"这句广告语之所以能成为经典，就是因为七喜跳出了常规市场竞争的思维，用全新的角度重新定位自己，然后以新的身份出现在饮料市场。同时，七喜也开创了"非可乐型"定位策略的先河，成为广告界的学习楷模。不仅如此，这句广告还给消费者提供了一个全新的商品概念，在吸引消费者的同时，也诱使他们产生了购买的欲望和行为。

健康味"晶"，就是太太乐蔬之鲜

——太太乐蔬之鲜广告语

随着生活水平的提高，人们在享受丰富多彩食物的同时，也会患上高血压、高血脂、高血糖的"富贵病"。在"三高"的影响下，低盐、低油、少肉、多蔬已经成为社会健康饮食的一种流行风尚。

成立于 1989 年的上海太太乐作为现代调味剂生产经营的领先企业，一直秉承"让 13 亿人尝到更鲜美的滋味"的经营理念，在 20 多年的发展历程中始终关注着消费者的口味，不断研发创新，陆续推出了鸡精、蘑菇精、高汤精等新一代调味剂，重新建立了调味剂市场的新格局，使很多原来味精的使用者纷纷转而选择太太乐。但好景不长，从 2008 年开始，曾经创出市场销售第一、亚洲产量第一的太太乐鸡精从销售神坛跌落，销量开始出现缓慢增长趋势。

为了找到销售不佳的原因，太太乐对调味剂市场进行了调查。结果发现，在调味剂市场占主导地位的仍然是已经诞生百余年的味精，尽管鸡精等各类新兴调味品不断面市，逐步蚕食固有味精大类市场，但直到 2007 年，味精总销量仍有百万吨，远多过全国各品牌鸡精和其他品牌增鲜剂的总销量。

面对这种情况，太太乐要想抢夺调味剂市场，唯一的办法就是转化那些目前仍依然使用味精的消费者。接着，太太乐又针对消费者进行了大量的调查，注意到有较强健康意识的部分消费者发现，如果长期使用由化学合成的味精会对身体健康造成影响。因此，他们开始减少甚至放弃使用味精。但也有很多年龄较大的传统消费者，认为使用味精这么多年也没有发现对身体产生什么不利影响，再加之味精的价格优势，所以他们一直是味精的忠实消费者。

但与此同时，太太乐发现了一种有趣的现象：中国保健品市场经过多年的发展，依然保持蓬勃发展势头，脑白金、黄金搭档、中脉等持续畅销。而这些保健品的消费者多数是年龄较大又比较传统的人群，这就说明他们是非常注重身体健康的。

根据调查结果，太太乐推出了"太太乐蔬之鲜"，这是一种由 8 种新鲜蔬菜制成的新型调味料，口味鲜美，主要针对目前的味精使用者的转换使用。而在宣传上，太太乐根据目标对象注重健康的心理，在其他品牌鲜调味剂以往传播中忽略的"健康"方面做文章。

接着，太太乐邀请沈星担任太太乐蔬之鲜的形象代言人。作为香港凤凰卫视私房菜栏目的主持人，沈星不论是外形还是身份都十分符合太太乐蔬之鲜的品牌形象。广告中，沈星用甜美的声音将太太乐蔬之鲜的健康特征娓娓道来：味精用了100年了，现在我们有了健康味"晶"，太太乐蔬之鲜！以新鲜的蔬菜提取，加一点阳光，加一点天然，再加一点健康！和味精的用法一样，味道更鲜美，也更健康了！健康味"晶"，就是太太乐蔬之鲜！

"健康味'晶'，就是太太乐蔬之鲜"这句广告语，用一个"健康味晶"的词区别于传统味精，目标直指仍在使用味精的消费者，在让消费者妾收"健康味精"信息的同时，也巧妙地回避了贬低竞争对手。

该广告投放后，仅用了一年时间，太太乐蔬之鲜的销量就已经超过了同类竞争对手。

成就未来商务价值

——东南汽车"得利卡"广告语

2001年，随着国家各种环保政策的陆续出台和施行，轻型客车的生产和销售受到的限制引发了轻型客车市场的全面洗牌，竞争变得更加激烈起来。面对这种情况，作为国内轻型客车市场行业第二大品牌的东南汽车必须在巩固现有的市场挑战者地位的基础上，快速抢占中低价轻客市场份额，同时提升企业及产品的品牌形象。只有这样，东南汽车才能保持高速发展。

2002年6月，东南汽车加长前脸的新款得利卡即将上市。负责此次广告推广的广告团队对得利卡进行了全面的梳理和分析，结果发现，得利卡是在国内轻型客车行业中最早通过国家安全碰撞检测的，比国家正式实施碰撞安全法规的时间整整提早了好几个月。而此时，作为轻客行业老大的金杯尚未通过国家碰撞安全检测，加之在外观、配置、内饰等诸多方面的全面升级，得利卡上市将是东南汽车从激烈竞争中突围而出、实现快速发展的一个绝佳契机。

经过对市场及竞争对手的反复琢研，广告团队决定借助碰撞法规推出之势，引导中国商务用车理念及全新标准，利用金杯尚无法达到得利卡升级程度的机会，绕开金杯的屏障，从侧面蚕食金杯的市场，确立得利卡"新商务用车理念领导者"的形象定位，从而达到侵蚀金杯市场、抑制第二集团品牌快速发展的目的。从2001年金杯的广告宣传策略来看，金杯极为关注得利卡的广告宣传动向，具有明显的亦步亦趋的跟随特征，但由于金杯在广告投放量及覆盖面上具有绝对优势，得利卡率先提出的广告宣传诉求往往湮没在金杯紧随而来的强大宣传攻势中，反倒成了"为他人做嫁衣"。因此，这次新得利卡上市，必须利用产品全面升级的机会发挥得利卡的优势，创造差异化的产品定位和广告宣传理念，彻底摆脱金杯在广告上的跟随，提升得利卡的品牌形象。

就得利卡产品自身而言，它的加长前脸设计率先通过国家碰撞安全检测，并拥有轿车级配置倒车——雷达及电子式ABS（防抱死制动系统），在安全性方面拔得头筹；其次，在舒适性方面，得利卡配置了乘坐更贴心舒适的新型座椅及前后分离式冷暖空调；另外，它还拥有全新的时尚外观及三款可供选择的环保动力。这诸多优势，都是主要竞争对手金杯所无法企及的。同时，调查结果显示，得利卡的目标消费群体多是中青年社会精英，他们敢于尝试新产品，容易接受新鲜事物，具有极强的商务行为特征。他们渴望在事业上获得更大的成功，同时又希望能够轻松应对商务活动。基于以上的产品优势及消费群体特征，一个清晰的产品定位已浮现了出来——全面升级后的得利卡是集"安全、实用、驾乘舒适性、强劲动力、全新商务概念"于一身的新市场环境下的"未来商务用车新标准"，并据此延展出得利卡的广告语：成就未来商务价值。

未来商务价值是指：在竞争激烈的商务环境中，存在大量不稳定因素，得利卡提供的商务安全配置将帮助消费者及时把握商机，在竞争中领先一步；通过国家碰撞安全检测的加长前脸设计，为驾乘人员提供安全保障，免除了家人、朋友的担心；作为商务活动的得力助手，得利卡能提供一个理想的商务活动平台。

"成就未来商务价值"这句广告语，不仅集中体现了新得利卡的产品优势，而且充分满足了目标消费者渴望在激烈的商战中顺利取得更大成就的心理需求，并增加了得利卡的竞争力的独特性，使其刚上市就获得了消费者的关注。

不是所有牛奶都叫特仑苏

——蒙牛特仑苏广告语

在各大超市或者便利店里，随处都能看到各种不同品牌的牛奶产品，不论是有名气的还是没名气的，在消费者看来都大同小异，没有什么区别。而想要在牛奶市场竞争中脱颖而出，乳业企业就必须找到自己产品的独特性，特仑苏在这一点上就做得很好。

特仑苏是蒙牛旗下的一款高端牛奶品牌，其名在蒙语中是"金牌牛奶"之意。特仑苏牛奶来自中国乳都核心区和林格尔，这里拥有温和且适宜放牧的季风性气候，牧草鲜嫩，奶牛所产的奶色泽鲜亮，浓而不稠，口味独特。特仑苏这些得天独厚的自然条件是其他乳类产品无法相比的。而现在有很多消费者追求的奶质品牌已经跳出了营养的局限，在这个推陈出新的时代，他们注重的更多约是一种精神上的独特享受和满足。蒙牛正是抓住了人们这一心理，在宣传方面，推出了"不是所有牛奶都叫特仑苏"的广告语，并以此为主题，请闻名世界的钢琴家郎朗拍摄了一则电视广告。

在电视广告中，鸟儿的啾啾声和优美的钢琴声伴随着郎朗优雅的手部动作，而他眉眼间的幸福也只属于身边的特仑苏。镜头徜徉在青青的牧场边，看着一滴滴牛奶应和郎朗指尖所流出来的优美乐章让人心驰神往，黑白相间的琴键为风中飘舞的绿色丝带弹奏着，阳光从牧草叶间溜出来，把点点星光散在人们的眼前……这一系列如梦幻般的画面美妙绝伦，让人不由得沉浸其中，并听着那磁性十足的广告语："有些人，人生是为了一种拥有；有些人，拥有是为了一种人生。阳光、牧场，所有的一切都属于你，只属于你。拥有了特仑苏，人生所以不同。不是所有的牛奶都叫特仑苏。"

这则广告画面精美，富有哲理的广告词彰显了特仑苏的独特优势同时，也极大地迎合了追求独特消费者的心理需求。此外，"不是所有牛奶都叫特仑苏"这句含有明显的比较意味的广告语十分巧妙地暗示消费者，与特仑苏的优势相比，其他品牌的牛奶都无法称为"金牌牛奶"，再加之郎朗代言的广告这一有力的印证更增强了这句广告语的说服力。

该广告播出后，在特仑苏给消费者留下了深刻影响的同时，"不是所有牛奶都叫特仑苏"这句广告语也成了经典之句。

【 同类范例 】

比一切咖啡更像咖啡的咖啡。　　　　　——耶岛咖啡广告语

桂林山水甲天下，阳朔山水甲桂林。　　——阳朔旅游广告语

比别的酒稍好一些。　　　　　　　　　——法国XO白兰地广告语

或许将来全世界的照相机都能与美能达7000一样。

　　　　　　　　　　　　　　　　　　——美能达7000相机广告语

走走，看看，比比，谈谈，IBM个人电脑是最好的。

　　　　　　　　　　　　　　　　　　——IBM电脑广告语

与其他轮胎最小的区别是价格。　　　　——韩泰轮胎广告语

天上人间，佛手最鲜。　　　　　　　　——佛手牌味精广告语

霍夫曼从未碰到过对手。　　　　　　　——霍夫曼雪茄广告语

货比众家，方知三羊最佳。　　　　　　——三羊皮装广告语

其他难以下咽。　　　　　　　　　　　——麦格黑啤酒广告语

美有通用，我有长城。　　　　　　　　——长城汽车广告语

采众家之长，集天下之优。　　　　　　——爱华网络系统广告语

上有天堂，下有苏杭。　　　　　　　　——苏杭旅游广告语

年年都有一个领袖，年年都凯迪拉克。　——凯迪拉克汽车广告语

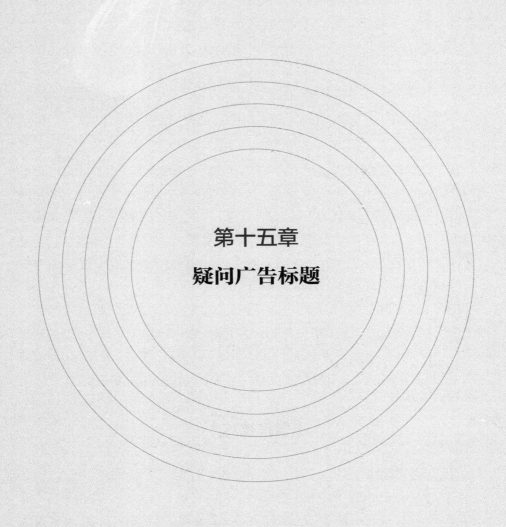

第十五章

疑问广告标题

疑问广告标题就是以提问题的方式来引起人们注意力的标题。疑问标题必须要找出所做广告的商品或服务最引人注意的、大众极为关注或担忧的特征，从而提出问题。据统计，每35个标题就有一个是疑问标题。可见，这种写作方法还是很有实际效果的。

疑问广告标题之所以有效、广告人也极爱运用，正是因为人们总是爱寻根问底、追求事物的原因，这是人们最普遍的心理。

疑问广告标题种类主要有两类，一是反问式，二是设问式。反问式就是用疑问的句式表达否定的观点。反问句表面看来是疑问的形式，但实际上表达的是肯定的意思。反问的形式比一般的陈述句语气更强，更能引起人们的思考。设问式就是自问自答，是指以提问的方式来引起人们的注意力，进而回答先前提出的问题。

【 创作技巧 】

1.反问语气要肯定

创作反问广告标题时，所提的问题的语气一定要干脆、肯定，因为只有肯定的语言才能掷地有声，能够有效地引起消费者的注意，从而促使他们去思考，加深对广告语的印象。

2.以消费者的角度设问

创作设问广告标题的时候，应该站在消费者的角度去提问题。只有问题提得恰到好处、贴近消费者的利益，消费者才愿意继续关注后续问题的答案，从而把自己当成提问题的人。这样一来，消费者就由广告的被动接受者变为主动接收者，也会对广告语留下深刻的印象。

【创作赏析】

关键时刻，怎能感冒？

——海王银得菲广告语

海王集团于1989年成立于深圳，是一家融医药产品研发、医药工业制造、医药商业流通、医药零售连锁为一体的大型综合性企业集团。2001年，海王推出了感冒药品牌银得菲，并因"关键时刻，怎能感冒"这句广告语红遍大江南北，它的销量因此也得到了成倍的增长。而这句广告语的创作也充满了戏剧性。

当时，一位负责银得菲推广工作的广告人员在出差的火车上，一路思考用什么方式来表现银得菲感冒药的药效。就在这时，坐在他对面一位正在看报纸的老先生突然打了两个喷嚏，威力之大，竟然把报纸打了一个大洞。那位老先生十分尴尬地朝对面的广告人员笑了笑。广告人员突然灵光一现，脑海里浮现出一句话："关键时刻，怎能感冒？"这就是银得菲这条著名的广告语的由来。

而当时在国内感冒药市场上，品牌林立，竞争十分激烈。在这种情况下，银得菲用一句"关键时刻，怎能感冒"，在体现出了银得菲治感冒的特点就是"快"的同时，也以这句以接触功能为目的的反问，一下子引起了受众的注意，与受众建立了联系，扫清了传播心理障碍。即使消费者正在或者还没患感冒时想到这句"关键时刻，怎能感冒"时，也都会毅然决定购买。

谁谋害了您的利益？

——微软反盗版广告语

2007年9月，微软公司针对一线及二线市场大中型企业的商务决策者和IT决策者，推出了正版价值广告宣传。

作为世界著名的电脑科技公司，微软每年都会花费大量金钱和时间来宣传反对盗版，以保证中小型企业的权益。

据调查显示：65%参与调查的企业IT系统曾遭受过攻击，平均每次软件安全事件所造成的企业损失更可高达数十万元人民币。在中国的商业界，来自国内外的竞争十分激烈与残酷。在这样一个灵活而富有竞争力的市场中，商业领袖知道他们经受不起营业的中断。他们尽力预测可能发生的事情，但总是在企业因意外因素而停止运作的恐惧中惊醒。他们深知自己负担不起任何危害企业持续运行的风险。考虑到商务决策者和IT决策者们对任何给业务带来的干扰都异常警觉，微软推出了一句直截了当的广告语："谁谋害了您的业务"，并以此为主题，制作了《办公室谋害案》《机场泄密事件》和《机房袭击疑案》一系列共三则平面广告。

在该系列平面广告中，微软主要通过真实的凶案场景呈现诉求，引起受众的关注并产生悬念"谁谋害了您的业务"，画面中吸引眼球的警戒线、血红的喷字、幽暗阴森的场景都很好地渲染了气氛。紧接着，聚光之下的证物袋配合文案呈现出真凶和创意的主旨："非授权许可软件伺机阻碍您的企业发展！"

微软的主题广告语"谁谋害了您的业务"，先是别出心裁地将"谋害"这个通常用来描述某个凶案的关键词放在了广告语中，将受谋害的对象定义为"业务"，并用一个反问增加了它的新奇性。在有效地吸引了小企业家对业务问题的关注后，微软通过画面中的场景形象地道出企业被泄密会有如同一宗凶案的严重后果。广告画面中的场景也十分贴合"谁谋害了您的业务"，的广告语，从而使得中小企业家欲罢不能，产生了继续看下去的欲望。而此时的微软才循序渐进地告诉中小企业家，造成这一后果的就是盗版软件。

微软通过该系列平面广告成功地让中小企业家在对盗版软件产生的危害有了新的认知同时，也让他们意识到，要想确保业务正常持续运作，就必须远离盗版，坚持使用正版授权许可的微软软件。

人类失去联想，世界将会怎样？

——联想电脑广告语

在IT界，提到国外，人们就会想到IBM、微软、苹果；说到中国，人们第一个想到的肯定会是联想。成立于1984年的联想集团在多年的发展道路上劈荆斩棘，如今已经是中国最为著名的一个品牌，在国际上也有着非常重要的地位。

"人类失去联想，世界将会怎样？"这是联想电脑非常经典的广告语之一。这是一句包含着反问和双关的复合式广告语，结合巧妙而又气势不凡。联想是人类不可缺少的。正如拿破仑曾说过，支配这个世界的是想象力。人类的文明进程是想象和联想的结果。如果没有联想，就没有各种发明创造，也就没有人类的进步。如果人类失去联想，也就是意味着失去了思维能力和思考方式，整个世界就会失去创造力，人类会止步不前，生活会变得单调乏味，失去意义。这么说来，在当今信息发达的社会里，如果没有"联想"电脑会怎样呢？一个反问，巧妙地道出了联想电脑对于社会的重要性。

联想的这句广告语站的高度虽然罕有匹敌，但又并不给人以虚夸和声嘶力竭之感。之所以如此，是因为它自然而然地将产品和企业品牌提高到了与人类的心理现象"联想"同等的高度。同时，通过这句广告语透出的联想公司的自信和决心，暗含着为人类文明、世界进步做贡献之意。

"联想"这个汉语词语在生活中使用的频率很高，联想电脑以它命名，赋予了它新的内涵，起到了化平凡为神奇的功效。现在很多人听到或看到"联想"这两个字时，首先想到的是联想电脑或联想公司，"联想"这个词语反倒退隐其后了，可见其广告是多么成功。这句广告语确实让人产生了丰富的联想，意味深长，又突出了品牌名称。

每晚受压迫？

——宜家家居广告语

提起宜家，很多人都认为是高收入群体的品牌，普通大众一般不敢奢求。人们之所以对宜家有这样的认识，是因为宜家在以往的广告推广上显得格外高端，这让平民消费者感到难以接近。

宜家很快发现了在广告上的弊端，于是从 2003 年开始做了调整，走起了"亲民"路线，希望自己的家居用品能为大多数人所享用。所以，宜家新的广告创意的表现核心就是以平民生活为主题。

在宜家一则名为《压迫篇》的平面广告画面里，一对夫妇在床上睡觉，时间是半夜，睡在床左侧的妻子的身躯较大，占去床一多半的位置，正在呼呼大睡；右边睡的是丈夫，睁着眼睛，一脸无奈和委屈，毫无睡意。旁边是宜家一则广告文案：每晚受压迫？宜家有上百款舒适大床供您选择。

单看这幅广告画面就令人忍俊不禁。画面中的丈夫虽然对妻子占去床的一多半位置的行为感到委屈，但出于对妻子的爱，只能委曲求全，甘愿蜷缩于床的边缘。这个情节虽然很简单，但却无时不刻地发生在普通大众的生活中，哪家夫妇不会因为床的狭小而拌几句嘴呢？而这时，宜家恰到好处地抛出了广告语：每晚受压迫？这个反问再加上那副极具生活气息的画面一下就引起了许多受过"压迫"的人共鸣，恨不能马上就重新买一张宽大而舒适的床。宜家似乎已经牢牢把握住了人们的心理，马上向人们展示"宜家有上百款舒适大床供您选择"。

联系"每晚受压迫"的广告主题，不难看出，宜家先是站在消费者的角度，选取他们生活中的场景作为广告的切入点，在引起他们的情感共鸣后，然后半调侃地询问消费者是否遇到压迫，之后又顺理成章地给出了答案，一切显得有条不紊，不仅没有一点强迫的意味，反倒像一个好朋友一样为他们提供解决"受压迫"的方法，显得极其平易近人。

作为来自瑞典的老牌家居用品公司，宜家用新颖别致的广告一改往日高贵的形象，很好地体现了面向普通大众的定位，实现了"亲民"的销售路线。

你有多好"色"？

——三星MP3-U3 广告语

2007年，三星MP3-U3 正式上市，三星公司以"你有多好'色'"为广告语，进行了一次推广活动。

首先，三星邀请了五位女模特，每人手持一字组成"你有多好'色'"的广告语出现在中关村繁华闹市地区进行静态展示。这句带有疑问的广告语在不明真相的路人看来，仿佛是在进行某方面的调查，但仔细一看，模特们除了手中所持的字外却没有任何用于调查的工具。因此，有不少好奇的路人拍了照片放到了网络上。很快，网上便有了关于"好色女郎"的大量信息，网民们纷纷猜测"你有多好'色'"这句前卫的广告语有何寓意。一时间，网民们议论纷纷，各种说法不一。

这时，三星邀请的媒体及时介入，并以"好色女郎"为主题进行了含而不露的报道，于是中关村的"好色女"一时成为网络事件，引起了更多人的关注，人们都想揭开蒙在"好色女"面前的神秘面纱，一窥究竟。

此时，网络上的炒作已经达到高峰，三星见时机成熟，便再次派五名模特出现在中关村原来的街道上，不过这次她们手持的广告语却变成了"三星MP3-U3 好色有理"。有持续关注"好色女"事件的人一看此次展示，顿时恍然大悟：原来是MP3宣传啊！谜底虽然揭开了，但三星用新颖的方式、直观的视觉冲击强化了MP3-U3上市的信息，给人们留下了非常深刻的印象。

此次三星MP3-U3的推广活动中，参与报道的媒体多达38家，转载媒体超过120家，网络上铺天盖地的宣传和报道，使得MP3-U3一夜之间广为人知。除了媒体之外，三星创造性地提出的"你有多好色"理念也十分成功，不少商家纷纷效仿。

在很多媒体和MP3厂商的色彩推广策略上，"好色"已经成为专用代名词。很多IT媒体在MP3色彩的报道中，都引用"好色"这个词。特别是国内一些厂商在推广多种颜色的MP3时，也把卖点集中在"好色"这个词上，以色彩主打。可以说，"好色"这个词在色彩多样化的MP3市场和IT媒体推广中成为一个新的代名词。

你有第二座房子，为什么不拥有第二只手表？

——斯沃琪（Swatch）手表广告语

众所周知，瑞士是一个以生产手表而闻名世界的国家。瑞士手表虽然品牌众多，但各个品牌的风格迥异，设计理念也有所不同，有的婉约大方，有的庄严高贵，有的珠圆玉润，也正是因为如此，瑞士手表才受到人们的广泛赞誉和追捧。

20世纪80年代，随着日本电子表的普及，对瑞士手表行业造成的巨大冲击，各大手表品牌一度陷入危机，其中就包括斯沃琪手表。

为了安然度过这场危机，斯沃琪研发出一款用塑胶制成的手表，它有防水、避震的功能，而且生产成本很低，可以批量生产。但是，用塑胶制造手表对于当时的比较传统的瑞士手表行业来说无疑是一场颠覆性的创举，消费者是否能够接纳还不一定。考虑到这些，斯沃琪便别出心裁地推出了一句广告语：你有第二座房子，为什么不拥有第二只手表？这句表面上看起来毫无逻辑的广告语可能会让人发出这样的疑问：有了第二座房子，为什么就要拥有第二只手表呢？

其实，这就是斯沃琪广告语的独特之举，它通过设问的方式，引起消费者的好奇，告诉他们斯沃琪手表物美价廉，具有陪衬装饰的功能。在人们以往的观念中，手表只是计时的工具以及身份的象征，拥有一只手表已经足够了。而斯沃琪却用

"为什么就要拥有第二只手表"的问句打破了人们原来传统的观念,并提醒他们随着物质的丰富,观念也应该与时俱进,现在完全可以像拥有时装一样同时拥有两只以上的手表。而"你有第二座房子"则道出了斯沃琪的消费群体是有一定经济基础的大众,这也恰好切合了斯沃琪时装表产品的个性和创意。

另外,斯沃琪的英文名字"Swatch"的首字母"S"除了代表瑞士的意思外,也包含有"secondwatch",即第二只手表之意。因此,斯沃琪的广告语"你有第二座房子,为什么不拥有第二只手表"充分联系了品牌的名字、类型以及理念,在令人耳目一新的同时,对斯沃琪品牌也有了新的认知,斯沃琪手表的销量开始逐渐攀升,并成功走出危机。

这么远,想拍我?

——奥林巴斯 μ9000 相机广告语

奥林巴斯是日本著名的相机品牌,一直致力于制造功能更强大、更实用以及便捷的相机。对于一些专业的摄影师来说,他们十分钟情奥林巴斯相机的专业功能,因此将它列入拍摄设备的首选。但是,由于奥林巴斯在广告上与消费者的互动并不强,很多消费者对奥林巴斯相机知之甚少,或者了解不够深入。因此,奥林巴斯在相机市场里始终无法处于领先地位。

2009 年,奥林巴斯 μ9000 正式推出,奥林巴斯欲借此机会重塑品牌形象,提高其产品的知名度。μ9000 机身小巧玲珑,如手掌般大小,而且还具有 10 倍光学变焦的强悍功能。根据产品的特色,μ9000 将目标消费者定位为喜欢时尚的年轻群体。

这个群体都喜欢新鲜事物,具备一定的与相机相关的知识,而且对价格也十分敏感。而根据变焦相机的使用机会,可以将他们划分为"实用型"和"猎奇型"两类。对于实用型来说,他们喜欢用超长变焦的相机抓拍一些珍贵的镜头,比如在远处玩耍的孩子、较为美丽的风景等;而对于猎奇型来说,他们更热衷于用超长变焦的相机探索一些事物,比如纪实摄影者。而这两类人对产品的心理需求都有一个共同的诉求,就是用性价比高的相机拍摄出一个人心中渴望的大世界。根据此,μ9000 确立了"小手心里的大视界"的广告语。

接着,μ9000 围绕这句广告语制作了《海龟篇》《演唱会篇》《悬崖海龟篇》系列平面广告。其中在《海龟篇》里,一只十分可爱的卡通海龟化身为 μ9000 的代言人，在大海深处发问："这么远，想拍我？"一个反问，令人忍俊不禁。接着，它就出现在 µ 9000 的相机屏幕中，并道出 µ 9000 机身小巧、能拍远景的产品特点。

广告《海龟篇》通过幽默、反向诉求的大胆创意，在直白地道出 µ 9000 的特征的同时，也传播了其变焦的专业特性，有效地提升了奥林巴斯品牌的专业形象。

狼爱上羊？

——美联英语广告语

美联英语是一家以高端英语培训为主营业务的教育集团，具体业务主要有成人英语素质教育、青少年英语应用教育、英语在线学习和企业团体英语培训等。

通过多年的发展，美联英语在深圳、北京、成都等多个一线城市开设了分校，成为国内知名的英语培训机构。但机会与挑战并存，随着时代的发展，英语作为一种世界通用语言已经越来越受到人们的重视，因此，国内的英语培训机构如雨后春笋一般冒了出来。面对众多竞争对手，美联英语要想脱颖而出，就必须借助广告的力量将自己的优势宣传出去。

2009 年，负责美联英语宣传的广告团队开始了紧张的工作。他们首先对整个英语培训市场进行了系统的调查和分析，结果发现，诸如英孚、韦博、华尔街等英语培训机构，都将全球化的师资力量和教学方法作为其宣传的重点，而美联英语的优势则在于灵活和本土化。为了让中国人更快地掌握英语，美联英语不惜投资巨资用于教学研发，从兴趣、目标、科技、方法等方面全方位解决了中国人学不好英语的行业难题。

根据此，广告团队给美联英语的品牌定位是：更懂中国人。可是通过什么方式才能表现出美联英语更懂中国人呢？广告团队成员开始了更具体的讨论，纷纷回忆自己上学时学习英语时的各种无奈和痛苦。最后，大家一致认为，中国人学英语其实都是"哑巴英语"，而造成这种结果的本质原因就是缺乏"沟通"。

抓住了宣传的重点后，新的问题又来了，用什么样的创意才能表现美联英语更好的沟通学习机制呢？这时，一位广告工作人员忽然灵光一现，开始读一本书上的故事：有一天，一只大老鼠和一只小老鼠在洞外散步，突然，一只猫急速奔来，张牙舞爪就扑过来。老鼠拼命跑，猫就使劲追，在山穷水尽时，小老鼠回过头来，冲着猫叫了一声："汪汪。"猫竟然被吓跑了，大老鼠夸道："行啊，还会一手，厉害！"

小老鼠一抹汗，感叹说："看来掌握一门外语，是非常重要的啊！"

听完这个故事后，在广告团队哄堂大笑之余，又有一位广告工作人员提议用动物之间的对话来表现沟通，而且最好用天生就是对手的动物，比如猫和狗，这样既富有戏剧性，也能给人留下深刻的印象。这个提议得到了大家的一致同意。紧接着，围绕这个创意，广告团队制作了《羊狼篇》《猫狗篇》《鸡鸭篇》三幅平面广告。

在《羊狼篇》中，一只狼将右爪搭在一只羊的身上，没有一点凶悍和贪婪；而那只羊则十分乖巧地依偎在狼的身边，没有一丝惊慌，两者如同一对久别重逢的老友。画面的下面是一句广告语：狼爱上羊？不是问题。跨越沟通障碍，一切如此简单！

这则广告先是通过夸张的手法，让现实中狼和羊这对冤家和好，紧接着通过一句"狼爱上羊"的反问替观众道出疑问，接着开始解释只要跨越沟通障碍，一切都会变得简单，在艺术化地夸大了"沟通"作用的同时，也突出了美联英语"开口能讲""即学即用"的优势。

该系列平面广告投放后，受众在记住新奇、有趣画面的同时，也记住了"狼爱上羊？不是问题。跨越沟通障碍，一切如此简单"的广告语。

跳一点，谁说不可以？

——"助乐"休闲运动鞋广告语

2004 年，国内悄然刮起了一阵休闲风，尤其是一些青春男女，都以自己能拥有一双甚至多双不同款的休闲运动鞋为荣。运动鞋不仅容易搭配衣服，而且造型动感十足，对充满活力的年轻人有很大的吸引力。福建晋江金来宝鞋业旗下的助乐就是这样一款休闲运动鞋。起初助乐知名度并不高，直到这场休闲之风刮起之后，金来宝才意识到助乐这个品牌有无穷的潜力。所以，金来宝决定在最短时间内将助乐做大、做强，让其成为一个单独的品牌。

当时国内的运动鞋市场上，耐克、阿迪达斯等国际品牌以绝对的优势占据市场一半的份额，而剩下的份额则由国内多家民营运动鞋品牌瓜分。而民营运动鞋品牌对于广告的投入是有目共睹的，仅晋江就有近二十个运动鞋品牌在央视不同频道亮过相，广告密度不亚于药品和酒类广告，而且不约而同地采取了明星拍广告、担当形象代言人的形式。孔令辉、王楠、吴奇隆等影视、体育明星成为一时之选，大声念着不同品牌的运动鞋的名字，吸引观众的眼球。

明星的市场号召力当然不能小觑，但只要仔细观察就能发现，这些运动鞋品牌的广告品牌普遍缺乏个性、气质趋同，消费者很难看出不同品牌的产品在功能上的区别。各个品牌面目相似，不具有高度差异性的品牌核心价值，只是片面地寄希望于打出知名度来驱动销售，等于放弃了最终用户对品牌的忠诚。

金来宝意识到，企业请明星代言仅仅是看重代言人的名气，很大程度上忽略了品牌文化的建设，没有自己的品牌个性。这样一来，又怎么能吸引消费者的眼光呢？

事实上，鞋业生产企业做品牌是必经之路，而做品牌请明星也似乎成了公式。金来宝虽然也决定走请明星代言的这条老路，但它认为请明星代言不仅要体现出品牌个性，还要体现一种感性和功能性的关系，实际上就是厂商和消费者之间的沟通和共识，这在某种程度上可以拉近消费者和品牌之间的心理距离。

最后，金来宝经过筛选，最后确定请青春阳光的梁咏琪作为其代言人。在电视广告中，一身休闲打扮的梁咏琪随着轻快的音乐节奏在跳来跳云，脚上的助乐休闲运动鞋显得格外轻盈。这时，梁咏琪冲着屏幕说道："跳一点，谁说不可以？"一句调皮、可爱的反问，加上画面中轻松自由的跳跃，让人耳目一新，让消费者有了"清新、活力、向上、健康、自由"的感觉。

在休闲风潮的持续高涨中，助乐将这则电视广告投放后很快就引起了就追求休闲年轻人的关注，人们在被梁咏琪充满青春活力的形象所吸引的同时，也对"跳一点，谁说不可以"这句个性十足的广告语产生了情感共鸣。因此，助乐很快就成为运动鞋市场上一匹新晋的黑马。

【同类范例】

中国第几品牌？　　　　　　　　　　　　——格兰仕微波炉广告语

谁能抵挡"吉尼斯"的魅力呢？　　　　　　——吉尼斯啤酒广告语

谁说人不能飞？　　　　　　　　　　　　——耐克运动鞋广告语

节日快到了，送什么给他？　　　　　　　——高夫男士香水广告语

难道您的孩子不该用佳洁士牙膏吗？　　　——佳洁士牙膏广告语

问世间雄才，谁领风骚？　　　　　　　　——劳力士手表广告语

今天夜宵吃什么？　　　　　　　　　　　——黑芝麻糊广告语

何必受冷气的气？　　　　　　　　　　　——中南汽车取暖设备广告语

你是哪一脉？　　　　　　　　　　　　　——脉搏网网站广告语

什么是因特网时代移动办公的标准配置？　——联想电脑广告语

将北京奥运会送达成功终点，谁正鼎力相助？——UPS快递广告语

谁不想拥有一辆别克？　　　　　　　　　——别克汽车广告语

想要年轻，到底有多难？　　　　　　　　——玉兰油广告语

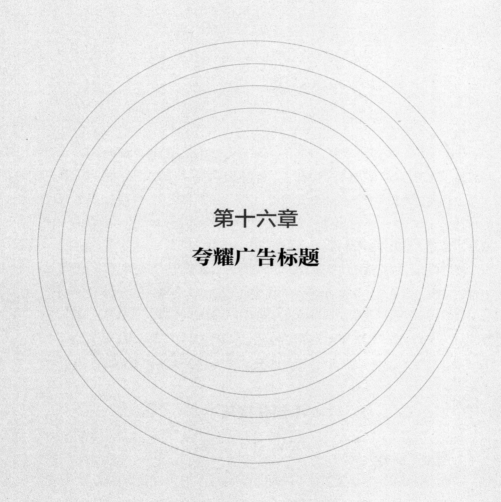

第十六章

夸耀广告标题

夸耀，即自我表现与赞扬，向别人显示自己的本领、功劳、地位优势等。夸耀广告标题就是对广告产品或服务的特征、功能或售后服务进行适度、合理的赞许的广告语。这类广告语是广告人十分喜欢用的，应用的范围和频率极高，其效果也是比较好的。这种广告标题之所以被广泛使用，其心理学原理就是人类总是有一种自我表现、希望自己做得更好的欲求。

夸耀广告标题有自夸和他夸之分。自夸广告语就是广告主以自己的语气夸耀自己产品的质量、服务或效果等。他夸就是广告主借助他人夸耀自己的产品或服务。

夸耀式标题常常使用的词语多为形容词，如最好的、第一，等等。"最"字广告标题通常都有"最"字，但也可以用一流、第一、无上等来表示，因为这其中也包含"最"的意思。

【创作技巧】

1. 夸耀产品最大优势

一个好的产品往往会有多种不同的优势和特点，所以在创作夸耀广告标题的时候，如果想面面俱到地夸耀产品的每个特点，就会削弱产品的功能性。所以，要抓大放小，找到产品最大的优势加以凸显，这样才能吸引受众。

2. 尊重事实，不可随意夸大

对产品的最大优点进行适当的夸耀，能够有效吸引受众，也能彰显广告主的自信，但不能为了吸引消费者的关注而随意夸大广告产品。一旦消费者发现广告产品与实际产品不相符，他们就会对广告失去信任。

【创作赏析】

正宗烤鸭，驰名天下

——全聚德烤鸭广告语

清朝末年，有个河北人叫杨全仁，因家境贫寒，独自前往京城谋生，做起了贩卖鸡鸭的小商贩。杨全仁吃苦耐劳，加之又会精打细算，没用几年，就积累了人生第一笔财富。

手头有了积蓄的杨全仁不甘心继续做个卖鸡鸭的小商贩，有心干一番大事业，却一直苦于没有机会。

一天，在去市场的途中，杨全仁发现街边有家名叫"德聚全"的干果铺挂出了转租的信息。精明的杨全仁一看，意识到机会来了，便花费重金将这家店盘了下来。杨全仁虽然对店面的位置十分满意，可一想没有一个响亮的招牌，生意肯定红火不起来。于是，杨全仁便请一位先生赐名。

那位先生将店铺所处地理位置的优劣分析给杨全仁听后，建议他沿用干果铺的名字，只是将原来的顺利打乱，改为"全聚德"。杨全仁一看，十分高兴，一来他的名字中就有一个"全"字，二来"聚德"就是聚拢德行，这正贴合他做生意讲究德行的本意。

之后，杨全仁又请一位秀才写了"全聚德"三个大字，制成金字匾额挂在门楣之上，正式开店营业。这一年正是 1864 年。

在杨全仁的经营下，全聚德烤鸭逐渐闻名京城，有"京师美馔，莫妙于鸭"的美誉。

随着岁月的更迭，全聚德不断创新发展，形成了独具特色的全聚德烤鸭。直到今天，全聚德分店遍布全国各地；而全聚德烤的烤鸭外形美观，丰盈饱满，颜色鲜艳，色呈枣红，皮脆肉嫩，鲜美酥香，肥而不腻，瘦而不柴，用'正宗烤鸭，驰名天下"来形容，可谓是实至名归。

"正宗烤鸭，驰名天下"这句广告语的背后，不仅是全聚德的真实历史写照，更是全聚德最具号召力和影响力的招牌。

真正的酒

——水井坊广告语

我国白酒文化源远流长，而关于酒历朝各代都有异彩纷呈的故事，在文人墨客眼中，它是挥洒才情的元素，如"李白斗酒诗百篇"；而在帝王眼中，它又化身为政治利器，如宋太祖"杯酒释兵权"……中华传统酒文化承载着历史的兴衰变迁，从中我们可以窥探历史、感慨人生，也是人生一大乐事。

中国白酒注重传统工艺的积淀，尤其是浓香型白酒，其工艺和窖池尤为讲究。有"中国白酒第一坊"之誉的水井坊不仅是中国现存最古老的酿酒作坊，还是中国浓香型白酒酿造工艺的源头，集中体现了川酒醇香隽永的特点，也代表了中国白酒酿造的高水平。

水井坊属于四川全兴酒业集团，是一款高端酒品牌。为了让水井坊有更高的知名度，全兴酒业针对水井坊的历史传承制作和拍摄了大量的平面广告和电视广告。

在电视广告中，开场主要以故宫、银行以及卢沟桥门前的石狮为象征物，分别代表了文化、成功和历史。随着镜头的切换，中国各地不同姿势的石狮影像伴随着浑厚的背景音乐轮番登场。然后，镜头切换了到水井坊的考古现场。在昏黄光线的笼罩中，遗址显得格外肃穆庄重，仿佛给观众缓缓打开了一扇历史窗口。通过这扇窗口，遗址好像再现了数千年前水井坊生机勃勃的景象。此时，水井坊的井口上方出现了"源泉"两个字，暗示水井坊是中华民族数千年历史文化的传承者和见证者。

而水井坊精美的酒瓶在那些石狮子像前缓慢移动的时候，那些石狮子在瞬间仿佛被某种神秘的力量赋予了生命一样，个个生龙活虎，有的怒吼，有的凝视，姿态百千。这时，卢沟桥前的狮子突然幻化成无数只狮子，一路向前狂奔，令人叹为观止。此时，在红色的背景上出现了水井坊的包装形象，与此同时，一个浑厚的男声念出了广告语："水井坊，真正的酒！"

这则广告利用了传统的画面来表现出水井坊的历史久远，高贵典雅，又充满阳刚之气，而广告片结尾的一句广告语"水井坊，真正的酒"，是对水井坊历史传承的一个总结，虽然有夸耀之意，却符合事实，彰显了水井坊的自信。

通过广告的大力宣传，水井坊的品牌知名度得到了很大的提升，也为其在白酒行业占领领先地位奠定了坚实的基础。

劳力士不仅是手表，也是首饰

——劳力士手表广告语

　　劳力士是瑞士钟表业的经典品牌，它的外形高贵却不浮夸，给人一种成熟、稳重的感觉。尽管劳力士的价格不菲，但它却备受一些成功人士的青睐。在他们看来，劳力士代表着瑞士手表制造业的最高水平，其品牌文化和内涵是他们所认同和追求的。因此，能够拥有一块劳力士手表，不仅仅是身份的象征，更是表现了一种生活态度。

　　作为举世闻名的手表品牌，劳力士做过不少广告语，其中不乏经典之作。但随着时间的推移，如何继续做一些经典广告语，对于劳力士来说，也是一个不小的挑战。如果重复以前的广告或者把以前的广告改头换面，不仅无法体现出劳力士的创新精神，而且会给人留下黔驴技穷之感。经过大量时间的思考、讨论，最后，劳力士推出了"劳力士不仅是手表，也是首饰"这条新的广告语。

　　这句广告语一如既往地展示了劳力士手表的卓越品质，给消费者的感觉是，劳力士手表设计精美，做工精细、考究，就像首饰一样，进一步抬高了劳力士手表的档次。而事实上，这并不是这句广告语最出彩的部分，最出彩的是广告语重新对劳力士手表进行了市场定位，即首饰市场。尽管首饰市场的竞争也十分激烈，但劳力士的定位突显出其差异性，因此劳力士手表很快在首饰市场占有了一定份额。

　　"劳力士不仅是手表，也是首饰"属于一句夸耀广告语，但夸耀得十分高明。在消费者的印象里，首饰大多小巧玲珑、做工精美，而劳力士把自己定位为首饰，就是含而不露地告诉消费者，劳力士是一款"可以计时的首饰"，值得拥有。

味道好极了

——雀巢咖啡广告语

　　雀巢公司于 1867 年创建于瑞士，是世界上最大的食品制造商。雀巢咖啡是雀巢公司最知名的品牌。

　　雀巢咖啡很早就曾进入过中国，但后来因为各种原因又退出了。直到 1980 年，雀巢咖啡再次卷土重来，并随着时代的发展在中国深深地扎下了根。

　　当时的中国人还比较保守，依然把传统的茶当成日常饮品，无法接受咖啡，自然更不知道咖啡具有提神醒脑的功效。这是雀巢咖啡第二次进入中国需要面对的困难。如何才能让中国消费者接受雀巢咖啡呢？思来想去，雀巢公司最后决定把雀巢咖啡中国化。所谓中国化，就是根据中国传统文化制订宣传策略，循序渐进地让中国人接受雀巢咖啡。

在雀巢咖啡的电视广告中，出差归来的父亲还未走到家门口，就被楼上的女儿看到了。兴奋的女儿赶紧把这个消息告诉了母亲。母亲好久不见丈夫，虽然心里十分高兴，但表现出一种东方女性的稳重内敛，她对着镜子理了理头发，然后去厨房准备丈夫爱吃的菜。当父亲推门而入，可爱的女儿飞奔上前抱住了他，一片其乐融融。在这则简单而又温馨的广告结尾，雀巢公司用中国特有的红色字体，打上了一句简单的广告语："雀巢，味道好极了！"

"雀巢，味道好极了"，这句带有夸耀的广告语，雀巢公司一直沿用至今，尽管期间广告片的创意有过翻新，但都是围绕这句广告语进行的。雀巢咖啡虽然不是中国的品牌，但它的广告却演绎出了中国的味道，这就是雀巢咖啡尊重和考虑了目标消费者的需求、习惯和文化因素的收获。

世界上卖得最多的饮料

——可口可乐广告语

可口可乐是一家具有传奇色彩的饮料公司，自 1886 年成立以来做过许多具有开创性的事情。可口可乐是在中国改革开放后首个进入中国的外企，为了打开市场，它十分注重广告策略，正如可口可乐前总裁罗伯特·伍德拉夫曾说的："可口可乐96.61% 是碳酸、糖浆和水。如果不进行广告宣传，那还有谁会喝它呢？"

1984 年，英国女王来华访问，英国随团电视台 BBC 为此拍了一个纪录片。纪录片拍摄完成后，考虑到外交礼仪，中央电视台需要买下该纪录片版权才能播放，可是因为资金的原因而不得不找可口可乐要赞助。可口可乐马上意识到这是一个推广自己的好机会，便答应为中央电视台赞助，但同时也提出了一个条件，就是在播放纪录片之前插播一条可口可乐的广告。可口可乐的这条广告在成为中国电视广告历史上的开篇之笔的同时，也让其品牌影响力空前高涨，销量一再攀升。

成功打响第一炮后，可口可乐更加意识到广告对品牌推广的重要性，于是在接下来的发展中，可口可乐不惜每年花费万亿元的广告费来投放广告。在这些广告的推动下，可口可乐走向了世界各地，不论在繁华的都市还是偏僻的小城，只要有超市的地方，随处可以见到可口可乐的身影，因此，可口可乐也当仁不让地坐上了世界饮料"霸主"的地位。

如今，可口可乐的广告语隔几年就会更换一次，众多广告语历经时间的磨砺逐渐脱颖而出，成为人们心目中的经典之语，而其中就包括"世界上卖得最多的饮料"。这是一句夸耀广告语，"卖得最多"就等于"产品最好"，它用销量的事实说明了可口可乐公司强大的实力，体现了产品的与众不同和受欢迎程度。

这句广告语道出可口可乐具有强大实力，同时，也体现出其对自己产品的自信，对于消费者而言充满了诱人的魅力。

车到山前必有路，有路必有丰田车

——丰田汽车广告语

丰田公司创立于 1933 年，是世界十大汽车公司之一，也是日本最大的汽车公司。公司标识中的大椭圆代表地球，中间由两个椭圆垂直组合成一个 T 字，代表丰田公司，它象征丰田公司立足于未来，对未来充满了信心和雄心。丰田汽车的缔造者——丰田喜一郎老家的大厅中挂着一个条幅，上书"百忍千锻事遂全"，其含义是，坚忍不拔，千锤百炼，就一定会成就一番事业。这种精神就是丰田精神，并因此而产生了那句著名的广告语：车到山前必有路，有路必有丰田车。

这句广告语取材自"车到山前必有路，船到桥头自然直"这句古语，十分巧妙地与中国传统文化相结合，易记又贴切。这句广告语推出之时，适逢中国改革开放初期。在当时连广告都发展得不是很成熟的年代里，丰田十分自信地告诉广大消费者：有路的地方就有丰田车。这石破天惊的广告语显露出丰田汽车对中国市场的野心和骨子里的霸气。

这句广告语之所以被沿用至今，是因为它涵盖了丰田汽车的整个发展历程。一句"车到山前必有路"给人坚定不可动摇的勇气，丰田汽车正是靠着这种勇往直前的精神，不断进取。从 2008 年开始，丰田汽车就逐渐取代通用公司汽车，成为全世界排行第一位的汽车生产厂商。而此时广告的后半句"有路必有丰田车"，恰好印证了当年丰田汽车许下的丰田汽车无处不在的壮志。

由此看来，"车到山前必有路，有路必有丰田车"这句夸耀广告语非常符合实际情况，在表达出丰田轿车拥有极高的市场占有率的同时，也体现出其自信和霸气。广告语语言非常顺畅，朗朗上口，给消费者留下了很深的印象，而丰田汽车的销量也直接证明了该句广告语的成功。

喝露露，真滋润

——露露杏仁露广告语

露露公司生产的露露杏仁露饮料自 1991 年上市以来已经在市场上活跃了 24 年，在新饮料层出不穷的市场环境中，它始终保持着畅销的势头，并成为自创植物蛋白饮料中的第一品牌，同时露露荣获了"中国驰名商标""中国名牌""消费者最信赖品牌"等多项荣誉。露露公司于 1998 年在深圳成功上市，成为中国民族饮料品牌中的一颗明珠。

露露杏仁露饮料采用北纬 36 度区域所盛产的野生杏仁为原料精制而成，这一区域所出产的野生杏仁由于日照时间长，气候温差大，果实颗粒饱满、营养丰富。杏仁含有丰富的易消化吸收的优质植物蛋白，其含有 18 种氨基酸和大量不饱脂肪酸，以及天然维生素 A、E、B1、B2，且富含钾、钙、磷、铁、锌、硒及其他多种微量元素。

在饮料市场总量每年在快速发展的良好市场机遇下，露露杏仁露一直以稳定的速度增长。特别是"冬天喝热露露"的品牌推广活动，使得冬季露露杏仁露产品的销售大幅增长，成为冬季饮料市场中的佼佼者，很快实现了十几亿元的市场销售额。但是，由于近几年乳品市场的急速扩大以及茶饮料、功能饮料大幅增长，植物蛋白饮料的市场份额增长速度下滑。露露作为植物蛋白饮料的领导品牌，持续快速的增长受到了众多其他饮料产品的严峻挑战。如何把进入畅销期的品牌进一步激活，扩大品类消费，固化并拓展消费人群，把露露建设成为更强势的品牌，是露露杏仁露饮料品牌发展的最大课题。

在这种情况下，露露经过详细的市场调查后，发现很多消费者之所以选择露露，是因为其主要成分杏仁有美容、润肺、美白的功效。如此说来，露露就像春天里滋润土地的雨水一样，由内而外地滋润着消费者，给人一种温暖的感觉。根据这些，露露认为"滋润"概念符合杏仁露产品的利益诉求，也体现了露露产品定位的差异化和独特性。同时"滋润"具备良好的消费认知基础，滋润身体是健康有活力的，滋润皮肤是美丽的。在核心价值的延展方面，"滋润"又是一个文化概念，有极大的发展空间，滋润是一种心理感受，是一种美好的感觉，滋润的生活是幸福而多彩的，关爱和呵护会让人感受到心灵的滋润。于是，"喝露露，真滋润"这句广告语应运而生。

为了将"滋润"这一概念准确地传递给目标群体，露露围绕"喝露露，真滋润"这句主题广告语，邀请著名演员许晴和濮存昕拍摄了一则电视广告。广告以一个家庭欢聚为背景，年轻的妈妈以露露表达对儿女、父母及家庭的关爱，一杯杯加热的露露在全家人的手中，让暖暖清香滋润心情，温暖亲情，使整个家庭沉浸在幸福和快乐之中，引发了观众来自内心的共鸣："喝露露，真滋润！"

"喝露露，真滋润"这句以消费者口吻说出来的夸耀广告语，真实动人，能够有效地引起消费者的情感共鸣，是一则成功的广告语。

好空调，格力造

——格力空调广告语

成立于 1991 年的格力电器当年不过是一家年产量不过两万台空调的小厂，而通过多年的发展，格力已经成为全球最大的集研发、生产、销售、格力标志服务于一身的专业化空调生产企业。格力之所以能取得如今的成就，是与当时工厂初建就定下的经营理念分不开的。

当时格力虽然是一家默默无闻的小厂，但却雄心万丈，想要做中国空调的代表。但格力也知道，要想实现这一目标，必须严格把控生产质量，于是提出了有名的"出精品、创名牌、上规模、创世界一流水平"的质量方针，实施了"精品战略"，建立和完善质量管理体系，出台了"总经理十二条禁令"，推行"零缺陷工程"。

通过几年狠抓质量的工作，格力空调在质量上有了质的飞跃。格力空调一炮而红，给消费者留下了良好的印象，并为格力以后成为中国电器行业龙头企业奠定了基础。

在此后的日子里，尝到甜头的格力依然在质量上狠下功夫，并于 1999 年被国家工商行政管理局商标局认定为"中国驰名商标"。在这期间，格力创作了那句经典的广告语："好空调，格力造。"这是格力使用了多年的广告语，现在无论是打开电视机还是走在大街上，都能看到或者听到这句广告语。它采取夸耀的方式，借助消费者的口吻，以及其简单、通俗的语言赞美格力空调。没有虚饰，没有抽象的技术指标，一个"好"字便说明了一切。无论买什么东西，人们追求的不就是一个"好"字吗？就空调这类产品而言，"好"代表着优异的质量、美观的造型、实用的功能，以及能给人带来舒适、方便……同时，这里的"好"字，还隐藏着另外一层含义，即格力制造的好空调的决心。广告语以男性品牌代言人的果断、雄浑的声音说出，使这种决定显得更加果敢坚决。因此，这句广告语虽然是自夸，却显得非常自信、自然，没有夸大的感觉。

这句广告语虽然只有 6 个字，但信息量却很大，其中包含了企业名称和产品类别，既是产品广告，也是企业形象广告，反复传播，不仅宣传了产品，也提高了企业的知名度和美誉度，能收到双倍的广告效果。

赶集网，啥都有

——赶集网广告语

2011 年，姚晨代言的赶集网广告在一夜之间火遍全国，广告在让人们重温了那首妇孺皆知的《小毛驴》歌曲的同时，也让人们记住了赶集网的广告语："找房子、找工作、找装修、找保姆、找宠物。买卖二手货。赶集网，啥都有。"

而这则广告之所以能产生这么大的影响力，是有多方面的原因的。首先是赶集网的域名"赶集网"与后面的"啥都有"有着不可分割的逻辑关系。一提到"赶集"，人们自然而然想到的是，人们从四面八方来到一个商品琳琅满目的市场。而这样的一个市场不就是"啥都有"了吗？

而赶集网之所以选择姚晨代言，并让她以职场人士的装扮出现在广告中也是有一定道理的。首先，姚晨作为影视圈的新星，有一定的影响力，而且她的形象给人一种亲切感，十分符合赶集网为人们提供生活信息的定位。其次，赶集网挑选职场人士为受众代表，是因为这个群体有这样一个特点，他们虽然有一定的消费实力，但还没有到任意购买的地步；他们上班朝九晚五，很少有时间出去逛街，因此他们会把零星的时间用来上网。所以，正如在现实生活中真正赶集的人对集市熟悉一样，职场人士对网络媒体也轻车熟路，所以赶集网将这个群体作为广告受众群体，可以说是恰如其分。

这样一来，由于姚晨的身份符合赶集网的定位，再加上她亲民的形象，由她说出的"赶集网，啥都有"的夸耀之语，就容易让人信服和接受。

【同类范例】

巴蜀多美酒，江津秀一支。	——江津白酒广告语
港式火锅，唯我独有。	——北京香港火锅城广告语
即使皇上龙袍，不如当今雪宝。	——雪宝服装广告语
牌子最老，质量最佳。	——北京内联升布鞋广告语
办公自动化，四通第一家。	——四通办公设备广告语
领导全世界的技术进步。	——美国通用汽车公司广告语
先进完善，应有尽有。	——东芝电脑广告语
它来自世界上最大的地窖。	——法国香槟广告语
世上只有一个"乔基"。	——乔基内衣公司广告语
有新闻的地方，就有我们。	——《北京青年报》广告语
一个神奇的网站。	——58同城广告语
中国最新锐的时事生活周报。	——《新周刊》广告语
一旦拥有，别无所求。	——飞亚达手表广告语
泰国世家，地道香米。	——良记金轮香米广告语
来自天然的滋补品。	——隆泰天然口服液广告语

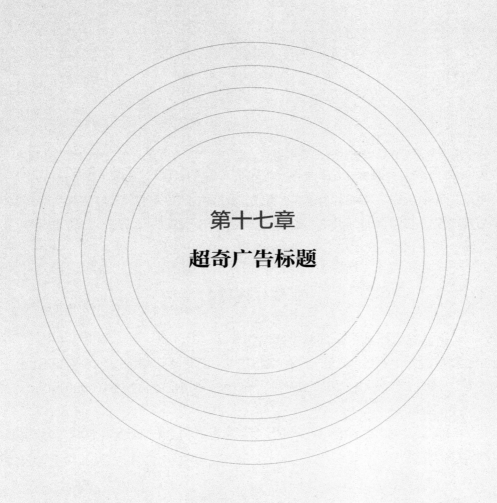

第十七章

超奇广告标题

超奇广告标题，是指通过对广告主题、内容和表现形式进行创造性的构思和想象后，令广告的标题具有与众不同的独特之处，并最终以独特、新颖和艺术的方式呈现在消费者面前的一种广告标题创作方式。利用超奇广告标题，能够使消费者一看到该广告，就会立刻被吸引住。运用超奇广告标题，往往能极大促进产品的销售额，提升企业知名度。

【创作技巧】

1.遵循基本原则，将创意表达彻底

虽然创意广告标题需要创作者拥有很多奇思妙想，但是这并不意味着可以无边无际地去想象，俗话说"无规矩不成方圆"，创意广告的创作也需要遵循一定的原则。

（1）围绕目标

每则广告都有其要达到的宣传目的，所以超奇广告的创意也要围绕着广告想要达到的目标进行创作。

（2）简洁明了

越是有创意的事物，往往越简单，因为这样才不至于将广告的主题淡化或是让消费者不明就里。

（3）注重情感

超奇广告标题在表现产品的特点和性能时，要倾注浓烈的情感，这样才能将消费者内心深处的情感激发出来。

（4）新旧元素结合

很多创新都是在旧事物上找到的突破点，广告创作也是如此。

2.注重积累，善于思考

创意新颖的广告标题不是"眉头一皱"得来的，也不是胡思乱想就可以想到的，而是经过全面的资料收集和长时间的思考而创作出来的。因此，创作这类标题要多留心日常生活中的点点滴滴，积累素材。除此之外，还要善于对所积累的素材进行深度的挖掘和思考，从一件原本普通的事物中寻找到能够抓住受众注意力的部分并将其放大，用一种新的视角去观察。有时候，换个方向思考问题，往往会得到令人意想不到的效果。打破思维定式，才能想出标新立异的广告标题。

【创作赏析】

拿得起，放不下，都是钻石惹的祸

——周大福珠宝广告语

说起周大福，大家并不会陌生，几乎在每一个城市，都能够见到周大福珠宝的招牌，这足以说明现代人对美的追求。爱美之心，人皆有之，几乎从人类出现以后，对美的追求从来就没有停止过。在人类祖先生活过的遗迹中，可以找到无数证据来说明当时的人们是如何打扮自己，如何追求美的生活的。自从人们的生活越来越富裕后，人们对于美的追求和渴望也越来越强烈。那些亮晶晶、光闪闪的珠宝对于人们有着天然的吸引力，人们相信，这些东西拥有神秘的力量。

人们之所以对珠宝情有独钟，很大程度上是因为其稀缺性。人们在选择珠宝时普遍缺乏科学的知识，无法鉴别出真正的高质量的产品。因此，在进行珠宝交易的时候，人们青睐的交易对象就是那些具有较高声誉，能够保证珠宝质量的商家。这就要求珠宝经营者必须致力于将自己打造成为可以信赖的商家。珠宝商的信誉来源于几十年甚至上百年如一日的品质保障，也来源于对于客户权益的维护。在进行珠宝广告宣传的过程中，最重要的就是塑造珠宝所传递出来的价值。作为已经连续多年在中国珠宝首饰市场总和占有率排名第一的周大福，其总资产达到了50亿美元，经营的业务遍布全世界，在人们心中始终代表着富贵。但这并不意味着周大福珠宝不需要广告宣传，相反，为了更好地推广自己的公司形象，周大福依旧十分注重广告宣传。以下是周大福珠宝的平面宣传广告。

"拿得起，放不下，都是钻石惹的祸。"

一颗小小的钻石，谁都可以轻易拿起，就连小朋友都不例外。但是却无法轻易地放下，为什么呢？原因在于只要拿起这颗钻石，就能够感受到钻石带来的那种强大吸引力，从而不舍得再放下，想要立即占为己有。

这则广告的语言十分简单，但是却非常富有格调，情趣高雅，传递出了钻石无穷的魅力。正如广告中所说的那样，"拿得起，放不下"，周大福珠宝在这里真切地表达出了一种情感，拿得起的是钻石的重量，放不下的是钻石的品质。既表达出了钻石的珍贵，又将人们内心隐秘的欲望表现了出来。

广告语"拿得起，放不下，都是钻石惹的祸"打破了人们的惯性思维，通常人们在看到"拿得起"时，自然就会想到"放得下"，而经过广告创意者的改编后，这句广告语不但引起了消费者的好奇心，还将钻石的独特价值体现了出来。

我的时尚便装

——三星 Q30 笔记本电脑广告语

三星是韩国最大的电子工业企业，其生产的笔记本电脑以高质量和独特的产品设计理念闻名世界。2004 年，三星推出了一款 12.1 英寸宽屏笔记本电脑——Q30，这款电脑的重量只有 1.08 千克，18 毫米厚，携带十分方便，所以，在上市推广中，三星自然会把 Q30 "薄"的典型特点告诉消费者。

在人们的印象当中，一提到"薄"这个概念，第一会想到刀片或者纸张，因为它们往往是"薄"最形象也最直观的实物体现。如果把三星笔记本与某种物体联系起来以凸显其"薄"的特征也未尝不可，但这样一来又会落入俗套，没有丝毫创意可言，这对于依凭创新科技发展的三星来说，显然是不合适的。经过讨论，三星突发奇想，提出了一个大胆的假设，能不能用人做点文章？

众所周知，使用笔记本电脑的群体多为整天坐在办公室里的白领，其中有相当一部分白领又是时尚的代名词，而笔记本电脑就是随身办公用的东西，何不把 Q30 比喻成办公室白领的时尚便装，轻巧随意，再用"薄到可以透视"的夸张之语来凸显产品的"薄"呢。产品既然很"薄"，自然不会太重，其轻便的特征不言而喻。

这一大胆的提议得到了三星内部的一致同意。于是，三星Q30笔记本平面广告《透明片》很快就面世了。在广告画面中，一个穿着时尚的女生白领双手举着一款三星Q30笔记本，透过电脑可以清晰地看到白领的部分条纹领带，旁边是一句自白："Q30极纤宽屏，我的时尚便装。"

这则广告将三星Q30笔记本的"薄"与衣着的"薄"巧妙关联，甚至"薄"到可以透视，这个夸张到大胆的创意十分独特，简单明了地把三星Q30笔记本超薄的特点表现得淋漓尽致，可谓夸张而不失实，足以让都市白领看后会心一笑，有效地达成了沟通的目的。

该广告在杂志媒体投放不久后，三星Q30也取得了不俗的销售成绩。

寻人，我们找的就是你

——中国移动 G3 手机广告语

随着时代的发展，手机已经成了一种大众的产品，消费者的选择余地更多了，对手机广告的抵御能力也更高了。移动G3手机的推出不但面对着强劲的对手，还面临着严峻的市场考验，一向不太擅长手机终端销售的移动此次运用了一则创意性十足的"寻人"广告，成功地打开了G3手机的销售局面。

广告分为两个阶段，第一阶段的宣传采用了互动的传播模式，利用网络及线下的接触点大规模地覆盖寻人广告。

网络广告的第一个镜头，是一个美女一边打电话一边约朋友见面，正说着话，一个大幅的寻人启事从天而降，寻人启事上不但印着她的照片，还在下面写了一句"见面还要约时间"，接着旁白声起："找的就是你呀，找的就是你。"

接着，镜头转换到一辆公交车的移动电视上，一名乘客下车后，依旧关心着电视上的足球赛事，于是他一路小跑跟着公交车，嘴里喊着："传球啊！"结果一头撞到了电线杆上。接着一则寻人启事从天而降，上面写着"在公交车上看电视"，旁白："找的就是你呀，找的就是你。"

镜头再次转换，在一家咖啡厅内，一个人一边玩手机游戏，一边嘟囔着："怎么还不来？"话音刚落，寻人启事从天而降，上面写着"还在一个人玩游戏"，旁白音："找的就是你呀，找的就是你。"

最后，镜头转换到车来车往的街头，一个眼镜男手里拿着手机，一边打电话一边找网吧。结果他没有注意身边的车辆，被四辆车包围在中间，寻人启事从天而降，上面写着"有手机还找网吧"，旁白："找的就是你呀，找的就是你。"

广告结束后，字幕显示"搜索关键字——谁在找我"。

线下的接触点广告主要投放在公交车内、地铁内、社区保安亭内、出租车上、道路交叉路口等地方，并根据消费者的诉求点，选择投放内容有针对性的广告。

广告的主要内容有：

"认为手机仅仅是通话工具的人，我们在找你。"

"分不清东南西北的人，我们在找你。"

"只会拿手机打电话发短信的人，我们在找你。"

"因为抛售不及股票赔过钱的人，我们在找你。"

"手机铃声一年都没变过的人，我们在找你。"

"不喜欢钱包一大把零钱的人，我们在找你。"

"一上公交车就昏昏欲睡的人。我们在找你。"

"待在这里无聊发呆的人，我们在找你。"

"手机游戏通关无数遍，自认为天下无敌的人，我们在找你。"

每则广告上都配有与内容相符的漫画图，并在广告的最下面一行小字写着："见字请登录×××。有事相告。"

第一阶段的广告通过"寻人启事"的方式增加了活动的趣味性，同时也充分引起了消费者的兴趣和好奇心。

接着开始第二阶段的广告宣传。第二阶段的广告利用有针对性的小众媒体及接触点结合，通过与消费者进行"生活，需要一点改变"的情感沟通，将G3手机的功能展现了出来。

在广告中，需要改变生活的消费者有：

工作太无聊，休息时候只会喝茶，着装一成不变，家里只有对讲机的年轻上班族；

经常见不到儿孙，平时只能一个人遛弯，闲时靠报纸和看照片打发时间的独居老人；

对于生活没有目标，追不到女生，既不时尚也没有幽默感的资深宅男；

生活工作特别繁忙，不喜欢逛街消费时排队浪费时间，也不喜欢钱包里装太多零钱的白领女性。

当这些人拥有了 G3 手机后，他们的生活会发生如下改变：

工作无聊的上班族会爱上上班，忙里偷闲时可以用 G3 手机上网，看看网络电视，衣着也变得多样了；

独居老人可以用 G3 手机联系老友，坐在一起坐喝喝茶，培养一些兴趣爱好，还能和儿孙视频；

资深宅男有了 G3 手机后，上知天文下知地理，不但有女生主动搭讪，人也变时尚了；

白领女性上街购物再也不用排队了，直接用 G3 手机的钱包功能付款，节省了时间，也为钱包节省了空间。

从第一阶段的"寻人"到第二阶段的"改变生活"，广告创意者很巧妙地将 G3 手机的功能与人们生活的改变结合到了一起，可以说创意十分突出，获得中国艾菲最佳创意奖可谓是实至名归。

首先，广告的目标定位十分准确，广泛地对准了每一个手机使用者。然后其从用户使用手机的习惯入手，发散思维，让每一个看到广告的消费者都会去想：有了 G3 手机后，我还能得到什么？这样自主性的思考要比传统的灌输式广告更加有效，也更容易得到消费者的认可和响应。

再加上广告整合了多种传播方式，无论是在街头巷尾还是在网络、电视上，都能看到"谁在找我"的寻人启事，以第一人称"我"为主题，更能调动起每一个消费者的积极性，G3 手机在消费者并不熟知自身复杂而多样的功能的前提下，用幽默又带有冲击力的方式，让广大消费者记住了 G3 手机。

图书馆的无声争斗

——奥利奥饼干广告语

说到奥利奥饼干，大家不由自主地就会想到"扭一扭，再舔一舔，再泡一泡"的广告语，或许奥利奥饼干不是饼干中最好吃的，但不得不说奥利奥的广告是做得最成功的。在奥利奥的广告中，除了传统的宣传方式即教大众怎样吃奥利奥饼干外，还有很多极具创意的广告。其中《图书馆的无声争斗》就一分有趣，并给人们留下了深刻的印象。

在图书馆中面对面坐着两个人，一个光头的胖子，一个戴眼镜的瘦子，他们在小声议论着。

"奥利奥饼干是饼干好吃？还是奶油好吃？"

"饼干！"一个说。

"奶油！"另一个说。

"饼干！""奶油！""饼干！""奶油！"……

终于，戴眼镜的瘦子愤怒了，用力地合上了手中的书。光头的胖子脾气则更大，直接掀翻了桌子。接着整个图书馆陷入了一场混战：一名女士用椅子打倒了胖子；一个老人推倒了书架；楼上两个人扭打到了一起，并撞断了栏杆摔到了地上，但嘴里还在争论"饼干！""奶油！"一名女士手中的照相机闪光灯摔在了地上，点燃了图书馆的窗帘；消防队员举着水枪冲进了图书馆；警察也破墙而入……

最后字幕显示：将你的选择发表在活动的网页上。

奥利奥是饼干最赞还是奶油最赞？这个问题究竟被多少人争论过？相信不在少数。但是为了这个问题在图书馆里大打出手并且引发全体大战的情况，恐怕还是史无前例。这则广告标题的超奇创意就在于，当其他奥利奥饼干都致力于告诉消费者蘸着牛奶吃的奥利奥更加美味时，在这则广告中，两个人却因为奥利奥饼干究竟是奶油更好吃还是饼干更好吃争执起来，甚至为此引来了警察。

在图书馆这种禁止喧哗的地方，人人都知道不可以大声说话，但是在这个问题前，遵纪守法也形同虚设。虽然表现手法夸张了些，但是却令人过目难忘。最后为了将广告效果延续，广告策划者还策划了一起活动，让全民进行投票，选择支持哪一边。"宣传+活动"的模式，让人忍不住想要买一包奥利奥饼干来尝尝，再次鉴定一下到底是饼干更赞，还是奶油更赞。

伐要搞，本来蛮好

——味全牛奶广告语

这句有着地道上海腔调的广告语，来自于最新味全牛奶。最新的味全牛奶不但在制作工艺与口感上做出了革新性的改变，而且还换了新装，一改牛奶市场中清一色的以白色、蓝色为主调的牛奶货柜，将大红色作为了包装的主色调。在口味上则强调成分无调整，与国际牛奶的理念持平。

与其他那些纯正普通话的广告语相比，这句"伐要搞，本来蛮好"给了大众一种耳目一新的感受。近几年来，牛奶市场频频出现食品安全问题，牛奶生厂商都致力于在食品健康问题上扳回一局。为此，味全推出了高保鲜的鲜牛奶系列产品，而高保鲜的鲜牛奶对产地和运输有着极高的要求，所以味全将自己的目标市场集中在江浙沪，以上海为中心进行辐射。

这样一来，以纯正的上海话作为广告语可谓是"对症下药"。另外，在宣传方式上，味全也采用了比较新颖的传播方式，即主要以网络小视频为传播手段，并集中了时下热门的微信资源，以"病毒之势"进入了每一位消费者的视线中。

《老上海篇》

这一篇章主要运用了电影剪辑的方式，将梁朝伟的多部电影剪辑到了一起，包括《花样年华》《色戒》《东邪西毒》，另外还有周星驰的《功夫》，只是台词都做了更改。在这个单元中，张曼玉和梁朝伟是一对夫妇，梁朝伟背着张曼玉偷腥被张曼玉得知，张曼玉欲将梁朝伟的"罪行"告诉给自己的妈妈，想到自己那凶神恶煞的丈母娘，梁朝伟连忙求饶。最后，张曼玉指着梁朝伟，用《夜上海》的调子唱道：

"伐要搞，伐要搞，伐要伐要伐要搞，

"伐要搞，伐要搞，伐要伐要伐要伐要伐要搞，

"伐要搞，伐要搞，搞来搞去不太好，

"东搞搞，西搞搞，本来蛮好，本来蛮好。"

最后梁朝伟说道："明年我生日，不叫刘嘉玲总行了吧。"

《春运篇》

在这一个单元中，广告以我国一年一度的"春运"为故事背景，选用了《生活大爆炸》里面的片段，并更改了里面的台词。谢耳朵听到春运火车票的预售期从之前的20天延长到了60天，认为不知道什么时候放假无法提前订票，于是找到了相关部门进行理论。对方却告知他，提前订票能够增加退票率，从中收取手续费。听到这个回答，谢耳朵无奈了，对着对方唱起了"伐要搞，伐要搞"之歌。

《相亲篇》

在这个单元中，广告词创意者将《致我们终将逝去的青春》与《我们结婚吧》等相关镜头进行剪辑，广告中杨桃的妈妈逼她与没钱没房的男友分手，进行相亲，杨桃反抗妈妈的命令，对着妈妈唱起"伐要搞，伐要搞"之歌。

《上海大妈篇》

这个单元不再以视频剪辑为主要表现手法，而是以同一个公司中两组人马因为

一个创意产生分歧为故事背景，其中一组认为图中的奶牛应该调大，另一组则认为应该调小，就在他们争执不休时，一个老上海风格穿着的大妈忽然出现，并且手中还拿着味全牛奶阻止他们进行更改，最后带着大家一边跳舞，一边唱起了"伐要搞，伐要搞"之歌。

最后随着一声牛叫，广告结束，屏幕出现味全牛奶的新包装，旁边是广告词："鲜牛奶，就要无调整。"

不少广告都曾用恶搞作为宣传的手段，而味全这则广告，可谓是将"恶搞"进行到底，从最初梁朝伟那句"明年我生日，不叫刘嘉玲总行了吧"到调侃"春运"火车票一票难求的现状，再到现在社会中"无车无房搞不定丈母娘"的风气，还有最后上海大妈穿越式的出现，可谓是体现出了十足的娱乐精神和恶搞本领。每个小视频中的对话都是经过改变的上海话强调，北方人看起来虽然有些吃力，但仍旧不妨碍人们饶有兴趣地看下去。其中，"伐要搞，本来蛮好"这句话就是"鲜牛奶，就要无调整"的上海话版，味全用纯正的上海话作为广告语，意在宣称自己已经占领了江浙沪的高端牛奶市场。

然而，线上的视频宣传只是味全广告宣传的一部分，配合着线上的视频，线下还开展了一系列的活动，如进行无调整牛奶的派发活动。

最后，商家以在微博发布三张 20 世纪 20 年代上海风格的海报作为本次宣传活动的结尾。三张海报初看时就像是 20 年代某场演出的宣传画，但细看会发现，上面不但有味全无调整牛奶的广告语，还有对味全无调整牛奶的简单介绍。

总而言之，味全无调整鲜牛奶此次在线上的宣传与在线下的活动形成了"双剑合璧"的效果，使广告的宣传效果大获成功。

一般人我不告诉他

——万通筋骨片广告语

一听到这句"一般人我不告诉他"，很多人自然就会想到"万通筋骨片"的广告。当年，广告创意者以范伟为代言人创造了首支故事性广告片，在短短 28 天内创造了品牌一夜成名的奇迹，范伟在广告中幽默风趣的表现，为万通筋骨片成功敲开了全国药品市场的大门做出了卓越的贡献。

广告拍摄的场景，是一个典型的普通东北人家。大辣椒端着一盘菜，边走边问坐在桌边正在吃喝的范伟："匣子，刘总这两天咋不叨咕腰腿关节疼了呢？"

范伟一边夹菜，一边回答："用了一点我给他配的偏方。"

"吹……"

"吃了点我给他配的药膳。"

"接着吹……"

范伟端起酒杯，一边喝酒，一边说："喝了点儿我给他配的补酒。"

"再吹……"媳妇大辣椒有点生气了。

范伟终于说了实话："主要是我给他吃了万通筋骨片。"

说完，从桌子下面拿出一盒万通筋骨片，并对着镜头说："腰腿疼痛，请服万通筋骨片。"

接着转过身去，然后又想起什么似的转过身来，继续并且小声地说："一般人我不告诉他。"

伴随着"观众们"的笑声，画面中出现了万通筋骨片的产品形象。

"一般人我不告诉他"，这句广告语可能会令人感到疑惑，明明已经告诉了大家，为什么还要说一般人不告诉呢？其实这就是广告创意者的用意所在，用否定的预设说明"我"告诉的都不是一般人，也只有非一般的人，"我"才告诉他，意为电视机前观看该广告的观众都不是一般人。这句与众不同的广告语在提升了自己品牌地位的同时，也用讨好的方式，博得了消费者的青睐。

另外，该则广告的成功，在很大程度上是因为他的广告代言人——范伟。当年，农村题材励志轻喜剧《刘老根》的播出，着实火爆了一阵子，其中男二号范伟也迅速被广大观众所熟知和喜爱。当时正值万通筋骨片选择广告代言人之际，广告创意者经过几轮筛选，结合《刘老根》剧情，最终将代言人选择为在《刘老根》中扮演药匣子的男二号范伟。

虽然剧中男一号刘老根的扮演者赵本山比范伟更具有影响力，但是选择"对的"比选择"贵的"更加重要。首先，"药匣子"范伟在剧中扮演的人物也从事与药品有关的工作，与产品自身属性相契合；其次，范伟形象幽默，与目标群体欣赏喜好相符合。如此一来，在代言万通筋骨片上，范伟的"性价比"更高，而且形象更加适合。

将产品与受众广受关注的社会新闻、事件以及明星效应进行捆绑宣传，能够产生事半功倍的宣传效果，这是广告商们在长期的实践中总结出来的宝贵经验。而万通筋骨片这则广告就将这种经验发挥得恰到好处。直到现在，人们还是一想到《刘老根》，就能想到"万通筋骨片"。因为在人们的记忆中，这则广告有着十分鲜明的记忆点，那就是《刘老根》。

范伟在广告中操着一口浓重的东北方言讲述着自己为刘老根配药的事情，从而引出一系列搞笑包袱，不但将可看点与趣味性结合到了一起，还从侧面体现出万通筋骨片乃东北制药。而这种广告形式在当时的吉林省药品广告中开创了先河的同时，也令这句"一般人我不告诉他"红遍了大江南北。

你的奶没那么淡

—— 日本 Blendy 咖啡饮品广告语

广告创意的好与坏，很重要的一个评价标准就是是否能给观众留下深刻的印象。日本一则独特的励志广告"你的奶没有那么淡"在很短的时间内就走红网络，引发了网友极大争议。该则广告的表现手法十分独特，选用演员来诠释、演绎动物的真实情感，故事里的主人公看似是人，但是却与奶牛一样。正常学生努力学习是为了找到一份好工作，而他们广告中的学生们努力学习是为了产出更好的奶。

短片从一场毕业牛证书颁发典礼开始，以一个女孩儿的自述为主要线索。讲台上，校长语气激昂地演讲着，台下学生们聚精会神地听着。这时，女主角思绪陷入了回忆中。这学校的这段时间里，她学习到了很多知识，结识了很多朋友，他们下课时一起玩耍，遇到彷徨时，相互鼓励，一起度过了许多美好而又难忘的时光。

开始宣布毕业分配的问题了，有的学生去了农场，有的学生去了动物园，有的去了竞技场，有的去了斗牛场，有的去了肉品公司……他们有的去了自己向往的地方，有的却与自己的梦想背道而驰。看着同学们有喜有悲的脸，女孩儿不禁想到了自己，她一路走来都十分努力，这期间经历过许多心酸痛苦。曾经为了成为最特别的，她努力吃东西，努力锻炼身体，最后却只得到"B"级的证书，表示她的奶很淡，被老师告知希望渺茫。在她准备放弃之时，她的妈妈却鼓励她继续走下去，因为她的奶没有那么淡。于是，她开始了更加拼命的努力。

终于轮到了女孩儿，她的结果牵动着很多人的心。

"Blendy（咖啡饮品品牌）！"校长宣布道。台下立刻爆发出掌声与欢呼声，女孩儿脸上的表情也从不敢相信到喜极而泣。

"希望你能继续生产香浓的牛奶。"校长对女孩儿说。

最后字幕显示：我们只用好牛奶。Blendy，牛奶浓香四溢，现磨咖啡牛奶，100%采用特浓牛奶。

看到最后，才会发现这是一则咖啡饮品品牌Blendy的广告。虽然Blendy在最后才出现，但是却因为大众对广告结局的热切期待，使Blendy得到了更多的关注。在广告中，Blendy就相当于一流大学，牛们能够得到Blendy的证书，就寓意着拿到了一流大学的毕业证书，可以能够为Blendy提供奶源的"牛"，是精英中的精英。

但是并不是所有人都能够轻而易举地得到Blendy的证书 他们中有的人对学业勤勤恳恳，有的人却采取玩世不恭的态度。最终，那些学习认真的学生都得到了较高的评价，去了理想的地方，而有的学生却因为荒废"学业'而奶的浓度不够，导致去了自己并不愿意去的地方，甚至成了别人的盘中餐。而一直努力去做最特别的那个人，才能得到Blendy的证书。

广告标题"你的奶没那么淡"让人不禁好奇，是谁的奶，又跟浓淡有什么关联呢？广告的创意虽然十分奇特，但是仔细分析一下，就会发现创意者借用学生努力学习来比喻该品牌对更香浓牛奶的追求的用心。其中女主角的独白也说出了该品牌挑选奶源的标准就十分苛刻，其中广告标题"你的奶没那么淡"就说明了这一点，而且他们不但会为大众提供百分之百特浓的牛奶，而且还会像广告中校长说的那样，继续生产更香浓的牛奶。虽然宣传做得十分隐晦，但是不得不承认的是，其创意还是值得人们去借鉴的。

这里的天空可以散步

——北京旅游广告语

在天空中怎么散步呢？众所周知，由于地心引力，人们只能在陆地上行走，除了可以坐飞机到天空上"翱翔"，怎么能做到在天空上散步呢？这样的广告标题一出，就意味着会引起无数人的好奇心。

不知看过《非诚勿扰2》的观众们有没有注意到，在《非诚勿扰2》的片尾率先打出的字幕就是"首席合作伙伴——北京市旅游局"，没错，这则广告语就是出自北京旅游局的旅游广告。只是，这则广告不是一般的广告，而是在电影中植入的广告。在电影或是电视剧中植入广告很常见，但是像《非诚勿扰2》这样将电影拍成一部豪华的旅游宣传大片的可不多见，这也是这则广告的奇特之处。

2010 年 9 月 28 日，北京市印发了《关于贯彻落实国务院加快发展旅游业文件的意见》，意见说明今后北京市每年将投入旅游发展专项资金至少 10 亿元。12 月 15 日，北京市旅游局官员明确做出了表态，北京将走旅游产业和文化产业结合的路子，即通过电影营销，突出北京特色旅游。

电影《非常勿扰2》（以下简称《非2》）就赶在了这个"节骨眼上"。对于外行人，关注更多的是这部电影中人物的情感纠葛，偶尔会被电影中出现的美轮美奂的美景所诱惑；但对于内行人来说，映入眼帘的就是一部又一部的旅游景点宣传广告，《非2》不是一部电影，而是一个绝佳的旅游宣传品的载体。

景点拍摄旅游广告的目的，是为了有效地将旅游产品推广出去。在这个实施的过程中，要有有形的视觉效果或劝服性的宣传口号，以达到促使旅游者产生消费行为与消费的心理。每年我国出门旅行的人数并不在少数，然而怎样能让这部分人的旅游需求被调动起来？怎样让他们在旅游的过程中领略到旅游产品中隐含的无形服务的价值？又怎样展现出旅游产品的文化渊源和形象内涵呢？这是旅游广告需要考虑的问题。单纯的广告至多几十分钟，少则十几秒钟，在如此短的时间内想要表达这么多信息可不是一件简单的事情。但是如果能够将这些信息通过电影表达出来，那就不一样了。

随着生活的日益改善，人们的情感生活和表达方式也日益多元化，以往的"填鸭式"广告方式消费者已经不买账了。大众在追求一种更新、更活跃、更新鲜的事物，譬如从电影中汲取去追求幸福生活的力量。尤其是当下的年轻人，更懂得享受生活、品味人生，当在他们喜爱的电影中出现他们能够追求得到的景点时，他们就会不顾一切地去寻找电影中的场景。

《非2》中，电影通过人物的行动，巧妙地将一个又一个的景点像串糖葫芦般串到了一起，亚龙湾热带天堂森林公园、慕田峪长城、潭柘寺、银泰中心、紫竹院等一个个场景的变换，让大众在被电影中人物情感牵动的同时，也对每一个景点都心生向往之情。这就是电影能带动旅游景点持续火爆的原因。

明白了这些再来看《非2》这部电影，它就已经不再是一部简单的爱情电影了，而是国内旅游业"产业链飞扬"式营销产品，其背后隐藏的"从景区、旅行社、餐饮住宿，到免税店购物"的旅游产业链可谓是价值非凡。借助了《非2》电影的宣传力量，北京旅游上市公司"北京旅游"旗下的主力景区——潭柘寺，实现了不用摇旗呐喊，就坐拥众多游客的局面。

通过《非2》这种电影营销方式的成功，相信越来越多的旅游景点会有意识地将电影与旅游营销结合在一起，将这种新的旅游宣传模式发挥得更加成熟。

919 搞一搞

——韩后化妆品广告语

最近两年，国内、国际美妆品牌的广告在人们的生活中无孔不入，不管是打开电视还是打开网络，甚至是在微信、微博上，都能看到各大化妆品品牌的广告。据统计，2012年仅电视平台，美妆业就有高达63亿元的广告投放。如此大手笔的投资，观众们是否愿意买账呢？

现实的情况是，面对众多创意和执行手法都很雷同的宣传广告，观众们早已经是"乱花渐欲迷人眼"，"傻傻分不清楚"了。因此，韩国品牌的韩后化妆品，做了一次颠覆和突围，用一个出其不意的创意，给消费者们带来了一则意想不到的广告。

《女神篇》

在这则广告中，一个十分性感的混血美女，用很爷们的"东北腔"对着坐在《中国好声音》转椅上的导师哈林一声大吼："搞一搞呗！"而哈林却未被这一声石破天惊的"狮吼功"吓到，而是以其标志性的表情——挑下眉毛，然后很酷地回答说："9·19！"

旁白声：9·19，那天会很搞哦。

《猛男篇》

这次将性感的美女换成一个身材结实的男子，男子震动着胸肌，对坐在转椅上的哈林说："搞一搞呗！"然后哈林依旧是挑下眉毛，然后很酷地回答说："9·19！"

旁白声：9·19，那天会很搞哦。

初看这则广告，很让人丈二和尚摸不着头脑。一般的美妆产品都会找美女明星来代言，似乎这样才有说服力，而韩后却找来哈林这样一个中年男士，虽然哈林保养有方，脸上丝毫没有岁月留下的痕迹，但是由哈林来出演这样一则广告，还是不免让人大跌眼镜。

但是仔细分析这则广告后，就会发现这是韩后在目前发展阶段采取的必然的营销策略，那就是悬念营销。广告中不断重复"9·19"，并在最后说"9·19，那天会很搞哦"，却有没有说明9月19日这一天会发生什么，这就能够引起人们无数的猜想。

再加上在粤语中，"9·19"是"搞一搞"的谐音，而"搞一搞"这个词所能代表的含义就太多了，是一个十分具有想象空间和记忆度的词。这样一来，不但让人们深深记住了"9·19"这个日子，又用谐音的方式引发了人们的好奇心。于是在广告播出后，甚至有观众专门打电话询问，9月19日那天到底会发生什么？

这样看来，这则广告毫无疑问地成功了，因为广告已经将想要传达给观众的信息准确无误地传达出来了，并且让受众记忆深刻。显然，这则广告很适合韩后化妆品在该阶段的发展情况，即不需要消费者对产品有多么透彻的了解，只期望消费者能够记住这个产品，并对这个产品充满了期待。

【同类范例】

用子弹放倒敌人，用二锅头放倒兄弟。　——红星苏扁二锅头广告语

不怕你跟着我，就怕你跟丢了。　——沃尔沃汽车广告语

个性主义的时代看法。　——LG 液晶电视广告语

你将可能成为 39 克拉的主人。　——万达地产广告语

按捺不住，就快滚。　——微软鼠标广告语

对不起，我们来晚了。　——万科地产广告语

什么都可以跨越，除了底线。　——荣威汽车广告语

串起生活每一刻。　——柯达相机广告语

留住员工的心，先留住员工的脚步。　——阿瘦皮鞋广告语

来去之间，你总是能掌控时间。　——劳力士手表广告语

看《环球时报》，把地球抱回家。　——《环球时报》广告语

百年老店，千年妖鸡。　——济南黄焖鸡米饭快餐店广告语

本公司在世界各地的维修人员都闲得无聊。　——西门子电器广告语

第五季，真自我。　——健力宝广告语

不是四大叔，是斯达舒。　——斯达舒胃药广告语